初中物理
创新实验实践研究

赵维辛艳 袁丽秋—著

中国文联出版社

图书在版编目（CIP）数据

初中物理创新实验实践研究 / 赵维，辛艳，袁丽秋著. -- 北京：中国文联出版社，2023.8
ISBN 978-7-5190-5282-9

Ⅰ.①初… Ⅱ.①赵… ②辛… ③袁… Ⅲ.①中学物理课－实验－教学研究－初中 Ⅳ.①G633.72

中国国家版本馆 CIP 数据核字(2023)第 143967 号

著　者	赵　维　辛　艳　袁丽秋	
责任编辑	王　萌	
责任校对	翰林校对	
封面设计	爱吉骏文化　张昌宇	

出版发行　中国文联出版社有限公司
社　　址　北京市朝阳区农展馆南里 10 号　　邮编　100125
电　　话　010-85923025（发行部）　010-85923091（总编室）
经　　销　全国新华书店等
印　　刷　三河市龙大印装有限公司

开　　本　710 毫米×1000 毫米　　1/16
印　　张　26.25
字　　数　340 千字
版　　次　2023 年 8 月第 1 版第 1 次印刷
定　　价　86.00 元

版权所有・侵权必究
如有印装质量问题，请与本社发行部联系调换

本书作者

赵 维　辛 艳　袁丽秋　贾贺博　代晓梅
路海波　康 静　张立峰　张洛宁　高梦笛
崔凤艳　孙婧涵　齐济行

序　言

长期以来，实验教学是中学物理教学中的薄弱环节，广大教师在中学求学期间没有经历科学探究过程，对如何指导学生科学探究缺少有效的经验支持，教学实践中产生了很多问题和误区，急需针对性的实践探索以解决实验探究教学的难点和痛点问题。《初中物理创新实验实践研究》一书恰好能够回答广大教师关注的实验教学问题，也能为广大教师进一步的实践探索提供有益的启示。

本书是北京市东直门中学初中物理教师集体历经数年实践探索的成果，是他们多年实验教学经验的结晶，是来自一线教师的真实体验和感悟。本书内容不仅包括物理创新实验的理论基础、设计理念与方法以及教学实践，还包括物理创新实验的研究历程、东直门中学物理教研组团队建设及发展的经验。前者提供了解决实验教学重点、难点的创新思路、解决方法以及实践案例，可以为广大教师解决实验教学中的具体问题提供有益的借鉴。后者则让我们真切地感受到了教学研究和教研组建设所蕴藏的巨大潜力和带来的勃勃生机，校本教研正悄悄地改变着我们教师的行为方式，改变着学生的生存状态。苏霍姆林斯基曾说："如果你想让教师的劳动能够给老师带来乐趣，使天天上课不至于变成一种单调乏味的义务，那你就应当引导每一位教师走到从事研究这条幸福的道路上来。"校本教研已真正成为东直门中学物理教师实现专业成长的舞台，成为学校提升教育品质的理想平台。而正因为有这些教师在这样的平台上不断耕耘，不断探索，不断实践，不断总结，教师们的教学理念才会得到升华，才会形成对物理创新实验的系统认识。

　　教学是一个复杂的动态过程，充满了未知的因素，需要教师具有探究的态度，运用探究的方法，探究问题的成因，不断设计解决问题的方案并进行检验。教学是一个复杂系统，仅靠书本知识和别人的经验是不够的，还需要针对具体问题进行不断的实践和探索。因此，请广大读者在借鉴本书有益的经验、思路和方法的同时，更要立足于自己的教学实践，针对自身面临的问题，进一步思考和探索，为改进实验教学，落实核心素养贡献自己的智慧和力量。

秦晓文

2023 年 7 月

目 录

第一章 基于学生发展的物理创新实验研究历程 001
　第一节　起步阶段：传统教学背景下的自制教具 004
　第二节　发展阶段：新课程改革推动的探究实验 017
　第三节　完善阶段：聚焦拔尖创新人才培养的物理
　　　　　实验多维创新 030
　第四节　深化阶段：聚焦学生核心素养的物理实验探索 040

第二章 物理创新实验所依据的理论基础 065
　第一节　学生核心素养与物理创新实验 065
　第二节　深度学习与物理创新实验 081
　第三节　高阶思维能力发展与物理创新实验 107
　第四节　物理创新实验在学科育人方面的价值体现 129

第三章 物理创新实验的设计理念与方法 156
　第一节　物理创新实验的设计理念 156
　第二节　物理创新实验的设计原则 161
　第三节　物理创新实验的设计方法 166

第四章 物理创新实验教学实践 　　　　　　　　228

第一节 创新实验在物理概念教学中的实践 　　　228

第二节 物理实验教学中的创新实践 　　　　　　258

第三节 创新实验在物理实践课教学中的体现 　　276

第四节 物理创新实验融入传统文化课程 　　　　309

第五节 体现创新性的实验设计实践案例 　　　　340

第五章 在继承中进取，在创新中发展

　　——初中物理教研组研究共同体发展谈 　　364

第一节 继承传统精华，凝练宝贵智慧 　　　　　364

第二节 不断创新进取，形成特色团队

　　——物理组老师们讲述自己的成长故事 　　368

第三节 物理组团队建设与人才培养 　　　　　　407

第一章
基于学生发展的物理创新实验研究历程

物理学的发展离不开物理实验。物理学的概念、规律及公式等都是以客观实验为基础。古代的物理学家阿基米德就经常利用杠杆、滑轮、平面镜等各种器材进行实验，著名的阿基米德原理就是在大量的实验基础上建立起来的。我国宋代科学家沈括的《梦溪笔谈》中，就有他如何进行试验并最早发现磁偏角这一现象的记载。电磁场理论的建立是法拉第在大量实验的基础上发现了电磁感应现象，并逐渐形成了完整的理论。可见自古至今，物理科学的发展离不开实验的探索研究。

义务教育物理课程是一门注重实验的自然科学基础课程，"实验是检验理论的标准"，物理实验是中学物理学习的重要手段和方法。受多年传统教学观念的影响，物理课堂上的"讲授法"更为普遍。大量习题训练带来分数提升的短期效应，让人们误以为"高分数"就是好的教学质量。"教书"还得"育人"，物理教学不能忽略物理学科的本质，更不能忽略物理实验应有的育人价值。实验是提高学生科学素养的重要途径，通过设计实验、动手操作、观察实验等自主活动，能有效地培养学生的实验能力；通过实验记录数据能养成实事求是的科学态度；通过小组合作交流能培养学生与人合作和交流的能力。另外通过实验让学生建立物理概念和认知规律，并把理论应用于生活实践的过程，也能让学生从中领会认知世界的科学方法。

对于刚刚步入中学的初中学生来说，物理科学的大门刚刚打开，物理的概念和规律相对比较抽象，很容易让一些学生对物理的学习产生畏难情绪，物理实验的有效开展和利用可以把抽象的理论通过看得见的物理现象展现出来，不仅能增强课堂的学习氛围，还能有效降低理论理解的难度。物理实验不仅能激发学生对物理科学的求知欲望，而且对于科学方法的学习、创新思维的提升都有很好的促进作用。

根据初中学生的认知特点，北京市东直门中学初中物理组教师在物理实验的创新方面进行了多年的摸索。一方面改进了一些教材内效果不理想的实验，通过增强实验的可视性，引导学生对实验现象进行观察和分析。另一方面还对教材中一些短缺的实验进行补充，根据多年的教学经验，把学生容易出错的"易错误区"和一些"认知盲区"通过创新实验展示出来，起到了事半功倍的作用。另外还开发了大量的拓展实验，让学生去进行科学探究有利于学生科学思维和科学方法的养成。

根据创新实验的开发与发展的历程，我们将创新实验的发展大致分为以下四个阶段（参见图1-0-1）：

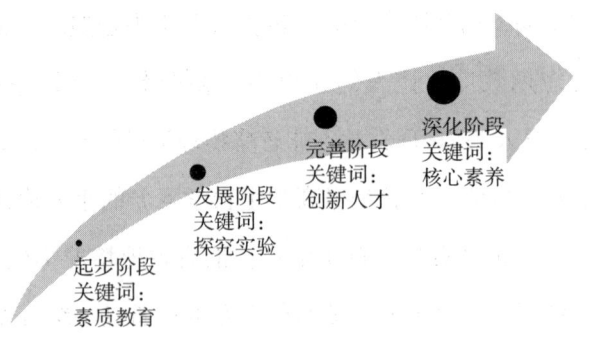

图1-0-1　创新实验发展历程

在起步阶段，当时物理教学正处在传统教学背景下，随着素质教育观念不断深入，实验教学开始引起人们的重视。在 2000 年初中物理组第一个自制教具——"斜面小车实验"的诞生为创新自制教具打开了闸门，为教师们的教学改革打开了一种新的思路，老师们开始对教材中的一些效果不佳的实验进行改良，对原有教材中缺失的实验器材进行自制，及时解决了因实验器材不足而无法进行课堂实验的困境，增加了学生动手实践的机会。

在发展阶段，2001 年教育部颁布的《义务教育物理课程标准》强调科学探究既是学生的学习目标，又是一种重要学习方式。探究实验作为一种重要的学习方式被提倡。在后续几年内，物理组教师研发了大量适合学生分组探究的自制教具，自制教具促进了探究实验学习方式的变革，从过去以演示实验为主的课堂转变为以学生分组探究的课堂模式。低成本小型教具的创新开发，改变了以往学生只观察不动手的问题，通过动手操作实验，不断体验尝试、分析论证、交流合作等方式大大提高了学生探究实验的能力。

在完善阶段，2014 年北京市教委发布的《北京市初中科学类学科教学改进意见》倡导让学生从"玩"中体会科学带来的乐趣。物理组在此期间开发了初一的实践活动课程，历经 5 年形成了自己完善的并具有我校特色的"践行智学"课程。很多主题都是老师们翻阅大量历史科技资料，将传统文化与物理知识进行了有机的融合。多数实验都是教师根据课程需要进行自创设计，主题以制作和探究为主要学习方式，让学生从"玩"中体会探索科学问题的方法，通过实践让学生体会到科学带来的乐趣，并收获科学的思维和质疑创新的能力。

在深化阶段，2017 年教育部颁布的《普通高中课程方案和物理学科课程标准》提出要关注学生个性化、多样化的学习，着力发展学生的核心素养，在学科中落实立德树人。2021 年《关于进一步减轻义务教育阶段学生作业负担和校外培训负担的意见》提出，减轻学生过重课业负担，优化教学方式，提升教育教学质量。新的教育观念需要实现教学取向的变迁，真正建立以学生为主体的课堂模式。本阶段物理组教师通过领会新的课改思想，并通过多节研究课的实践，形成了以物理学科素养为核心的多种创新实验教学模式。实验创新的出发点多以学生的"真问题"为切入点，利用创新实验通过问题设置，巧妙解决学生的困惑，促进了质疑、体验、问题导向等多种学习方式的变革。

新的教育理念促使着教师及时调整教育方向，传统的"学科本位"观念已经转变，新时代赋予了教师要以人的成长为目的的教育使命。教师在课堂的教学目标已经从过去关注"双基""三维目标"发展到关注"核心素养"。多年来，为了提高课堂的教学质量以及更好地促进学生的发展，物理组教师秉承新的教育理念不断探索和创新，在自制创新实验方面不断突破，通过创新实验在课堂的融入，开展了多种教学方式的课堂模式，让新的理念通过课堂实践落地生效。

第一节　起步阶段：传统教学背景下的自制教具

1986年我国开始深入推进九年义务教育，自1994年起，全国初中普遍使用义务教育物理新教材，教材一改往日沉闷的叙述风格，从实验设置上有了很大改变，更加关注初中学生年龄特点，以激发学生科学兴趣为主导，增加了一些趣味小实验（参见图1-1-1）。但教师的教学主要以考试大纲为标准，考试大纲更加注重知识的理解以及实验现象所反映的科学本质，而对于探究实验的过程以及实验能力的培养还没有得到足够重视。1999年中共中央、国务院作出《关于深化教育改革全面推进素质教育的决定》，提出以提高民族素质和创新能力为重点，全面推进素质教育。随着素质教育理念的深入，人们开始扭转“分数至上”的观念，开始在培养学生能力、科学态度、学科素养等方面寻求突破。

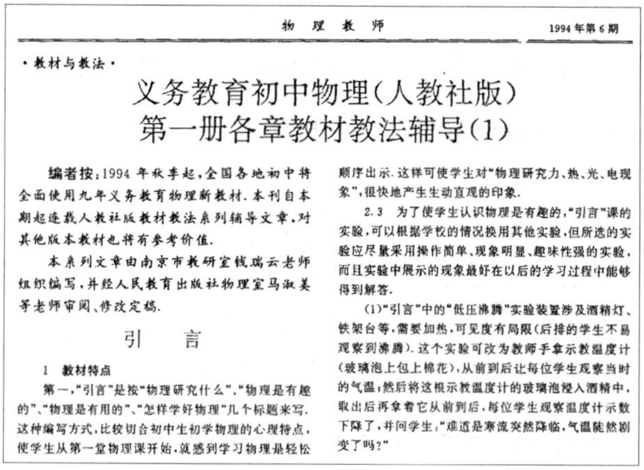

物　理　教　师　　1994年第6期

·教材与教法·

义务教育初中物理（人教社版）
第一册各章教材教法辅导（1）

编者按：1994年秋季起，全国各地初中将全面使用九年义务教育物理新教材．本刊自本期起连载人教社版教材教法系列辅导文章，对其他版本教材也将有参考价值．

本系列文章由南京市教研室钱瑞云老师组织编写，并经人民教育出版社物理室马淑美等老师审阅、修改定稿．

引　言

1　教材特点

第一，“引言”是按“物理研究什么”、“物理是有趣的”、“物理是有用的”、“怎样学好物理”几个标题来写．这种编写方式，比较切合初中生初学物理的心理特点，使学生从第一堂物理课开始，就感到学习物理是轻松

顺序出示．这样可使学生对“物理研究力、热、光、电现象”，很快地产生生动直观的印象．

2.3　为了使学生认识物理是有趣的，“引言”课的实验，可以根据学校的情况换用其他实验，但所选的实验应尽量采用操作简单、现象明显、趣味性强的实验，而且实验中展示的现象最好在以后的学习过程中能够得到解答．

（1）“引言”中的“低压沸腾”实验装置涉及酒精灯、铁架台等，需要加热，可见度有局限（后排的学生不易观察到沸腾）．这个实验可改为教师手拿示教温度计（玻璃泡上包上棉花），从前到后让每位学生观察当时的气温；然后将这根示教温度计的玻璃泡浸入酒精中，取出后再拿着它从前到后，每位学生观察温度计示数下降了，并问学生：“难道是寒流突然降临，气温陡然剧变了吗？”

图1－1－1　1994年《物理教师》关于初中物理新教材的教法辅导

一、“唯分数”观念导致实验教学长期没有得到足够重视

在2002年课改之前，教学课堂普遍处于“重结论，轻过程”的教学方式中。当时教材虽然也有实验教学，但由于探究思想和方法还不够成熟，教师在授课时并没有探究实验意识。又因为多数情况以学生成绩作为教学评价标准，评价方式的单一让教师更加关注“分数”的获得，并且试题并没有太多实验题目，而且实验的考查也以结论的运用为主。受传统教育思想的影响，与知识教学相比，实验教学经常处于被忽视的位置。

首先，物理教学更注重双基落实。1997年北京中考物理试题，满分100分，实验题只有9分（参见图1－1－2），而且只是简单考查刻度尺、天平、弹簧测力计、电流表等测量工具的使用，以及知道简单的物理现象，导致实验结论比实验过程更能引起重视。而能力考查也基本以繁、

难、偏的计算题为主。从刊发于《北京教育》1996年第3期的张克刚老师的《一九九五年中考物理命题总结及试卷分析》文章中也可以看到，当时的教学主要以落实双基为主，基本是知道哪些概念，理解哪些规律，会运用公式解决问题等。实验也只是考查测量仪器的使用，考查方式又非常简单，实验从数量和内容上都没有引起重视，实验能力的考查几乎没有涉及，在当时实验教学很难引起人们的重视。

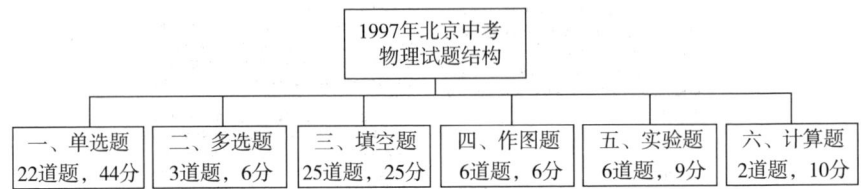

图1-1-2 1997年北京市中考物理试题分值分布结构图

张克刚老师的《一九九五年中考物理命题总结及试卷分析》节选

命题的指导思想和原则：对物理的基础知识、基本技能的具体要求进行重点考查。在观察、实验能力方面，试卷考查学生观察、实验能力的题目所占分数一般在9—14分，其试题内容既涉及演示实验的观察和结论，又涉及学生实验中基本仪器器材的使用；既涉及实验的原理，又涉及实验的操作。

在能力考查方面：关于滑轮组的机械效率问题，因为题设是新的，无法模拟已有的解题方式，无法用过去的模式套路去解决问题。此外，电学计算题反映了学生在电路中不能灵活地处理相应的问题，表明在日常教学中，对于如何正确地教学生问题的思维方式还不够成熟。在做作业时，要让同学们对物理的知识有一个清晰的认识，并能自己去想。

其次，实验在思想观念上没有得到足够重视。学生只需上课认真听讲，课下多练习题也可以拿到好分数，物理课堂呈现形式是以教师满堂讲学生默默听居多。由于衡量教师往往以学生的卷面成绩为基准，从思想观念上,教师和学生对实验都没有引起足够重视。

最后,器材设施老旧阻碍了实验教学的开展。实验室器材破旧、短缺、实验效果差,演示实验成功率比较低。失败的实验操作使学生收获甚微,导致学习效率低且课堂效果差,教师认为耽误时间也不愿意做实验。

各种因素导致学生进实验室次数较少,教师演示实验也为数不多。实验教学的不被重视与物理学科的性质、教育改革形势的要求很不相称,学生的实验能动性难以正常发挥,学生动手实验的能力普遍低下。

二、新课改促使实验教学地位提升

1997年,国家教委《关于当前积极推进中小学实施素质教育的若干意见》中对此作出了明确的阐释:"要由'应试教育'向全面素质教育转变""实施素质教育是迎接世纪挑战,提高国民素质,培养跨世纪人才的战略举措"。

(一)新理念促进"唯分数"思想转变

从政策中我们可以看到,素质教育已上升到了党中央、国务院的重要决策地位。"唯分数"与受教育者和社会发展的基本需求背道而驰。为了应付考试、追求高分,把考试的结果当作衡量学生的主要指标,甚至是唯一的衡量标准,打击了学生的主动性、积极性和创造性,从而影响了他们综合素质的提高。"唯分数"的教育方式与时代发展已不相适应。教育不能目光短浅,要转变思想认识,着眼于学生未来的发展。

人民教育出版社编审张大昌老师在《课程·教材·教法》1998年第8期发表的《中学物理与素质教育》文章中指出,物理课程应该加宽知识面,加强科学方法、科学觉悟和科学精神的教育。当前我国中学课业负担沉重,特别是物理课被认为是深、难、重的一门课程。要把重点知识的要求降到最低,而不是在知识点上下功夫,使物理教育真正转到素质教育的轨道上来。教育学生不唯上、不唯书，不受传统观念的左右，把实践作为检验真理的唯一标准。

（二）重视物理实验是物理学科本质的必然

物理学的研究方法通常是在观察和实验的基础上，对物理实验进行分析、抽象、概括和总结，从而建立物理定律，进而形成物理理论。著名的意大利科学家伽利略曾说过，一切推理都必须从观察和实验得来。物理来源于实验，实验是学生获得物理知识的重要手段和方法，通过实验学生可以将学习的物理知识与生活实践有机地结合起来，从而对物理的基本原理和基本概念具有充分的认识。2000年，教育部发布了《初中物理教学大纲》修订版，其中提出要大力加强演示实验和学生实验，通过对自然现象的观察、演示实验和学生分组实验，可以帮助学生获得具体、明确的物理事实。观察与实验对于培养学生的观察能力、实验能力、实事求是的科学态度、激发学生的学习兴趣具有无可替代的作用。

（三）"从做中学"符合初中学生的认知特点

学生"从做中学"，将学习过程转化为科学研究的过程，更有利于引起思维情境，让学生真正成为学习的主体，更有利于培养学生解决实际问题的能力。通过观察实验现象、分析数据、推理得出结论，这是对科学的一种认知程序。按照这种认知程序学习新知，才能从心理上得到对新的理论的认可。死记硬背一些理论和公式，机械地去套公式做题，不仅会让学生失去学习物理的兴趣和动力，而且对学生的创新能力以及思维能力的发展没有太多帮助。通过动手操作并观察实验，不仅从各个感官上能更好地刺激学生的思维发展，也更符合学生学习新知的发展规律。

三、自制教具开发使教材实验得到完善

器材的老旧和缺失让原本生动有趣的实验课变成了沉闷的讲解原理

课。为了更好地体现物理学科的本质,也为了让物理课更加满足学生的心理需求,物理组教师在实验室器材不完备的情况下积极致力于校本教具的开发,为实验器材的及时完善和补充提供了另一条新的思路。

(一)第一个自制教具的诞生,打开自制创新的闸门

加强实验教学是提升物理课堂教学质量的重要途径。由于教材中有些实验器材学校实验室不具备,甚至教材中有的实验只是图片介绍,针对如何让实验课顺利开展,如何改进实验器材让实验效果更明显,如何让学生通过实验去理解抽象概念含义一系列实验难题,物理组教师与实验室老师经常一起商讨策略,自制一些简单教具去改进实验教学的想法应运而生。第一个自制教具是2000年张国瑞老师制作的牛顿第一定律的斜面小车实验(参见图1-1-3)教具。本实验教具

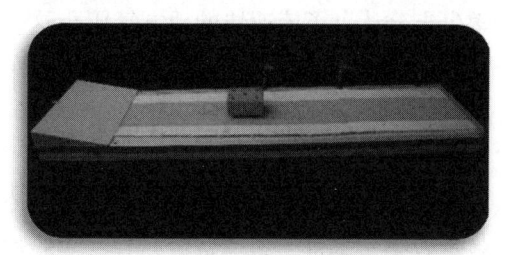

图1-1-3 斜面小车实验

主要从一些细节上做了处理,对器材进行组装和改进,让实验操作更方便简单,实验误差更小。以往的斜面一般用一个木块和一个小木板随意搭建而成,势必会造成每次斜面的不统一以及斜面与平直板的衔接不紧密,而且所需的毛巾、棉布、小车等零散的器材较多。本教具自制了一个能储藏毛巾和棉布的盒子斜面,与一个长条平板组合成一体,斜面和木板的衔接之处以及毛巾不易平整等问题都经过巧妙的设计——解决,甚至每次小车停下的位置都可以有带磁铁的小红旗进行标识。第一个自制教具虽然从创新的角度来看不算新颖,但给老师们打开了一个创新自制实验教具的闸门。

(二)教材演示实验教具的完善

第一个自制教具给课堂带来了新鲜活跃、积极互动的实验氛围。物理

组的老师们开始意识到可以自制一些教具对实验器材进行完善，老师们对教材实验进行了整理，针对课本上的一些效果不理想的或短缺的器材进行改进自制。比如在学习导体和绝缘体内容时，学生对于自来水、铅笔芯、人体能导电，而食用油不能导电这个问题，在心理上一直处于半信半疑状态，实验室没有实验器材来解决这个疑惑，而我们自制的"导体绝缘体演示仪"就很好地解决了这个问题。在学习压强与流速关系这个问题时，理论对应的实验现象与学生头脑中固有认知总是不一致，自制的"小房子窗帘实验教具"可以模拟窗外刮风，通过观察窗帘向外飘出的实验现象，让学生充分认可了流速快的地方气压小这一理论。自制教具在一定程度上弥补了教材中一些物理实验的空白，不仅丰富了教师课堂实验的教学，还满足了学生对于物理实验学习的需求。

自制创新实验在很大程度上弥补了实验器材的不足，增强了物理实验教学效果，丰富了教学资源，有些实验器材在效果上有非常大的改进。根据自制器材的完善改进目的主要分为以下几种方式（参见图1-1-4）：补充短缺实验、模拟危险实验和改进实验效果。

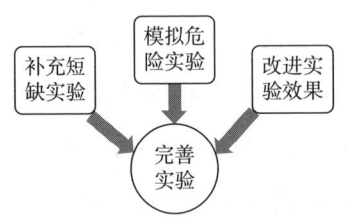

图1-1-4 完善实验方式结构图

1. 补充短缺实验器材

有些演示实验，实验室并不具备实验器材，平时教学只是通过分析理论让学生来判断实验可能出现的现象。学生理解起来比较抽象，增加了教学难度，而通过自制一些实验教具可以弥补这些问题。"流体压强演示仪""玻璃加热后变导体""焦耳定律演示仪""液体压强与流速关系演示仪"等（参见图1-1-5），弥补了当时教材实验空缺，丰富了实验器材资源，通过这些自制教具满足了课堂实验教学部分需求。比如自制教具"家庭电路展示板"，由于家庭电路电线与原件的连接是封闭在墙体里面，学生在生活中不能真切地感受到，通过小型的家庭电路的模拟展示，学生能清晰地了解电路的构成。比如"导体绝缘体演示仪"，学生通过实验能真切地感受到铅笔芯、自来水、人体等导体的导电作用。还有通过"抽水机模型"演示抽水的过程，能让学生深刻体会到大气压的作用。

  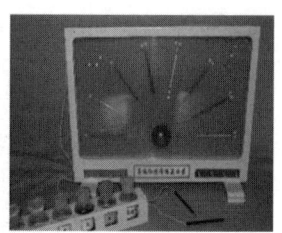

电流过大原因演示仪　　液体压强与流速关系演示仪　　导体绝缘体演示仪

图1-1-5

例如：流体压强与流速关系演示仪（参见图1-1-6）

流体压强与流速关系是与日常生活联系非常紧密的知识。在以往的教学中，教师大多依据生活中大量的物理现象，带领学生得出流速越大的位置压强越小的结论。虽然事例鲜活，但是学生不能观察到真实的实验现象。为此，本系列实验首先通过对比的方法，利用直观的现象，为学生创设物理问题情境，直接引入课

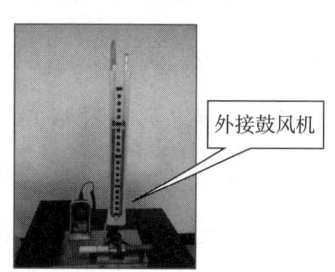

图1-1-6　流体压强与流速关系演示仪

堂的主题——流速的改变影响流体压强的大小。在学生有了一定猜想的基础上，我们将液体压强计稍做改进，制成了可以显示流速、压强大小的探究仪器，这样就将原有的定性研究改为了定量研究，学生通过真实的实验现象能更好地理解其中所蕴含的物理原理。

2. 模拟危险实验器材

有些实验具有危险性，存在很大的安全隐患。通过自制模拟实验，不仅实验效果明显，而且降低了危险系数。"家庭电路结构演示板""高压触电演示仪"等自制教具都是利用低压模拟高电压进行实验，不仅实验效果良好，还解决了带电操作容易发生触电的危险问题。比如：220伏的家庭电路对学生来说是危险的，不易演示电流过大的情况。尤其是演示短路现象，巨大响声和火花使教师一般都不愿意做这个实验。以往教师只是通过理论讲解来说明电流过大的两种情况，而我们自制的仪器"电流过大原因演示仪"，通过低压电路，形象地把短路和总功率过大两种情况演示出来，保险丝烧断的情况真实可见，学生经过视觉感官的刺激印象深刻，从而能更好地理解其中的原理。

例如：人体触电演示仪（参见图1-1-7）

此教具解决了家庭电路电压过高，无法进行实际操作这一棘手问题。这个仪器使用时所需的电压仅为8伏、12伏，对操作人来讲是绝对安全的。人体触电演示仪通过低压操作，能将人体触电的四种形式（单线触电、双线触电、跨步电压触电、高压电弧触电）生动地展现在学生面前，让学生直接观察到各种触电模拟现场，从而给学生留下深刻的印象。

图1-1-7 人体触电演示仪

3. 改进实验效果器材

有些实验器材实验现象不明显或成功率低，造成实验效果较差，对教学没有起到应有的积极作用。通过对教具进行局部改进以便增强实验效果，更有利于学生对实验现象的观察和原理的理解。"焦耳定律演示仪""比热容实验演示仪""大型磁生电演示仪"等教具都是在原有仪器上进行了改良，改善了实验误差大、实验现象不明显等各种效果不佳的状况。

例如：大型磁生电演示仪（参见图1-1-8）

此教具将看不见摸不到的磁感线模拟出来，能够让学生更加直观地感受到磁场的存在。通过进行感应电流产生条件的探究，深刻体会切割磁感线的运动，尤其是通过整个线圈在磁场中平动的演示，能让学生理解"部分"导体切割磁感线这一难点。

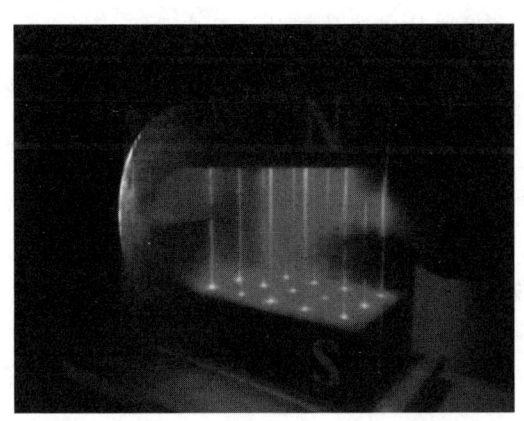

图1-1-8 大型磁生电演示仪

例如：平面镜成像演示仪（参见图1-1-9）

本实验是光学学习的重要实验。以往老师在教学中都按教材介绍的演示方法来演示，器材只有一块平板玻璃、两支高度相同的蜡烛和支架。实验时把玻璃板当作平面镜，用支架把玻璃板竖直放在桌面上，面对学生，

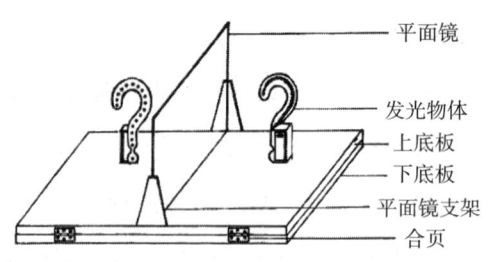

图 1-1-9 平面镜成像演示仪

玻璃板前放一支点燃的蜡烛,在玻璃板后侧隐约看到蜡烛的像,再调节蜡烛与玻璃之间的距离。让学生观察分析总结出平面镜成像的特点。由于在教室里做实验,玻璃后侧背景较亮,学生通过玻璃看到的蜡烛的像就很不清晰,且展示和测量像距等于物距的关系的过程和手段缺乏直观性,实验效果不理想。改进后的这套实验装置物体由发光二极管制成,光照亮度增强,改进了过去使用蜡烛实验的弊端,且光源具有磁性,可吸在底板上。在下底板下面安装四个小轮,使底板可以旋转,底板后面装有支架,可使底板直立。由于实验现象明显,实验的直观性增强,把平面镜成像的特点直观地展示给学生。突破了成像不清晰、测量数据误差较大等难点。

四、自制教具开发带来的效果

自制教具的开发和创新,在一定程度上丰富了物理教育资源,不仅增加了教师的演示实验,小型教具的开发也让学生增加了很多动手实验的机会。众所周知,物理实验在教学过程中起着基础性作用,抓住了物理实验教学,就抓住了物理课堂教学的核心。在实验创新的过程中,对创新实验的切入点、实验设计的策略以及实验的使用技巧,老师们都形成了一定的理论方法。学生通过动手实验的机会增多,实验能力以及解决问题的能力都有了很大提升。

(一) 教师的创新思路被打开

针对一些实验的不足，通过自制创新实验教具，改变了以往照本宣讲的教学模式，更多从学生的视角去思考教学方式，根据学生的心理去创设新的实验。对于一些难点和重点，教师开始从实验的角度进行突破。

例如：学生在学习滑块变阻器的时候，连接方式容易掌握，但当滑片移动时电阻如何变化，同学们会觉得很难理解。教师从学生的角度出发，了解学生的思维障碍，通过将电流可视化的方式，研制出滑动变阻器演示仪（参见图1-1-10），将一列发光二极管并联于原来的滑动变阻器的电阻线上，使学生能通过观察LED的发光部位，直接看到电阻值的改变，当滑片移动时，发光二极管的发光数量会随着电阻的增加而增加。通过对无形的抽象事物的形象化，使其直观地呈现出电阻的变化，这有利于学生对其原理的理解。

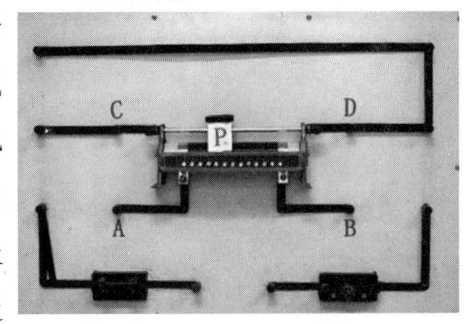

图1-1-10 滑动变阻器演示仪

(二) 提升了学生解决实际问题的能力

实验是培养学生动手能力的一个重要环节，通过体验和探索，可以使学生掌握科学知识，掌握科学研究方法，从而提高学生分析问题和解决问题的能力。在教学过程中，教师要创造与学生的实际生活密切相关的物理环境，为学生提供教学工具、教学设备，既符合学生的认知特征，又能激发和维持学生的学习兴趣，让学生通过体验真实有趣的现象，来理解其中的道理。在探究过程中，学生的学习热情得到了激发，并逐步提高了他们的动手能力和创造力，为学生以后的学习、生活、工作奠定了坚实的基础。

例如：二人巧过河实验

创设物理情境：山区的孩子要过河，但洪水把桥冲垮了，只剩下两块木板，河面1.6m宽，木板长均为1.2m左右，两人如何分别到达对岸？教师为了模拟真情境，提供给学生两块真实木板，让学生通过实践、计算、讨论等方式找出解决问题的办法。

图1-1-11 二人巧过河

解决方案：如图1-1-11所示，若想安全通过，即人不掉下来，木板2的左边缘可以提供大于1人重力的支持力［杠杆原理 $F_1L_1 = F_2L_2$，故 $F_1 = (L_2/L_1)\,F_2$］。于是木板1便有足够的支持力来支撑人从上边走过，只要木板2伸出的部分不超过全长的1/2，两人均可安全通过。学生需要自己反复地"试误"，在问题解决过程中，逐渐总结经验，最终找到解决问题的答案。学生潜意识发现渡河问题有章可循，必然会对其中的道理追根究底。如此一来，真正地让学生经历杠杆原理的探究过程，让学生体会到物理来源于生活，可以用物理的科学知识去解决生活中的实际问题，通过动手实践能有效提高学生分析问题及解决问题的能力。

自制教具在最初阶段及时解决了实验器材不足的问题，满足了部分实验教学的需求，在一定程度上促进了实验教学的改进和发展，同时也改变了物理教师的思想观念。通过自制创新的实验可以把教学中的重点、难点展现出来，通过实验更有利于解决学生的困惑，为学生的动手实践提供了更多的机会，为教学的改革和创新打开了新的思路。

第二节　发展阶段：新课程改革推动的探究实验

前一阶段的创新实验，不仅弥补了教材中一些实验的不足，还改进了一些效果不佳的实验装置，极大地丰富了物理课堂实验的教学。通过做实验把抽象的物理理论融入真实的物理情境中，不仅降低了理解难度，还给课堂带来了新鲜活力。随着基础教育课程改革的推进，新的理念提出要改变传统的学习方式，提倡探究式的学习方式。探究实验的提倡势必需要大量的适合学生探究的器材，由于现实中适合探究的实验器材本身就存在不足，这给教师出了一个很大的难题，但同时也为自制教具的开发带来了机遇和挑战。

一、探究式学习方式被提倡

2001年国务院发布《关于基础教育改革与发展的决定》，政策指出，在深化教育教学改革、全面推进素质教育的过程中，必须大力开展教育教学和科研工作。利用各类课程资源，培养学生对信息的收集、处理和利用能力；开展研究型学习，以提高学生的问题意识以及研究问题、解决问题的能力。不难看出，新理念提倡学生学习方式要多样化，注重提出问题能力、探究能力以及解决问题能力的培养。

2001年人教社课程教材研究所物理课程教材研究开发中心，根据新的课程标准，组织编写了《全日制义务教育课程标准实验教科书八年级物理》。新教材突出了学生的探究活动，把科学内容和探究活动放到了同等重要的地位。强调要加强实践活动和探究活动，发展学生的实践能力和创新意识。学生在体验科学的过程中，既能理解科学的方法，又能接受科学的价值观念。人教社课程教材研究所彭前程教授在《人教版义务教育课程标准实验教科书物理》的简介中指出，新课改的关键在于转变学生的学习方式，探究在学生学习知识、掌握方法、体验的过程中是其他方法不能替代的。

（一）新课程标准将科学探究作为重要学习内容

2001年，我国颁布义务教育阶段《物理课程标准（实验稿）》，课程的基本理念之一就是：提倡教学方式多样化，注重科学探究（参见图1-2-1）。在本标准中，科学探索不仅是学生的学习目的，更是一种重要的学习方法。以"科学探究"为主要内容，使学生体验与科研人员类似的探索活动，积极地获得物理知识，理解科学探索的方法，培养科学探究的兴趣，培养实事求是的科学态度和勇于创新的科学精神。《物理课程标准》指出，将科学的探究性教学纳入义务教育的物理课程，落实本标准中对学生科学探究能力提出的基本要求，对提高学生的科学素养具有重要的作用。

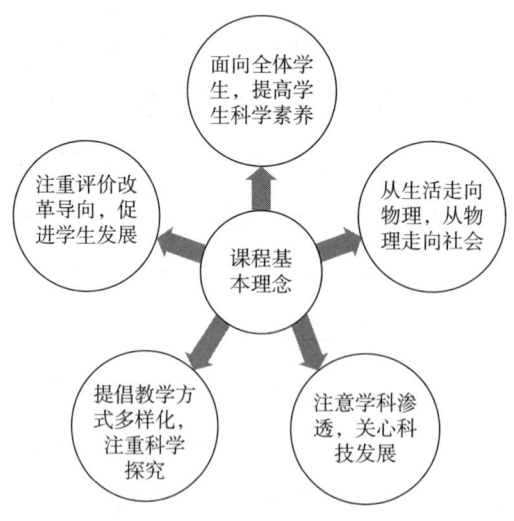

图1-2-1 《物理课程标准》课程基本理念

（二）中考试题开始注重探究实验的考查

随着新教材以及新课标对探究实验的重视，对于探究实验能力的考查也逐渐显现出来。以 2007 年北京市中考试题为例，实验题已经占总分的 30%，不仅考查基本仪器的使用和操作，而且注重探究能力的考查。

例如：名师解读 2007 年中考物理的文章《2007 年中考物理突出考查实验探究能力》（海淀教师进修学校物理教研员 马朝华）指出，在 2007 年考试说明里，再次强调要强化学生的实验探究能力，教科书中所提及的每一项实验都应引起考生的注意。与 2006 年版大纲试卷比较，在分值分布方面，客观题得分有所下降，实验探究题得分有所提高，重点是对学生进行实验探究能力的测试。在复习建议中，要强化实验复习，以应对探究实验的考查。

对于演示实验或教材上介绍过的实验，学生应把握住每个实验的现象，通过这个实验要说明的问题，得出概念或规律及在实验中所用的物理方法、物理思想。

目前在实验考查方面要求较高的是根据要求设计实验，这就要求考生在实验复习中着重掌握基本的设计思路。这类实验是目前对探究能力考查的重点，也是学生的难点，复习时可以按照这样的思路去思考我们曾经涉及的一些实验题目，加强对设计思路的理解。

中考对探究实验的考查，促使教师在教学中格外注重探究实验能力的培养，在各种教研活动中，不仅针对探究实验各个环节的具体要求和规范进行讨论，并通过观摩课、研究课的开展针对探究实验的实践问题进行摸索研究，在研讨中不仅促使教师对探究实验各个环节的规范有了更新的了解和认识，而且从观念上让教师更深刻地意识到培养学生探究能力的重要性。

二、低成本教具的开发给探究实验的开展开辟了新的路径

加强探究实验教学是落实学生探究能力的重要途径，义务教育阶段的《物理课程标准》建议在进行探究式教学时，教师应创设一定的探究情境，激发学生的探究欲望。通过生活实例或进行小实验等设计认知冲突，使学生带着疑问，充满好奇地开始进行科学探究活动。新的教学政策促使教师开始重视学生课堂实验的探究，对于探究的题目和方式，老师们有了很多大胆的设想和创新思路。探究实验的大量开展势必需要大量的实验仪器做保障，但是实验室的资源陈旧、匮乏，已经远远不能满足学生课堂实验的需要，而且从数量上也不能满足学生分组进行探究学习的需求。科学探究课的实施面临着资源严重不足等困难，为了能及时满足、及时平衡这种供求矛盾，经过学校教师的精心设计和制作，促使了大量自制教具的产生。低成本教具的开发为探究实验的顺利开展带来了新的生机。

（一）低成本教具的优势

低成本物理实验是国际物理教育界所倡导的一种物理教学方式，具有独特的教育价值，是促进教学方式和学习方式转变，实现物理新课程理念的重要方式。通过开发与利用教学资源，在一定程度上可以弥补物理教育教学资源的不足，从而拓展物理教育教学的空间。教师在实验突破和创新的过程中也逐渐认识到，低成本实验在联系学生生活、激发学生兴趣等方面有其独特的价值。低成本教具的开发运用能够及时弥补实验器材的不足和缺陷，由于低成本教具比传统实验器材实验方式更加灵活，在实现教学目标上有其独特的价值，中学物理教材中也开始重视低成本实验。

《义务教育物理课程标准》中明确提出，"从生活走向物理，从物理走向社会"。物理来源于生活，利用生活中学生熟悉的生活易得品、材料等一些物品进行改装和加工做成低成本教具，由于成本低廉，实验装置简单，而且

实验现象清楚，也更贴近学生的生活，更有利于开展学生自主探究。

（二）低成本教具的开发运用

新课改促使教师对课堂教学方式进行改变，大量的探究实验的设计促进了实验教材的多种需求。利用身边的一些材料或废弃物品做成课堂上学生可以使用的实验器材，不仅可以降低实验成本，而且可以根据学生探究实验的需要自创实验教具，更有利于学生的思维发展和探究能力的提高。老师们的思维碰撞产生了大量的自制教具的构想，经过实验室老师张国瑞老师的巧手制作应运而生了一大批自制教具。根据自制教具的功能可以分为以下几类：适合学生分组的小型教具、丰富课堂教学的拓展实验教具、增强实验效果的改进教具、便于创设物理情境的实验教具（参见图1-2-2）。

图1-2-2　低成本教具开发的各种模式

1. 适合学生分组的小型教具

自制教具"焦耳定律小瓶""幻灯机模型""可变形杠杆""小型光具盒"等都属于小型的适合分组探究的实验教具。由于低成本教具结构简单，不仅可以根据教学目标来设计符合要求的实验器材，而且由于教具成本低，可以制作大批量小型实验教具让学生进行分组探究实验。大型的演示实验只能通过观察、分析来学习，实验操作往往按照教师的预设展开教学，而且学生几乎没有动手机会，导致学生在实验过程中存在的问题不易外显。而小型实验器材通过分组保证每个同学都有动手机会，学生在动手实践的过程中更容易思维外显，教师更容易发现学生真实存在的问题，也更能方便快捷地对症下药解决问题。另外，学生亲自动手操作可以近距离观察实验，更有利于培养学生发现问题以及解决问题的能力。

例如：小型光具盒（参见图1-2-3）

此教具的开发解决了学生不能亲自动手的弊端，在当时的物理教材中，光的反射属于演示实验，学生动手机会少，学生通过教师简单的演示来理解反射定律，只是通过听讲和观察进行实验，学生探究意识比较淡薄。为了更好地适合学生

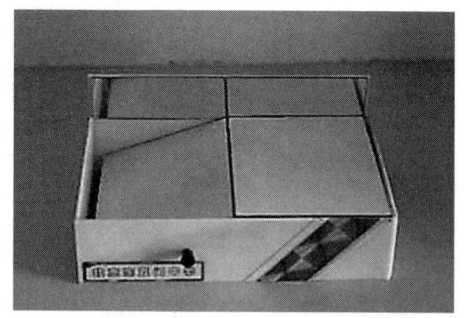

图1-2-3 小型光具盒探究学具

探究，老师们在光源和演示板面上进行了创新和改进，研制了第一个适合学生探究的自制教具——小型光具盒，通过老师精心设置物理情境提出科学问题，学生通过自主探究得出光的反射规律。通过自己操作，学生能自己发现翻转板子的作用，并且一张纸的折叠能让学生更加体会法线确立的巧妙。通过小组探究学生不仅增强了动手实践能力，而且对培养学生的自主探究的意识和能力都有很好的促进作用（本实验自制教具在市、区教具比赛中获奖，研究课获全国教学大赛一等奖）。

例如：压强小桌实验（参见图1-2-4）

教材在探究压力的作用效果与压力和受力面积的关系时，采用了演示实验——小桌实验，并只进行了两次实验。为了能够达到多次测量的实验

目的，而且让学生自己动手进行操作，我们对小桌进行了改进，通过插入小木棍的数量不同，让小桌六个面的受力面积均不同。另外，由于教材中使用海绵进行实验凹陷效果不明显，在本实验中我们使用了滑石粉。相比以前的小桌实验，改进后的小桌实验能够进行多次实验，

图 1-2-4 压强小桌实验探究学具

实验结论更具说服力。采用滑石粉代替海绵，并配以刻度尺，实验现象更明显。由于器材制作简单，将演示实验改为批量的学生小组实验，增加了学生动手实践的机会。

2. 丰富课堂教学的拓展实验教具

为了给予学生更多的实践活动，教师还会增加教材以外的一些实验，教材中学生可亲自动手操作的实验活动数量有限，在课后的社团活动中以及初一的科学课中，教师经常设置新课题并自创教具，通过设置合适的实验活动培养学生的探究能力。例如"欹器模型""变速箱模型""翻滚的胶囊""模拟照相机"等都属于教材以外的拓展实验。这些器材都是教师根据学情需要，利用一些废弃材料，比如矿泉水瓶、药丸壳、纸盒、塑料管等低成本材料，经过精心设计一些探究活动，开发出的适合学生进行探究的一些实验教具。不仅提高了物理学科的趣味性，同时也增强了学生学习物理的兴趣。在动手实践的同时，学生更容易体会物理知识在实际中的应用，并且学生在实际操作的过程中会遇到各种各样的实际问题，通过多次小组讨论，不断寻求解决问题方法的过程中，学生更容易养成遇到问题去认真思考解决办法的意识，并且通过小组合作也有利于培养学生交流合作的能力。

例如：酒精小火箭（参见图1-2-5）

火箭发射是孩子们在生活中经常听闻的事情，但大多是通过电视、互联网渠道了解，如果能够让他们亲自感受一下"小火箭"的发射，甚至亲自去进行火箭发射的操作，那将会给同学们留下极其深刻的印象。此装置操作相对比较简单，将瓶盖拧开，用装有酒精的喷雾器向瓶内喷射酒精，大约两下即可。盖紧瓶盖，将手持引火器从瓶盖的圆孔内插入进去，并将小火箭固定在发射台上。扣动引火器，此时矿泉水瓶内会产生火花和轻微的爆炸声，火箭应声飞起。通过小火箭这个

图1-2-5　酒精小火箭

小制作，学生亲身体验了物理的乐趣与实用，对力可以改变物体的运动状态、功和能等物理知识也有了深刻的认识，真正提高了学生学习物理的兴趣。由于物理实验受各种因素影响，不太可能一次实验就能成功，通过多次失败的经历，让学生在交流与多次的实验中最终找出解决问题的方案，使学生解决问题的能力得到很好的提升。

3. 增强实验效果的改进教具

用仪器直接测出结果比用转换法间接得出结论的实验更严谨，实验现象直观也更有说服力。教材有些实验是需要通过实验现象进行推理才能得出实验结论，对于刚刚接触物理的初中学生来说，这种处理问题的方式比较抽象，不太符合这个年龄段学生的认知规律，而直观的实验现象和数据更能贴近初中学生的心理。"焦耳定律演示仪""近视眼远视眼的成因""做功改变内能演示仪"等仪器都属于增强实验效果的改进教具。这些改进的实验器材通过直观的实验数据或直观的物理现象让实验结论更有说服

力,更符合初中学生的认知。

例如:"做功改变内能演示仪"(参见图1-2-6)

此教具是在原有实验器材的基础上进行了改装,增加了实验效果的可视性。原来的教具是通过演示实验观察实验现象,通过分析现象得出温度是如何变化的,而不能直观地观察温度的变化。如何让学生在观察现象的同时,又能直观地看到温度是如何变化的,这是我们这个教具所要解决的问题。我们在原来的教具基础上做了一些改进,加入了数字温度计。使学生通过温度计直观地看到气体温度的变化,从而更好地理解内能和温度的关系。在课堂上做这个实验时,学生盯着温度的变化感到又紧张又好奇,等胶塞冲出时,每个学生对于温度的突然降低和出现的白雾现象都表现出无比的兴奋。由于实验现象非常明显,能使学生更好地体会做功是如何改变物体的内能。学生对这个实验非常感兴趣,他们对这个实验现象记忆深刻。

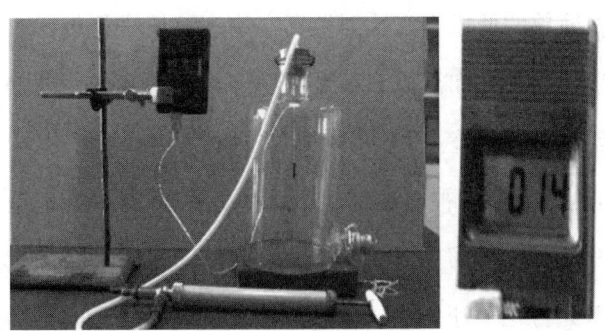

图1-2-6 做功改变内能演示仪

例如:"瓶子吞蛋演示仪"(参见图1-2-7)

在学习过大气压强知识后,教师都给学生演示过"瓶吞鸡蛋"实验,根据已有知识,学生能够分析出鸡蛋是在内外气体压强差所产生压力差的作用下被压入瓶中。而瓶内气压减小的原因，是由于酒精棉燃烧耗氧的结果。本实验的设计是在原有实验"瓶吞鸡蛋"的基础上稍作改进，由于实验结果相同——鸡蛋落入玻璃瓶中，所以学生通过本实验很容易想到空气的流动使得瓶内的气压减小了。本实验为学生发现问题并提出有效的课堂猜想提供了依据。

 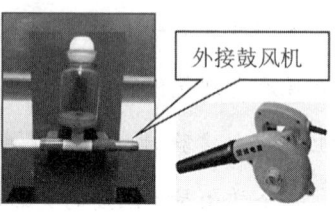

"点燃式"瓶吞鸡蛋　　　　　　改进实验

图1-2-7　瓶子吞蛋演示仪

4. 便于创设物理情境的实验教具

通过一些简单的低成本实验创设真实物理情境进行教学，更有利于激发学生探究学习的兴趣和欲望。不管是物理概念的建立，还是物理规律的探究都需要创设物理情境。"会爬绳的金属管""会跳舞的小人""会变字的黑板""自制冰花""神奇的滑轮组"等这些自制教具都是在引入新课时，为了激发学生的学习兴趣而设置的。例如，在进行光的反射教学时，通过开展"激光打靶"小游戏，学生对光的反射原理充满了期待和探究的欲望。在进行"压强"教学时，利用踩不破的气球游戏引入压强，通过制造认知冲突，极大地调动了学生学习的积极性。

例如："会爬绳的金属管"教具（参见图1-2-8）

此教具可以在开展简单机械这一单元时，用魔术表演的方式进行引课。操作者两手分别拉住金属管两端的绳子，两手用力，金属管则向上爬行,稍微放松,金属管则向下滑动,反复操作,金属管则沿着绳子自由滑上滑下。金属管里面的圆环作用相当于一个定滑轮,向下拉动绳子,挂在A点的绳子就把金属管向上拉动,金属管就会沿着绳子向上运动,当绳子松动时,金属管在重力作用下沿绳子下滑。通过自制的教具创设真实且有价值的物理情境,让学生对将要学习的内容充满好奇,学生在完成游戏任务中体验到科学的魅力,不仅增加了对科学的兴趣,同时也培养了把物理知识应用到生活实际中去的意识。

三、低成本教具促进了教学质量的提升

在这一时期,老师们研发了多个自制教具,有些是在原教材基础上对一些演示实验器材进行了改进,比如"做功改变内能演示仪";也有的是根据学情需要完全自主研发,比如适合学生探究的"压强小桌实验"、有重大突破的"焦耳定律演示仪"和"滑动变阻器演示器"等。这些自制教具不仅弥补了实验器材欠缺的现状,而且促进了探究实验学习方式的变革。

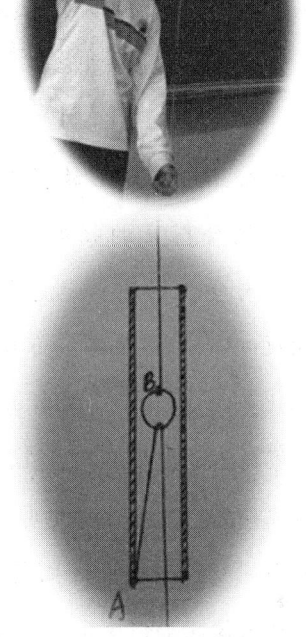

图1-2-8 会爬绳的金属管

(一)学生的科学素养以及探究能力得到提升

通过教师自主研发的多个低成本教具,通过把以往的演示实验改成多组小型器具,或自主研发适合学生探究的器材,给学生创造了更多的小组分组探究实验,大大增加了学生动手实践的机会。通过经历探究的过程,

学生不仅能体验到科学探究的乐趣，还能养成实事求是的科学态度和拥有创新的科学精神。经历动手操作，不仅提升了学生动手实践的能力，而且通过设计实验、数据收集、分析归纳等过程，有效提升了学生的信息收集能力、概括归纳能力、信息交流能力以及解决问题的能力。

例如："模拟照相机"（参见图1-2-10）

此教具就是根据教材内容自主研发的适合探究的拓展实验器材。照相机与学生的生活息息相关，由于相机本身比较贵重，而且内部结构也比较复杂，不可能拆开相机进

图1-2-9 利用模拟照相机进行实验

行观察结构并进行探究，在此情形下，教师们研发了模拟照相机。模拟照相机像距的测量设计和光屏位置的设计非常巧妙，学生利用此教具可以探究两个问题，一是照相机成像的原理；二是在照像时，当物距逐渐变大时，像与像距如何变化。用模拟照相机进行探究，不仅大大调动了学生学习的积极性，而且通过体验探究的过程，让学生学会从物理现象中归纳科学理论，并且初步建立了把物理理论应用于实际生活的意识。

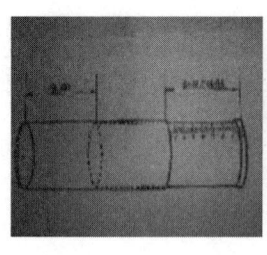 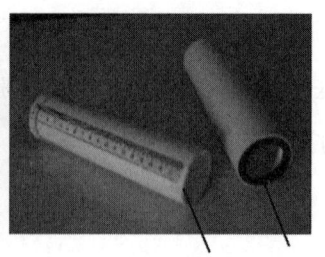

光屏　凸透镜

图1-2-10 模拟照相机

（二）低成本教具的开发促进了教师成长

经过一段时期的探索研究，我组自制教具在质和量上都处于同类学校优先的水平，同时教师的专业素养在研发创新实验的过程中也得到了有力的提升。在低成本创新实验运用的过程中，教师的教学观念也逐步发生了扭转，"重"理论、"轻"过程，"重"分数、"轻"能力，这是过去老师们经常犯的错误。过去教学的目标往往只盯着考卷上的试题，只注重科学结论的获得，而对于探究的过程往往不够重视，大部分情况下，实验的教学属于纸上谈兵，总感觉实际操作浪费时间，而没有真正进行操作实践。经过探究实验的开展，老师们发现学生在动手的过程中，更乐于动脑思考解决实际操作遇到的问题，动手才能真正地培养学生的实践能力和创造能力。老师们不仅意识到探究实验对于培养学生能力的重要性，而且对于创新探究实验的开发形成了自己的思想和方法。

创新实验的开发，丰富了学生课堂的多种方式，教师在讨论研发新的实验的过程中，也逐渐领会到课堂需满足学生的需求。根据学生的心理特点、内容需求创新一些更符合学生学习的实验教具，在此过程中，教师对学生需求的把握、教材的分析以及处理问题的策略等各方面的能力都有了很大的成长。2004年北京市"东直门杯"校本教研教学活动中以公开课的形式分别对"光具盒"和"模拟照相机"进行了展示。2005年11月北京市物理学科校本教研东直门中学现场会上，东中的物理教师对学校自制的低成本教具进行展示发言，创新自制教具在众多学校中起到引领作用。多个教具参加了各种比赛，收获了几十个奖项。2006年，初中物理荣获全国课程改革"优秀教育科研奖"。2010年我们的低成本教具论文有多篇发表在国家级期刊《教学仪器与实验》上（参见图1-2-11）。在此期间，创新实验的开发，保障了我们的研究课和各种实验技能比赛始终处于比较领先的水平。

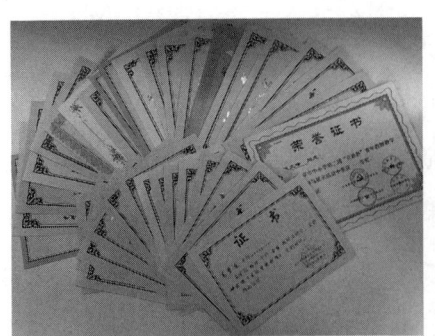

图 1-2-11 低成本教具获奖成果

第三节　完善阶段：聚焦拔尖创新人才培养的物理实验多维创新

《国家中长期教育改革和发展规划纲要（2010—2020 年）》于 2010 年 6 月印发，指出要转变人才培养理念和创新人才培养方式，为每一位学生提供合适的教育，并在此基础上，着力培育一大批具有特殊能力的创新型人才。2012 年党的十八大报告提出，要全面推进教育体制改革，把重点放在提高素养、培养创新精神和实践能力上。时代的发展要求我们不断地进行改革，而创新是一个国家、一个民族的发展和对现代科学素养的要求。创新人才是人类社会发展的核心和关键因素，培养创新性思维和能力，是培育创新型人才的重要途径。

探究实验的开展，在一定程度上培养了学生的探究能力和科学方法的养成。但是教材内的探究实验从内容上还不能满足学生的需要，学生对于教材内已知结论的探究实验兴趣不足，探究模式也比较固化，不能更好地提升学生的创新思维和创新能力。随着信息技术时代对创新的要求，拔尖创新人才越来越被人们所重视，为了更好地培养学生的创新能力，很有必要开发一些课外的拓展探究实验。课外拓展实验由于没有固定的内容和模式，在很大程度上能够开阔学生视野，促进学生思维发散。在实验的过程中，学生经常出现意想不到的想法和策略，拓展实验更有利于促进学生的创新意识和创新精神。

一、传统思维阻碍了创新能力培养

随着教学改革的不断深入，创新人才的培养需求促使学生的动手实践能力逐渐被重视起来。物理课堂通过创设有趣实验激发学生的好奇心，让学生学会独立思考，也有利于培养学生的创新思维。但是由于多种因素，学生的动手实践能力还是相对薄弱，这严重影响了创新能力的培养。

（一）"重分数"观念造成创新思维惰性

由于长期的中考、高考制度的影响，"重分数，轻能力"的思想观念还是影响着实验的开展。教学质量的评价更多的也是以成绩作为衡量标准，由于大量刷题也能在短期内带来分数的提升，让人误以为是学习能力的提升，人们更愿意把精力放在做题上面。不管是进行实验教学还是实验创新都需要付出一定的时间和精力，而且短期的实验教学不能让学生的能力显现出来，导致教师和学生对于实验的创新并没有给予太多关注。另外教学中能够提供给学生可以创新的机会不多，创新思维不能得到有效培养，尤其在复习阶段，由于长时间反复练习已经学过的教材中的实验，学生从思想上就形成了一种惰性，不希望接受新鲜的未知事物，对于实验创新更是懒于思考。长此以往，学生对于创新需求并没有太多兴趣。

（二）学生实验内容缺乏创新

虽然学生实验逐渐加强，学生动手实验的机会明显增多，但学生实验更偏重于考试要求的内容，几乎都是在限定时间内，按老师要求进行操作。由于教辅书中可以提前翻看到实验现象和结论，学生的好奇心也大大降低，基本就是模仿照搬，动手创新的机会更是微乎其微。所以依靠教材要求的实验很难培养学生的创新精神。

二、基于开放性科学实践课程的创新实验开发

2014 年北京市教委组织制定了《北京市初中科学类学科教学改进意见》，提出要解决科学类学科教学方式单一、实验教学薄弱、学生缺乏想象力和创造力等深层次问题。各个学校相继开始了物理实践课的实施，由于实践课与物理课的形式及内容存在很大差异，教师对实践课教学经验的欠缺，导致坚持固定课时真正开展实践课的学校并不多。为探索培养创新人才的模式和途径，亟须开发多种形式的实践课程和活动课程，创造更多的学生动手实践的机会，以利于创新思维的培养。

（一）开放性科学实践活动的开展促进了实验创新

自《北京市初中科学类学科教学改进意见》颁布后，我校对科学实践课程给予高度重视，在课时和活动经费上都给予了有力支持。自 2015 年 9 月就把科学实践活动课纳入常规教学，同时为教师提供了丰富的专项培训和研讨机会。学校对实践活动所需的材料和工具经费开辟了绿色通道，确保学生活动的顺利开展。虽然没有固定的教材开展实践活动，但却给教师提供了自主创新的机会。老师们翻看大量的历史科技书籍，走访科技博物馆，查考趣味物理小魔术等，通过各种渠道选取适合学生制作并探究的物理创新实验，为科学实践课程的内容积累了大量自制创新实验的素材。

（二）在"做"的过程中激发了大量创新实验主题

由于物理课的固化思想和模式，让开始展开活动的教师无从下手，总以为课堂应该让学生学习一些知识才没有耽误时间，由于初一的学生还没有开始物理课的学习，让张嘴就是物理原理的教师不知道实践课如何开展。由于没有固定教材，课程的开展在摸索中进行。经过一段时间的摸索，教师发现不仅学生的思维被"激活"，经常会有一些出其不意的策略和方法，教师思维的禁锢也开始被打破，变得活跃起来。实践课的主题实验就是教师们在课程开展过程中，参照历史科技资料或走访科技博物馆，在查找和制作中，教师创新的思维得到释放，创新实验接连不断地被发掘创新出来。

1. 依据学生特点开发适合学生动手制作的实验

学生在制作的过程中也会有思考的过程，这能有效提升学生的思维能力，而且在动手实践过程中初一学生的思维方式五花八门，他们更愿意尝试各种方法，在试错中不断更新自己的思维，这样的方式更有利于创新思维的培养。根据这种情况，教师们开始研发一些能让学生进行制作的小实验。比如，"向上爬的锥体""光学魔术盒""向上爬的圆管""小小电动机"等这些主题中的实验都适合学生进行制作的实验。

2. 基于探究能力的培养开发适合学生探究的实验

探究能力和创新意识的培养是义务教育《物理课程标准》提出的教学要求。学生不可能在短时期内掌握探究能力，也不会在短时期内形成创新意识，培养探究能力和创新意识是一项教学中长期而艰巨的任务。需要用合适的学习任务和活动潜移默化地激发学生的创新灵感，并让学生在遇到问题时逐渐形成探究的意识，在探究活动不断开展中逐渐养成探究能力。如何有效地在开放性实践活动中培养学生的探究能力，势必需要有探究的主题和器材，老师们在实践活动的开展中，创新的思维被打开，研发出一系列适合初一学生探究的创新实验，比如"省力神器""神奇的两心壶""滴漏""古人汲水之慧"等主题中的实验都适合学生进行探究。

三、开放性科学实践活动中形式多样的创新实验

为了解决科学类学科教学方式单一、实验教学薄弱、学生缺乏想象力和创造力等问题，我校教师通过文献资料的查阅、博物馆的实地参观、个人生活和社会生活的体验等，有意识地吸取前沿科技，从而选取符合学生认知水平且能进一步提升其能力的内容设计创新实验。实验类型主要有三类：一类是教师通过查阅物理史书，设计一些蕴含古人智慧的突出物理知识与传统文化融合的创新实验；一类是把物理教材中的知识进行拓展，选取能引发学生深度学习的与物理课内知识衔接的创新拓展实验；一类是结合一些有趣的物理现象而设计的蕴含科学原理的趣味小实验（参见图1-3-1）。

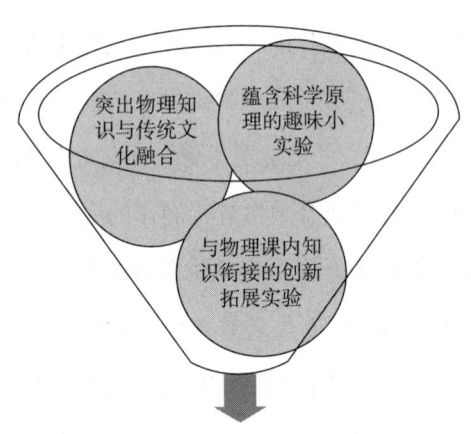

图1-3-1 创新实验类型

（一）突出物理知识与传统文化融合的创新实验

2014年教育部印发的《完善中华优秀传统文化教育指导纲要》中提出，初中阶段，以增强学生对中华优秀传统文化的理解力为重点，提高对中华优秀传统文化的认同度。让传统文化自然地加入到物理中，与物理课

堂相融合，这给实践课的创新实验创造了新的机会，教师们最初通过翻看历史科技资料寻找合适的创新实验。最早的"公道杯""欹器"就属于既包含物理原理，又蕴含人生哲理的器材。教师用身边的一些材料自己创新仪器的制作，设计出适合学生探究的创新实验，后续的"彩虹石拱桥""被中香炉""滴漏""唧筒模型"都属于体现古人聪明智慧的科技创新实验。通过制作与探究，让学生在"抽丝剥茧"般的体验、制作、探究过程中获得精神上的归属和情感上的升华，培养了民族自豪感，从而落实了物理课程立德树人的根本任务。

1. 欹器

欹器是一个历史悠久、具有丰富教育价值的器皿。随着欹器内部水量的增加，它出现"中则正，满则覆"的现象，这正是物理中重心的知识。在现代，欹器"满则覆"的原理应用到生活的各个角落，从水上乐园的大水桶到雨量计量器，再到油井计量器等。

欹器学具（参见图1-3-2）的制作工艺并不复杂。首先，需要制作欹器的底座。我们可以利用身边常见的亚克力板制作，亚克力板不仅结实，而且美观实用。其次，制作欹器中间的盛水杯。盛水杯可以用身边常见的矿泉水瓶制作。将

图1-3-2　欹器学具

矿泉水瓶上半部分带着瓶盖剪下，这样一个盛水杯就制作完成了。

欹器制作中最关键的部分就是选取横轴的位置，这个位置与重心有着紧密的关系。横轴选取过高，盛水后的盛水杯重心在横轴以下，则欹器不能翻倒。横轴选取过低，则盛水后的盛水杯重心在横轴上，只倒一点水就会翻倒。只有选取合适的打孔位置，才能让盛水杯的重心在横轴以上，而

且倒足够多的水才翻倒。

欹器的制作材料容易获取，价格较低，而且仪器的结构简单，操作容易，外形简洁大方，演示性好。利用这样简单的材料制作中国古代的欹器，一方面让学生学习重心与平衡的相关知识，另一方面让学生了解中国古代辉煌的科学技术成就，具有一定的教育意义。

2. 被中香炉

被中香炉（参见图1-3-3）随意滚动，中心的炉体能始终保持水平状态，放入其内的物品也不会倾撒出来。古人有诗云"香消凉意有南熏"，可以看出古人对其的喜爱之情，其中所蕴含的科学知识与现代航海和航空中陀螺仪的原理相同，比欧洲早了一千多年。学生在不断的思考和动

图1-3-3　被中香炉与陀螺仪

手制作过程中了解到重心对于炉体"常平"的影响。学生们也可以体会到被中香炉中所蕴含的"中间任灰烬，终与蕙兰俱"，无论遇到什么样的人生挫折都需要保持一颗常平心态的人生感悟。

（二）与物理课内知识衔接的创新拓展实验

物理课程是初二年级起始的必修课程，是发展初中生科学核心素养的一门基础课程。而初一的学生还没有物理知识做铺垫，所开设的有关科学实践活动的内容一部分来自教材内容的拓展，"桔槔、辘轳模拟实验""向上爬的圆管""'四两拨千斤'——初探省力神器""小电动机"等，这些创新实验所用原理均来自初中物理教材，通过实验主要以锻炼学生的思维，培养学生科学探究的能力为主。在创新实验的运用中弱化知识的学习，更加注重思维的训练和方法的培养。

1. 桔槔、辘轳模拟实验

我国古代在机械方面有许多辉煌的发明创造，对当今社会中的机械和工业设计产生了深远影响。例如《虚上盈下——古人汲水智慧》一课中，学生通过模拟汲水过程，了解了中国古代机械的发展，并形成对于杠杆、轮轴等机械的初步认识。接下来"向上爬的圆管"一课以此为基础继续初步认识滑轮这一机械，在知识上承上启下，层层递进，为学生的有效学习搭建平台。

2. 省力神器模型

以"'四两拨千斤'——初探省力神器"（参见图1-3-4）为例，本课学生通过亲自使用简单的杠杆、轮轴等工具，体验生活中简单机械给我们带来的便捷之处，合作讨论找到省力的方法，初步了解其中蕴含的物理知识和原理；熟悉简单省力工具的使用后，尝试将其组合达到"四两拨千斤"的效果，在体验中去感受古人的智慧和科学的魅力，了解其在当今社会中的广泛应用，进而提升民族自豪感，激发学生学习科学知识的兴趣。

图1-3-4 省力神器模型

（三）蕴含科学原理的趣味小实验

初一学生虽然抽象思维能力薄弱，但好奇心强，学习动机常从兴趣出发，因此本课程开发了一系列趣味小制作，既满足了学生的好奇心和求知欲，又提高了学生的动手实践能力和抽象思维能力。例如"翻滚的胶囊""向上爬的圆管""走马灯，灯走马，灯熄马停步——自制简易走马灯"（参见图1-3-5）等创新实验中，学生通过亲手制作有趣的教具，并操作实验器材，不仅能切身体会其中的科学道理，更有利于培养学生的创新思维。趣味小实验能让学生在实践过程中体验到无与伦比的喜悦和成就感。

图1-3-5　走马灯模型

例如：电磁秋千（参见图1-3-6）

磁现象是学生们熟知的现象，但是电流的磁效应对于学生而言应该是一个新知识，而生活中电流的磁效应也有大量的应用，如电磁起重机、磁悬浮列车。为了更深刻地体会电流磁效应的特点，特带领学生制作了电磁秋千，通过制作及实验更好地体会电流磁效应在实际中的应用。这种电磁秋千的优点是，仅仅利用电磁现象，就能让小秋千往复运动起来，既保证了趣味性，又加深了学生对电磁现象的理解。

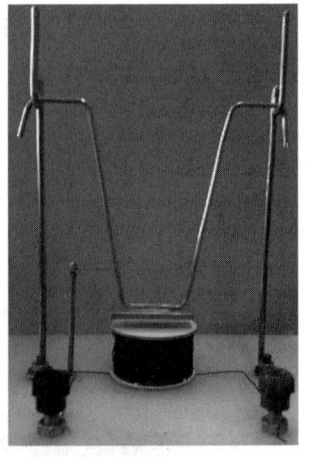

图1-3-6　电磁秋千实验

四、学生的创新意识在创新课程中萌发

由于科学实践课程的多个主题原本就属于课外拓展实践活动，内容和活动方式没有固定的模式，实验器材均来自教师自行设计。创新实验的开

发，更贴合学生的自身需求，不仅弥补了课内实验的不足，丰富了学生学习的课程资源，更有利于培养学生的创新思维和实践能力。以探究和制作为主的动手实践学习方式，改变了以往留给学生的严肃单调的课堂印象，不仅让学生享受到科学带来的乐趣，还能获得动手制作出成品的成就感。学生在制作和实验的活动过程中，经常会出现一些奇思妙想和大胆的策略，实践活动促进了学生创新意识的萌发。

在动手制作的过程中，学生不仅提高了实践的能力，还从中领悟了科学的原理。最重要的是，学生的科学兴趣被点燃，创新意识有了很大提高，玩在其中、乐此不疲。在制作实验器材过程中，经常会有学生不走"寻常路"，比如在制作"向上爬的锥体"这个器材时，学生

图1-3-7　学生制作小实验模型

发现每次实验后，锥体都会掉落出支架，甚至摔到地面，针对这个问题一些同学对原本的器材进行了改进，在三角支架的后面巧妙地加放一个小木条，实验现象明显而且还保证了锥体不掉落。这个小小的创新说明学生在动手实践时更容易发现问题，面对问题也更容易激发学生创新的意识。在制作"翻滚的胶囊"这个实验器材时，学生发现给胶囊制作一个轨道不仅使胶囊不会乱跑，而且可以延长胶囊翻滚的时间。对于轨道的制作以及支架的形状的设计，学生的想法更是新颖独特。可见在实践活动中，学生创新的思维会被激发并得到充分展现。

杜威曾主张用"心理的方法"而非"逻辑的方法"教学，就是将学生科学研究的过程作为学习的过程，让学生注重科学方法与实践操作而不是死学知识。一件事情如果只是空想，思维很容易受限制，在"做"的过程

中会激发很多创新的灵感。物理实践课以"做"为主,课堂上大部分时间用于制作和探究,学生在"做"的过程中创新思维和创新意识被激活,一些学生通过实践课的启发,有的在课外还进行一些科技制作小发明,也有一部分同学参加科技创新比赛获得不错的成绩。教师在实践课的开展中创新能力也有了很大提升,物理实践课从最初教师的懵懂着手设计,每个主题的创新都汇集了物理教师的智慧与策略,到现在已经形成完善的一门《践行智学》课程。教师的创新理念潜移默化地影响着学生,学生的创新思维也激励着教师,通过实践活动的开展,师生的创新理念达到了互促互进、共同成长的效果。

第四节　深化阶段:聚焦学生核心素养的物理实验探索

核心素养主要指学生应具备的能够适应终身发展和社会发展需要的必备品格和关键能力。华东师范大学课程与教学研究所崔允漷教授曾将三维目标和核心素养目标的关系打过一个比方:"从'双基'到三维目标,再到核心素养,是从教书走向育人这一过程的不同阶段。落实'双基'是课程目标1.0版,三维目标是2.0版,核心素养就是3.0版。"核心素养更彰显了学科教学的育人价值,使之自觉为人的终身发展服务。从一系列的教育改革政策中发现,课程改革的目标越来越以"育人"为核心,在适应时代发展需求的同时,更加关注学生的个性化、多样化,更加注重人才的培养和学生终身发展的需求。

一、发展学生核心素养符合时代发展的需求

（一）新课程标准提出促进学生核心素养发展

2017年新发布的《物理课程标准课程》指出，关注信息化环境下的教学改革，关注学生个性化、多样化的学习和发展需求，促进人才培养模式的转变，着力发展学生的核心素养。建立核心素养与课程教学的内在联系，在学科中落实立德树人的根本任务。基于物理学科本质，凝练了本学科的核心素养，明确学生学习该学科课程后应达成的正确价值观、必备品格和关键能力。从物理观念、科学思维、科学探究、科学态度与责任等方面提炼学科育人价值，充分体现物理学科对提高学生核心素养的独特作用，为学生终身发展、应对现代和未来社会发展的挑战打下基础。

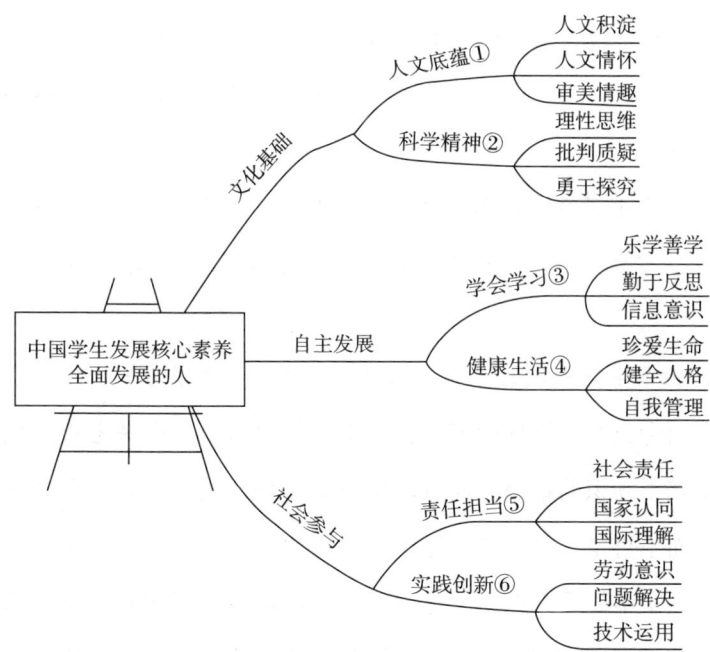

图1-4-1　图片选自《人民教育》2015年第7期社评

（二）中考试题开始注重核心素养的考查

核心素养观念的提出让教师意识到教育观念亟须转变，课堂的内容与学生的学习方式也随之发生变化，教学逐渐从"知识核心"向"素养"转移，对于教育质量的考查也逐渐向"素养"倾斜。从 2021 年基教研专家对中考的解读来看，中考试题就突出了学科核心素养的考查，不仅注重物理方法和思想的考查，而且通过科普阅读融入了中国古代传统文化，注重了育人的思想观念。

北京市教科院基础教育教学研究中心张玉峰等专家《2021 年北京市初中学业水平考试物理试卷解析：试卷稳中有变，守正创新》（节选）

2021 年北京市初中学业水平考试物理试卷紧扣《义务教育物理课程标准（2011 年版）》，结合北京市初中物理教学实际，广泛选取试题素材，突出育人导向。试题多角度、多层次设问，通过学生综合运用所学知识解决问题的具体表现，区分学生的能力水平。

（1）注重融入社会主义核心价值观和中华优秀传统文化，落实立德树人根本任务。

（2）注重创设真实问题情境，突出考查学生物理学思想方法。

（3）注重创设多层次的科学探究情景，多角度考查学生的学科核心素养。

（4）注重主干知识的考查，体现学、教、考总体的一致性。

从上面专家对于物理中考试题的解析可以看出，中考考查的核心内容不仅注重基本知识的掌握，而且注重思维过程，关注核心概念和规律的形成过程，而不再是单纯的知识记忆。注重探究能力和思维能力的考查，引导教师在教学中要重视探究的过程。另外试题更加紧密联系学生的实际生活，通过创设真实的物理情境，引导学生感受物理知识的应用价值。试题从多个角度考查学生的学科核心素养，引导学生学会思考和创新，体现了育人的理念。从中考考查的导向可以看出，教师需要进一步转变教育思想，要通过调整课堂的内容和结构以及学生学习的方式，将新的课程理念注入到学习活动中。

二、核心素养的教学理念促使思想观念的改变

党的十八大提出，要把立德树人作为教育的根本任务。多年的"知识为本"让人们越来越深刻地体会到"知识过度教学"的弊端，知识过度教学严重阻碍了学生的想象力和创造力的发展。更新教育观念是一种世界趋势，"学科教学"转向"学科教育"，这也是从"知识核心时代"走向"核心素养时代"的必然要求。

（一）"主导"与"主体"的观念亟须真正落实

虽然学生是学习的主体已经提出了很长时间，但是由于考试指挥棒的作用以及人们普遍更重视分数的心理，学生还不能真正成为课堂的主体。教师亟须扭转学生作为真正主体的课堂模式，教学实践需要实现教学取向的变迁，需要真正尊重学生的认知。学生需要通过科学思维的理解与内化，自主迁移与运用，形成积极的内在学习动机，才能成为真正课堂的主体。教师在教学中要更加关注学生的思维养成，关注学生的全面发展，关注学生科学探究的学习体验。新的教学模式提倡实验探究、小组合作、学案导学、项目式学习等多样化的学习方式。教师需更加注重学生的需求，了解学生的前概念和不足与渴望，设置认知冲突，充分挖掘学生已有的经验，制定相应应对策略，力争将新的知识与规律顺应到学生已有的知识体系中去。注重知识的形成过程，切实地将实验与理论结合在一起。

（二）教学需关注学生的真实需求

在新的物理教学理念中，倡导"一切为了学生的发展"。在培养学生

的物理学科核心素养时，应遵循教师为主导、学生为主体的学习活动原则。教师要注重学生的思想和讨论，使他们不再是被动地回答，而是鼓励学生主动提出问题，让学生从被动听讲到发自内心地积极参与。

1. 关注到教学中的"真问题"

解决以往常规物理实验所存在的问题，首先就是要让教学回归本真，营造课堂教学的原生态。物理实验教学的出发点应该充分尊重学生，从学生在日常学习中形成的"真实问题、认知冲突"出发去设计创新实验，旨在破解学生的疑惑点，同时保证课堂形态的真实性。所谓"创新"就是要将实验做到有别以往，突出实验某一方面的特质与特色，充分强调其新颖优势。

2. 关注学生思维的"真提升"

教师的创新实验设计，应该将物理问题和情境退回到原始问题上，把自己的思维起点降低以适应学生的思维，并站在学生的出发点来设计物理实验，利用物理实验来创设合理情境，引入课程。在教学实施中，尝试利用学生的思维去思考问题，把脉学生的思维，寻找其中可能存在的问题点、冲突点，然后刻意在这里设置"包袱"。引导学生思维的最好办法就是教师与学生一起思考，而不是代替学生思考。引导学生思维的方式有很多，可以是一个发人深省的问题，可以是一个扑朔迷离的魔术，可以是一个百思不得其解的方程，也可以是一个司空见惯的日常现象等。

（三）创新实验与核心素养育人理念的有机融合

核心素养让物理教师不得不针对自己的教学内容进行深刻反思，及时通过自我革新，跟上时代的步伐，变成了摆在每一位教师面前的现实问题。物理创新实验是我们教师培育学生核心素养的有力抓手和突出特色，那么首先我们需要明确两者之间存在着怎样的内涵关系。

核心素养提出，要培养学生理性思维、批判质疑、勇于探究、乐学善学、勤于反思、信息意识、劳动意识、问题解决、技术运用等方面的素养。而物理创新实验更加突出强调学生开展实验过程中的"真实情境创设""理性思考与质疑""探究和解决问题""归纳与反思"。从中我们不难发现，两者要素有着很高的相似度，物理创新实验是核心素养在科学学习领域的落脚点和重要保障，设计好创新实验，能够有效地促进学生核心素养的落实。众所周知，教育的终极追求并不仅仅是知识，还在于学习知识过程中沉淀下来的东西，即人的素质；而素质的核心又集中反映为人的思维方式和价值取向。同样，物理教学的最终目的也是提高全体学生的素质，尤其是他们的科学素养。

三、基于核心素养发展的多种创新实验教学模式探索

　　学生主体是多元化的，学生能力发展也会因人而异，不能让所有的学生都按照固定单一的模式开展活动，要创建多样化的教学模式，为每个学生的学习和发展提供机会。自主探究、小组合作、动手体验、讨论交流、课后实践等，多种教学模式可以从多角度培养学生的全面素养，从多方面着手提升学生的综合能力。例如，课后开展主题丰富的项目式学习，为学生布置长期项目作业，以小组形式开展，教师提供支持，能有效培养学生自学能力，构建完善的自我学习、诊断机制。

　　在多年的物理教学与摸索后，基于发展学生的高阶思维能力，针对初中物理创新实验的教学实践，物理组秉承构建具有鲜明特色的创新实验教学模式，即"体验""质疑""提思""诊断"，物理教师的实验教学水平得到了大幅度提升，创新实验设计能力也得到了长足的发展。

　　下面就创新实验教学模式（参见图1-4-2）的诸多方面特质做详尽展开：

图 1-4-2 基于核心素养的多种教学模式

1. 动手体验式创新实验教学模式

有相当多的实验属于教师在黑板上"讲实验",学生用纸笔做"纸上谈兵"的实验。没有真正进入实践的实验只是理想化的分析,实际与原理可能会有一定的差别。只有真正动手实践才能丰富学生的直接经验,有利于促进学生的知识建构和应用。

体验式创新实验教学是指根据学生的认知特点和规律,通过依据学生的真问题而创造、还原生活中的实际情景,将其重现、再现、还原的一种教学方式。学生在亲历情景的过程中,理解教师的意图,重构自身的已有知识,发展自身能力,产生真实情感,生成真实感悟,自身逐步形成物理观念。

学生在体验物理实验的过程中,认识新的规律,归纳新的结论,并将其再应用到新的问题中去,如此往复,让自己的思维在归纳和演绎之间奔跑。体验式教学是指以学生的实际行动、感觉、模仿等活动形式获得对抽象概念的认知。

学生在感受体验式创新实验教学模式的过程中,主要延续这样一个过程(参见图 1-4-3),即感受真实情景→抽象物理模型→课堂切身体验→归纳反思质疑→重新设计方案→再次进行实验……

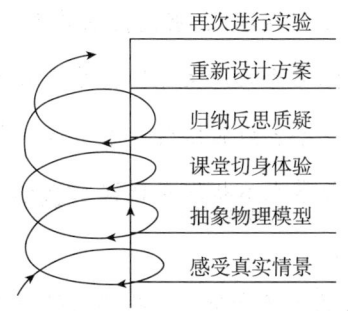

图 1-4-3 体验式创新实验思维过程

在整个循环中,"抽象"被提升为具体"再现",从而丰富了人们的思想。在"体验、认识、再体验、再认识"的物理创新实验中,学生们通过"体验"和"认识"的互动,实现了自身的认识和行动的统一。

物理教材中有一些知识是比较抽象的,与初中学生的认知特点不太相符,通过设置一些实验,让学生亲身体验实验的过程,学生会更容易理解物理规律、概念中所蕴含的道理。比如,对于浮力的产生,学生很难理解是液体对物体的压力的合力,认为在水中的物体一定受到浮力,通过大可乐瓶、烧杯、乒乓球的巧妙组合设计并亲自动手实践,当学生观察到超乎自己想象的实验现象,使抽象的概念通过实验得到具体的显现,更容易对概念加深理解。再比如,大气中有大气压的存在,如果只是单纯地记忆,学生对于气压是没有感受的,这就需要设置一些巧妙的小实验,让学生感受大气压的威力,通过体验物理过程,让学生把陌生抽象的物理概念凸显在物理现象中,更符合学生的认知特点。

例如:张洛宁老师的《浮力》课

学生在生活中已经对浮力有了很多的认识,但是由于生活经验的片面性,学生会形成一系列错误前概念,需要教师通过设置梯度式问题和实验活动进行纠正。以认知冲突引导学生通过实验体验浮力,思考浮力产生的原因。引导学生自主走出"误区",有效提高学生的科学素养。

本节课的重点是研究浮力的产生原因,难点在于理解浮力是液体对物体上下表面压力差,是一个合力的概念。本节采用梯度式问题与实验相结合的方法进行突破,引导学生不断纠正错误前概念,认识到浮力产生的原因。主要环节处理如下:

(1) 学生通过丰富的生活素材,体验浮力的存在。

(2) "在水中物体一定受浮力吗?"引发学生思考,通过实验体验猜想物体受到浮力的条件,纠正学生错误前概念,引导学生猜想物体下表面有压力就受浮力。

(3) 学生利用生活中材料验证猜想是否正确,教师引导学生发现想要知道物体是否受到浮力需知道物体各面受力情况。

(4) 通过合理的学生学具设计(参见图1-4-4)和开展学生分组实验,分析归纳出浮力产生的原因。

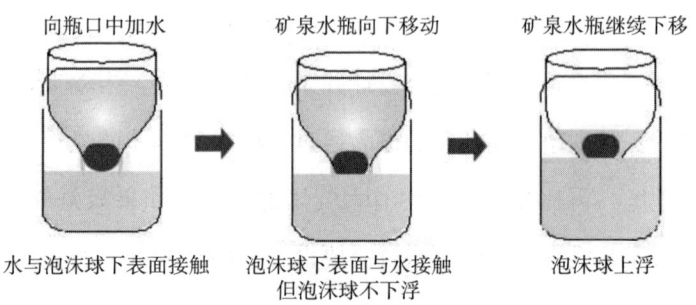

图1-4-4 浮力产生原因实验

(5) 通过演示实验,强调浮力的方向竖直向上。

(6) 通过丰富的实验活动,学生就影响浮力大小的因素提出猜想。

其中在前两个环节中,体验浮力的存在,并通过设置的实验发现在水中的物体不一定受到浮力时，学生的体验和感受与以往的认知有了很大的冲突，会激发起学生强烈的求知欲望。

2. 鼓励质疑式创新实验教学模式

传统的教学都是教师讲的学生认为都是对的，杨振宁教授曾经说过，中国的学生，他们的学识和成绩都很好，但他们的知识面却不够广，而且他们的胆子也很小，他们认为，他们所学的东西，都是理所当然的。德国教育家第斯多惠曾说过："一名糟糕的老师只会传授真理，而一名优秀的老师会教导人们去寻找真相。"教师的职责不仅是教授学生学习知识、知道结论，更体现在引导学生开展探究学习的过程中。

物理创新实验具备"客观、实证、创新"三个特质，并在这三方面有着很高的要求，这就要求我们教师在设计实验教学过程中，需要对这三点做突出性设计，从而鼓励学生依据客观事实与实证信息提出自己的质疑，利用有效的问题提出来推进、优化课堂实践。

"客观的特质"是学生具备科学精神的基石，它坚信客观世界是有规律的，规律是可以被我们所认知的。开展科学探索、物理实验的过程中，具备客观的特质是一个必备的先决条件。

"实证的特质"是物理学科的最重要特点与体现，它坚信实践是检验真理的唯一标准。开展物理实验教学，要始终坚持实事求是，尊重客观事实，从实施中提质疑，从客观中探真理。

"创新的特质"是物理学能够长久发展的根本保证，它坚信没有哪一个真理是不容置疑的，没有哪一条规律是永恒不变的。开展科学探究、物理创新实验最大的意义就是在探寻真理的过程中，敢于否定过去，敢于提出新知，始终保持一种怀疑、批判的精神。著名的科学家亚里士多德曾认为重的物体比轻的物体落得快，而物理学家伽利略就对此产生了质疑，用科学推理反驳了这个结论。质疑能够推动科学的进步和发展。

马克思认为，辩证法不是对一切事物的崇拜，而是对事物的批判与革命。宋朝的陆九渊有一句话："学贵知疑，小疑则小进，大疑则大进。"培养学生不能过于迷信权威，要勇于提出问题，这是实现科学创新的先决条件和关键。在教学过程中，应突破传统、培养问题意识、鼓励质疑、发展批判思维。在教学过程中，教师可以设定学生对知识认识上的矛盾，从而引发对学生的提问，并用科学的实验手段对其进行检验。这种学习方法可以充分调动学生的主观能动性，促进学生的创造性思维，培养学生的科学探索能力。

例如，高梦迪老师的课例《二力平衡》，匀速直线运动时二力平衡条件中的"大小关系"一直以来都是学生学习的难点，由于实验条件的限制，以往的教学更多的是在学生研究完静止时二力平衡的条件后，以灌输式的方式直接给出匀速直线时二力平衡的条件，没有一个实验探究的过程，学生无法深刻理解。例如，拉动物体在水平方向做匀速直线运动时，学生总会有拉力大于阻力的错误认知。创新实验的设计就是通过学生对问题产生质疑并互相争论，形成群体思维的碰撞，最后形成了严谨完美的探究实验方案。

课例：高梦迪老师的《二力平衡》教学设计片段

教师：提出问题：静止时二力平衡的条件在匀速直线运动状态下是否还适用？创设生活中马拉车匀速直线运动的场景。

学生：分析匀速行驶的马车的受力情况，提出质疑：马拉车的力是否大于车受到的阻力？

教师：引导学生进行实验探究，使喷气小车（参见图1-4-5）做匀速直线运动的巧妙方法：短暂施加一个力，撤去力后小车做匀速直线运动。

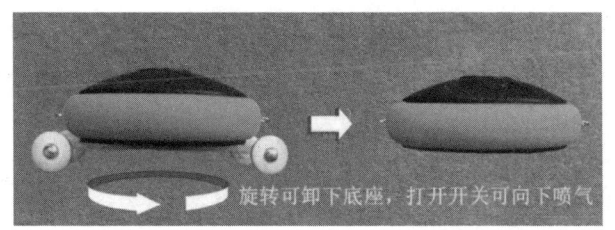

图1-4-5 向下"喷气"悬浮小车设计图

学生：对小车是否做匀速直线运动产生质疑。讨论得出，证明小车做匀速直线运动的方法：频闪照片。分析喷气小车运动的频闪照片，判断其属于匀速直线运动并利用所学知识解释其中原因。

图1-4-6 学生对实验结论产生质疑

学生：讨论出实验方法并完成探究实验，结合拍摄到的频闪照片分享实验操作与结论，分析并解决质疑。

本节课通过安排充分的动手活动、分组讨论、汇总大量的实验现象与规律、思维碰撞生成质疑，并在课堂上让学生去充分尝试验证自己的猜想，充分关注"学生在本节课的获得"，让学生切身感受与领略物理的学科本质，让三维教学目标得到落实，让物理学科核心素养得到充分体现。

实验方案讨论中体现学生思维台阶的搭设，在问题的递进中产生质疑生成新的问题，通过循序渐进的方式，完善物理实验方案。整个实验的改进过程，教师通过引导学生积极思考，使学生在原有经验的基础上产生思维冲突，学生在参与实验改进的过程中学会思考、学会质疑、学会创新，从而使他们的思维得到延伸。

3. 问题导向式创新实验教学模式

所谓"问题导向式"教学模式，就是把教学知识点通过整合转化为一系列的问题，形成问题链，通过逐渐递进的问题推动学生思考，使学生的思维一次次进阶提升，同时使学习内容也逐渐深入。用问题链和导学的方式来组织学习，不仅能增强学生学习的积极性，还能引导学生独立思考、自主学习。

物理的学习离不开实验，按部就班地按照教材的实验步骤进行实验，不仅不能激发学生的学习兴趣，更谈不上培养学生的创新思维和创新能力。合理采用问题链的教学方式，使学生对实验不足提出自己的想法，对实验的改进讨论出合理的方案，并按照自己所设想的方案进行实验。一系列的问题引导会唤醒学生自主学习的意识，学生会在自主学习的过程中获得成就感，有利于培养学生的学科核心素养。

例如，张洛宁老师的《轮轴》教学中轮轴模型的设计过程

学生应用迁移所学省力杠杆知识和"旋转叠加"的物理思想拼插、组装简单机械，过程中遭遇思维困难——无法持续省力。通过问题链引导，学生拼插出可以持续省力提升重物的简单机械，建立轮轴的物理模型。

图1-4-7 利用前后两层长度不同小棍组装轮轴模型

引导：思考汲井水的要求

教师：问题1：如何站在高处省力"汲井

水"？

学生：滑轮组。

教师：问题2：如果仅使用一个简单机械，能否实现站在高处省力"汲井水"？

学生：动滑轮、杠杆。

教师：引导：动滑轮节省所提总重的1/2，思考更省力的方法？

问题3：支点在中间的省力杠杆能否帮助我们？提供多组省力杠杆，引导学生继续运用"旋转叠加"的物理思想。

学生：使用自制可插拔学具，拼插、组装简单机械，模拟该简单机械转动过程，观察是否可以持续省力。发现该机械转过一定角度后，原来的省力杠杆变为费力杠杆，无法持续省力。

教师：问题4：如何实现转过一定角度，一直都是省力杠杆在接力提升重物？

学生：尝试解决：如果转过一定角度，一端总是较长的动力臂，另一端总是较短的阻力臂，就可以实现省力杠杆接力提升重物。

指出问题：旋转叠加的过程中，动力臂会与阻力臂重合。

教师：问题5：如果将动力臂与阻力臂前后错开，是否可行？

学生：利用自制双层可插拔学具，使动力臂与阻力臂错开后，杠杆就可以旋转叠加，实现省力杠杆接力，持续省力提升重物。

教师：总结：不断增加省力杠杆个数，可以持续省力、稳定地提升重物——轮轴。

多样化的创新实验模式都是根据教学目标、教学内容、学生个体的不同而相应设置。将创新实验与教学内容有机融合，并创设贴近学生生活的物理情境，根据内容创建出多种灵活的教学模式，引导学生主动学习、深度思考，有利于提升学生的多种综合能力。

四、围绕核心素养实验的创新促进师生核心素养提升

以学生为主体的实验教学模式的开展,促进了学生学习方式的变革,促进了学生的核心素养的发展。改变了以往以"知识"为主的学习模式,而是让学生能够充分、积极、灵活地运用知识去理解问题、解决问题、学以致用,获得终身发展必备的关键能力和必备品格。

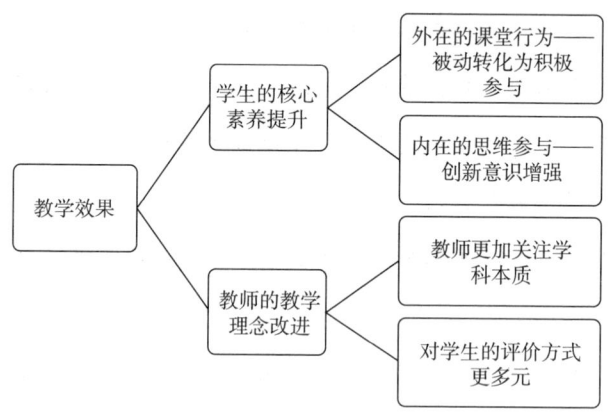

图 1-4-8 教学效果框架图

（一）学生的核心素养得到提升

开展多种以学生为主体的教学模式,学生的"真问题"在教学活动中得以解决,学生在质疑、讨论、实践、交流的过程中经历思维碰撞,核心素养得到有效提升。

1. 外在的课堂行为表现

课堂上学生的发问质疑、思考讨论、评价交流等行为活动越来越多地呈现在课堂中,学生从被动听讲转化到积极参与,对于教师的问题能够积极思考,对于他人的结论可以提出自己的见解。真正做到了深层次的学

习，通过科学探究及合作交流，积极参与挑战性的任务，获得核心概念的形成。对自主迁移与运用以及领悟科学思维等方面都有很大的帮助。

例如，张洛宁老师的《虚下盈上——古人汲水之慧》这节课就是通过任务挑战的方式，学生通过小组合作，积极讨论寻求解决任务的方法，并通过动手实践，不断尝试各种方法，并通过小组成员之间的分析、讨论，选择挑战任务的最佳

图1-4-9 小组合作挑战任务

方案。以往教师过于注重杠杆、辘轳的使用原理，而本节课通过学生动手实践寻找省力方法，最终形成了杠杆和辘轳的省力结构模型。

【示例】

《虚下盈上——古人汲水之慧》

桔槔工作原理

问题：能否借助工具实现人向下使力的同时省力？

提供木棒，将重物从黄线提升至桌面以上。

学生进行实验：发现支点在1处，比较省力但提升距离较短；支点在3处，更费力但提升距离较长（参见图1-4-10）。

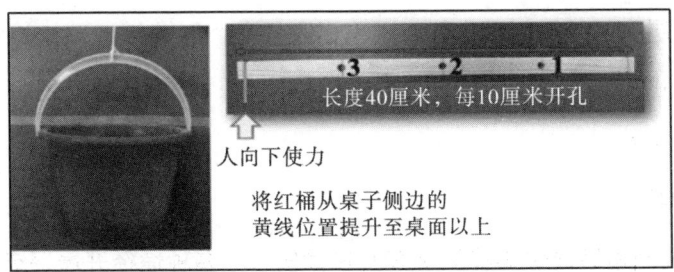

图1-4-10 桔槔工作原理实验自制教具

问题：使力方向改变了吗？省力了吗？能够提升上来吗？

能不能利用提升高度的优势同时节省人力？

【任务一】借助木棒节省人力提升重物

器材：木棒、3个砝码

学生：分组思考、交流，设计并体验

学生展示：展示所设计的实验方案，保留支点3能够提升距离较长的优势，增加砝码作为配重节省人力。

辘轳的工作原理

问题：增加井水的深度，桔槔还能把水提上来吗？

提供木轮，将重物从红线提升至桌面以上。

学生进行实验：发现木轮的提升高度更高，但不能够省力。

【任务二】增加深度，借助木轮更省力地提升重物

器材：半径6cm木轮、筷子

学生：分组思考、交流，设计并体验

学生展示：所设计的实验方案，在木轮边缘增加把手，在改变使力方向的同时省力。

2. 内在的思维参与体现

多种学习模式的开展，让学生从按部就班按照步骤进行实验到对实验进行严谨的设计和评估，思维的参与和交流让学生对物理概念的形成过程有了更深层次的理解。学生创新意识逐渐增强，能够打破教材的束缚与常规思维方式，敢于尝试不同的方法去解决问题。有利于学生养成自主学习的能力和素养。

【示例】

《探究凸透镜成像规律》教学片段举例——多种途径开展探究

教师带领学生对"1区"开展探究活动，老师手把手引导、示范、发

问；（带领画2个，学生自己画1个）——通过本处的学生活动，学生的实验规范性得到一定的训练。然后，鼓励学生发散思维，通过已有技能，对其他未知区域展开探究。（将学生分成小组）

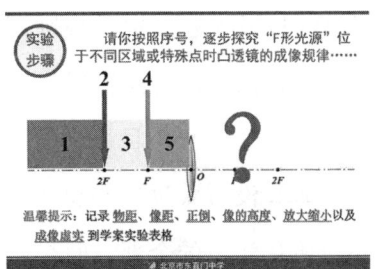

图1-4-11 探究凸透镜成像规律原理示意图

第一小组：学生使用传统光具座进行探究，将凸透镜成像区间分成若干区域，对其他区域进行探究；

第二小组：学生使用上节课已有的两条特殊光线的知识对凸透镜成像规律进行探究。

小组间交流讨论：对通过两种方法分别探究出的凸透镜成像规律进行对比和论证，既尊重了学生思维能力，又培养了辩证、质疑的科学精神。

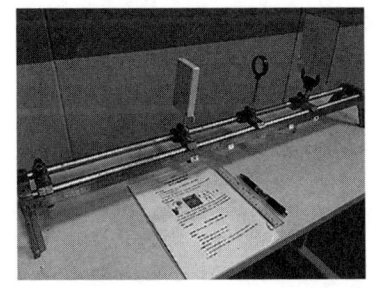

图1-4-12 传统光具座探究

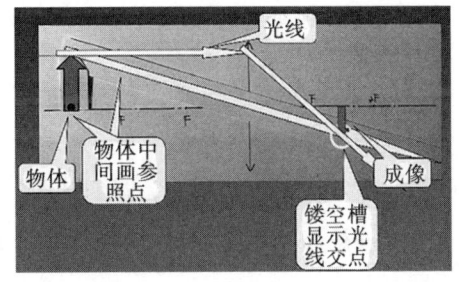

图1-4-13 作图方法探究

（二）教师的教学理念得以改进

物理教学从本质上讲，就是让学生体验科学研究的过程与方法，培养学生的科学精神、科学能力和科学情感。教师的教学理念也从"知识核心时代"逐渐走向"素养核心时代"。

1. 教师更加关注学科本质，关注思维的提升

由于"分数"长时间在人们心理上占据着较高的地位，教师对于知识的落实以及做题的模式规则落实更为关注，把知识的获得以及解题能力作为教学的唯一目标，而对于学科本质并没有太过用心思考。知识不应该是学习的全部，而是应该将知识作为育人的载体，充分挖掘知识建构过程中蕴含的情感因素和内在价值。物理以感知为基础，需要有从具体到抽象的一个过程、方法

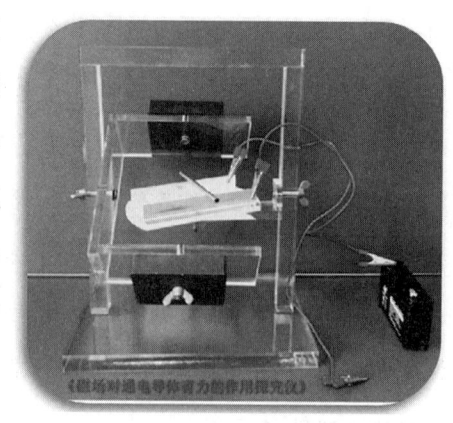

图1-4-14　通电导体在磁场受力演示仪

和态度，而不是简单地给出学生一套逻辑规则，对于物理规律的认知和探究的过程更为重要。教师在教学设计中要注重设置问题情境，引导学生思维进阶，促进思维能力的提升。

例如：《通电导体在磁场中的受力》教学片段

教师：以有趣的"电磁小火车"引入，进而提出问题。

1. 观察到什么现象？

2. 物体能够"动起来"说明什么？

3. 如何将铜管接入电路又最大限度地不影响其运动？

学生：讨论思考，为保证实验现象明显，使用U形磁体的部分磁场，导线与电源触接。

教师：提问：

1. 导体的受力方向如何判断？

2. 你认为哪些因素影响通电导体的受力方向？

3. 探究实验中的自变量、因变量和控制变量分别是哪些？

4. 若同时改变磁场方向和电流方向，受力方向是否改变？

学生：进行实验，探究通电导体的受力方向与哪些因素有关？

提出自己的猜想，并设计实验进行验证。

对完成的实验进行评估，发现原有实验装置的局限性。

学生：改进实验装置并使用。

教师：引导学生思考：导体的运动状态没有发生改变说明什么？

学生：互相讨论、质疑、总结出最终结论，状态改变说明受到了力，状态不变，不一定没受力。体现了思维的严谨性。

教师演示实验：阴极射线管中电流在磁场中的受力情况。

路海波老师的《通电导体在磁场中的受力》这节课，在注重学科本质上有了与以往不同的突破，过去教师直接使用组装好的实验器材进行实验，至于器材为什么这么组装没有太多的探讨，教师以往更注重的是实验现象说明的结论。本节课通过学生思维梯度的合理安排，通过自制教具层层递进的改装，让学生学会通过不断地追问、质疑、分析、改进逐渐形成了巧妙的实验设置。此实验装置的改进不仅解决了普通实验不能探究的通电导体与磁感线平行、斜放等情况的受力分析，还让学生通过设想逐渐改进教具的组装，体现了学生的深度思考。本节课的设计注重理论与实践相结合，提倡学生互动、开展分组探究实验，注重对于知识方法形成过程的教学，切实地将实验与理论方法结合在一起，让学生真正做到"实践出真知"，有利于学生的思维提升。

2. 对学生的评价趋于多方位的综合评价

一位名校长曾经说过，教师的教学设计一般包括四件事：①在哪儿；②到哪儿；③怎么去；④到了吗（参见图 1-4-15）。我们教师往往在教学中过于注重前三个环节，对于最后一个环节"到了吗"也就是对学生的诊断评价不太关注，实际上最后一个环节才是我们应该关心的问题，前面即使用心付出的再多，从心理角度分析也只是关注了自己的教学行为，并没有真正地把学生放在首位。教师应该对学生及时做出反馈评价，了解学生的同时有助于修正自己的教学行为。

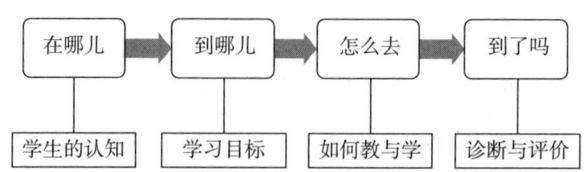

图1-4-15 好的课堂解决的四个问题

目前的教学评价越来越多元，也更加全面，教师不再以卷面成绩作为对学生单一评价标准，更加关注学生的关键能力和科学态度的形成。这也是从"知识核心时代"走向"核心素养时代"的必然要求。通过课堂的学习活动，关注学生是否有发现问题和提出问题的能力；通过参与科学探究活动，关注学生是否有信息收集能力；经历信息处理过程是否有分析概括能力；通过表述自己的观点，判断学生是否有与他人信息交流能力。通过活动的参与，关注学生是否有正向的价值观和科学态度。培养学生的物理学核心素养和关键能力才是中学物理课程的价值所在。核心素养成为教师衡量学生能力和态度的标准。

教育政策随时代快速发展而密集出台，课程目标也从过去"学科"本位跨越到现在"学生"本位。学生的主体地位在教学活动中越来越得以体现，教育越来越重视学生的全面发展，更加重视学生人格的健全和精神的成长。与之对应教师也需摆正自己主导的位置，需摒弃老旧"知识"本位观念，真正做到以培养学生核心素养为目标。物理教学的改革离不开创新实验，创新实验在设置中以学生的认知为出发点，以解决学生"真问题"为创新的依据，实验的利用以核心素养为导向，把学生真正作为学习的主体进行课堂教学设计，关注学生的困惑和质疑，注重学生真思维的提升，真正建立以学生为主体的课堂模式。利用好创新实验，不仅能有效提升教师的专业素养和学生的综合素质，也驱动着物理教学不断地向前发展。

自制教具汇总

序号	自制教具名称	自制教具作用
1	斜面小车实验	对器材进行组装和改进，让实验操作更方便简单，实验误差更小。本教具自制了一个能储藏毛巾和棉布的斜面，与一个长条平板组合成一体，斜面和木板的衔接之处以及毛巾不易平整等问题都经过巧妙的设计——解决，甚至每次小车停下的位置都可以有带磁铁的小红旗进行标识，实验操作简捷，视觉效果好。
2	光具盒	解决了三线共面探究的难点以及法线概念的建立难点，强调了自主探究，对培养学生的自主探究的意识和能力有很好的促进作用。
3	模拟照相机	此教具设计非常巧妙，解决了像距读数的难点，以及光屏处于暗箱的设计。学生利用此教具可以探究在照像时，像与像距随物距变化的规律。小型器材有利于学生分组探究。
4	焦耳定律演示仪	把定性实验改进为定量实验，增强了实验的严谨性，实验更有信服力。
5	人体触电演示仪	通过玩具小人身体内的二极管灯来模拟真实的触电情况，让学生对触电的各种形式及成因有感性认识。
6	导体绝缘体演示仪	通过实验现象对导体和绝缘体有感性认识。
7	可拆分滑轮	可拆分滑轮通过拆卸组装能让学生更清楚地认识到滑轮使用时的本质。
8	平面镜成像演示仪	改进后的这套实验装置物体由发光二极管制成，且具有磁性。可吸在底板上。在下底板下面安装四个小轮，使底板可以旋转，底板后面装有支架，可使底板直立。实验现象明显，实验的直观性增强，把平面镜成像的特点直观地展示给学生。突破了成像不清晰、测量数据误差较大等难点。
9	透镜组合系列实验	对凸透镜、凹透镜的作用以及近视眼、远视眼的成因通过可见激光演示出来，实验现象明显，便于理解。
10	滑动变阻器演示仪	滑动变阻器的电阻丝上并联上一排发光二极管，这样学生可以通过观察发光二极管发光的部分，直观地看出电阻大小的变化和连入电路中的是哪部分电阻，解决了滑动变阻器的滑片移动过程中电阻如何变化的难点。
11	液体压强与流速关系演示仪	通过直观的实验现象来显示压强与液体流速的关系。
12	做功改变内能演示仪	在原来的教具基础上加入了数字温度计，使学生通过温度计直观地看到气体温度的变化，从而更好地理解内能和温度的关系。
13	可变形杠杆	学生在探究问题过程中得出力臂的概念——力臂不是杠杆长度，而是从支点到力的作用线的距离——突破了难点，使学生不是死记硬背，而是在探究中得出物理知识。

续表

序号	自制教具名称	自制教具作用
14	家庭电路过大原因演示仪	通过低压电路，形象地把短路和总功率过大两种情况演示出来，保险丝烧断的情况真实可见，学生经过视觉感官的刺激印象深刻，从而更好地理解其中的原理。
15	压强小桌实验	解决受力面积对压力作用效果的影响实验。相比于以前的小桌实验，改进后的小桌实验能够进行多次实验，实验结论更具说服力。采用滑石粉代替海绵，并配以刻度尺，现象更明显。
16	激光打靶实验	光的反射引课实验，激发学生学习的兴趣。
17	风中的小房子	与大功率的吹风机结合使用，可以模拟多个生活中的现象。风大时尖顶房较平顶房更易被掀翻。有风吹过教室窗帘向外飞，有穿堂风吹过时门易被撞上等。
18	流体压强与流速——瓶子吞蛋	本实验通过对比的方法，打破原有的思路，利用直观的现象，直接引入课堂的主题——流速的改变影响流体压强的大小。
19	抽水机模型	模拟了活塞式抽水机，通过演示能让学生对大气压对水的作用有更深的理解。
20	比热容实验	通过U形管内水柱的变化，能直观地感受不同液体的吸热能力不同，改进了温度计不易读数的问题，使演示实验更方便观察。
21	家庭电路展示板	模拟了家庭电路的结构，让学生对家庭电路在全局上有更直观充分的认识。
22	自制乐器系列	学生通过物理课了解了声的有关知识，对于生活中各种各样声音的产生特别感兴趣，尤其对于各类乐器发声的原理感到好奇。学生对于昂贵的乐器，并不感到新鲜，但对自制的乐器，却充满了好奇。我们根据教材所涉及的知识，自制了一系列的乐器，使学生在弹奏中不仅感受到自制乐器的神奇，还能更深地领悟科学的奥秘。
23	听话的魔术小球	小球内部有一个弯曲的管道，当绳子绷紧时，增大了绳子与管道的压力，从而增大了绳子与管道的摩擦，小球则在摩擦力的作用下相对于绳子静止；当绳子松动时，绳子与管道的摩擦小。小球相对于绳子下滑。以魔术的形式向学生展示，激发学生学习科学的兴趣。
24	神奇的金属管	操作者两手分别拉住金属管两端的绳子，金属管可以沿着绳子自由上下滑动。金属管里面的圆环作用相当于一个定滑轮，向下拉绳子，金属管会沿着绳子向上运动，当绳子松动时，金属管在重力作用下沿绳子下滑。以魔术的形式引入滑轮新课，激发学生学习的兴趣。
25	向上爬的双锥体	生活中，人们会遇到各种各样的错觉。但是由于课堂时间的限制，教师不能对相应的错觉进行讲解。在这里，学生不仅能够了解到错觉产生的原因，还能亲自制作出这样的小学具。整节课的课堂气氛活跃，学生参与的积极性很高。

续表

序号	自制教具名称	自制教具作用
26	会爬绳的小人	课堂上演示趣味小实验，不仅可以阐述物理的实验原理，更能打破课堂的沉闷，给学生的课堂带来欢乐。我们都知道小猴子可以自己爬到绳子顶端，但一个不能动的玩具小人也能爬到绳子顶端，是不是觉得很神奇？用这个奇特的小人引出摩擦力的课题，能一下子抓住学生的心理，激起学生学习摩擦力知识的求知欲望。
27	光学魔术盒	生活中的现象利用了光学中光的反射和折射的知识。将生活现象与物理知识相结合，制作了这个魔盒。突出了知识的应用性。
28	通电螺线管的磁场	通电螺线管周围的磁场很抽象，如果能够让学生亲身经历通电螺线管周围磁场的探究过程，对于本知识点的学习将会有很大的促进作用。在此背景下，制作一个学生进行分组的探究装置就显得非常有必要。通电螺线管中的电流流动方向是螺旋形状，如果能够将这电流的流径想办法显示出来，对学生的现象了解会有很好的辅助作用。
29	欹器	欹器是中国古代计量时间的装置，蕴藏着"满招损，谦受益"的人生哲理，具有丰富的文化内涵和教育意义。鉴于现代欹器的原型大部分展藏于博物馆，同学们很难触及，我们根据欹器的工作原理制作了简易的实验装置。这种教学方式能让学生感受传统文化的熏陶，让学生了解中国古代辉煌的科学技术成就。
30	阿基米德原理改进	将传统实验进行适当的创新与改进，通过圆盘测力计这个新颖器材的引进，让阿基米德原理实验变得简单、直观，同时更便于操作。
31	电热探究小瓶	将演示改为探究分组实验，让学生动手体验，对焦耳定律有更加直观的认识和理解，通过观察其内部液柱上升情况，间接反映电流产生的热量的多少，实现学生对电热的初步研究。
32	酒精火箭	通过学生制作培养学生理论应用于实践的意识。对内能做功的知识有更深的体会。
33	两心壶模型	通过简易器材模拟古代两心壶的构造，让学生可以直观地看到两心壶的内部结构，通过实验现象感受大气压的存在。
34	翻滚的胶囊	利用惯性知识，设计有趣的科学小实验，神奇的实验现象能激发学生学习科学的欲望。
35	小电动机	利用简单的器材组装小电动机，让学生通过外显的实验现象领会实验原理。
36	大型磁生电演示仪	通过激光模拟看不见的磁感线，超大型的磁铁模型使实验现象更直观，让学生能更好地理解电磁感应现象。
37	会跳舞的小人——电生磁演示仪	通过魔术表演引入新课，激发学生对电生磁的学习欲望。
38	浮力产生原因演示仪	通过U形管显示浸在液体内部的物体上下表面受到的压力，解决了浮力产生的原因的难题。
39	通电导体在磁场中受力	解决了通电导体在磁场中处于各个方向的受力演示。实验操作简单，现象明显。

续表

序号	自制教具名称	自制教具作用
40	简易电磁线圈炮	通过学生制作电磁炮，理解通电导体在磁场中受力的作用。震撼的实验现象能引起学生极大的学习兴趣。
41	测定大气压的装置	大气压测定是一个难点，通过自制教具能较准确地测定大气压的数值。
42	托里拆利实验分解	通过器材分解设计，降低学生理解托里拆利的难度。
43	油量表原理	通过电流表改装，利用创造性和实践性的学习方式，深度理解欧姆定律。通过知识的应用提高思维能力。
44	光的反射演示	解决了法线概念的建立难点，强调了自主探究，对培养学生的自主探究的意识和能力有很好的促进作用。
45	水中观察岸上景物演示仪	通过加装摄像头，真实模拟在水中观察岸上景物的情况。
46	辘轳模型	通过真实的模型，理解轮轴的原理，体验古人智慧。
47	二力平衡实验装置	通过巧妙的设计，减小摩擦带来的误差，并解决了匀速时二力平衡无法探究的难点。
48	杠杆平衡实验	通过叠加思想，解决了力臂这个概念的难点。
49	唧筒模型	利用杠杆模型，体验古人灭火的智慧。
50	滴漏模型	利用模型，通过体验探究实验，感受古人制作的过程，感叹古人的智慧。

撰稿：辛艳

第二章
物理创新实验所依据的理论基础

第一节 学生核心素养与物理创新实验

学生核心素养，是指学生应具备的，能够适应终身发展和社会发展需要的必备品格和关键能力；是关于学生知识、技能、情感、态度、价值观等多方面要求的综合表现；是每一名学生获得成功生活、适应个人终身发展和社会发展都需要的、不可或缺的共同素养。核心素养，以培养"全面发展的人"为核心，其发展是一个持续终身的过程，可教可学，能够在一生中不断进行完善。

核心素养不是与生俱来的，而是个体通过后天的学习和训练逐步形成的，那么学科教学必然是核心素养培养的主阵地。接下来，我们将以核心素养的内涵与特征为切入点，谈一谈物理创新实验对学生核心素养培养的意义与作用。

一、素养的内涵

国外"素养"（competency）一词最早出现于经合组织关于素养研究的权威文献 *The definition and selection of key competencies: executive summary* 中，包含了三种需求。社会需求：经合组织提出的"素养观"强调个体对快速发展的技术、持续变化而多元的社会及全球化发展所带来的相互合作等社会现实的适应和改造，是以反思性思考和社会责任感为核心的高级心智能力。国家至上需求：欧盟在吸收经合组织观点的基础上，将各国所需的"新基本技能"作为优先策略和未来教育目标，并强调终身学习。欧盟的素养观念强调了国家竞争力，尤其是科技实力，对21世纪的教育改革产生了深远影响。经济职业需求：美国教育部门意识到，工业时代的教育内容和方法已很难适应现代经济的发展和个人职业发展需求，因而开展了"21世纪技能运动"，他们将素养界定为将知识和能力应用于现代生活情境的高级技能。

国内，素养是指由训练和实践而获得的一种修养，素养不是与生俱来的，而是个体通过后天的学习和训练逐步形成的，能够在真实情境中利用并调动内外资源满足复杂需要的能力。素养的概念古已有之，《汉书·李寻传》有云："马不伏历，不可以趋道；士不素养，不可以重国。"宋朝诗人陆游《上殿札子》写道："气不素养，临事惶遽。"元代刘祁《归潜志》卷七写道："士气不可不素养。如明昌、泰和间，崇文养士，故一时士大夫，争以敢说敢为相尚。"素养强调"德"与"能"两个方面，包括道德品质、外表形象、知识水平与能力等各个方面。在知识经济的今天，人的素养的含义大为扩展，它包括思想政治素养、文化素养、业务素养、身心素养等各个方面。

二、核心素养的界定

美国企业界与教育界共同提出了"21世纪型能力"（21st Century Skills）的概念，在"低阶认知能力"的基础上强调了"高阶认知能力"的培养。他们认为核心素养是指帮助个体在复杂情境中满足重要需要，对个人和社会都能产生价值的最根本、最关键的素养，具有迁移性、民主性和价值性等特征，也是所有个体达成自我实现，发展成为主动公民，融入社会和成功就业所需的那些素养。日本国立教育研究所也提出了"21世纪型能力"的框架，提出了以"思考力"为核心，与支撑思考力的"基础力"以及运用知识技能的"实践力"构成的三层结构（参见图2-1-1）。他们认为学力是学习主体以其"能动的力量"与学习对象交互作用，进而形成和发展起来的以思维力为核心，以基础力和实践力为辅助的综合能力，其界定反映出了国际"核心素养"研究的走向。

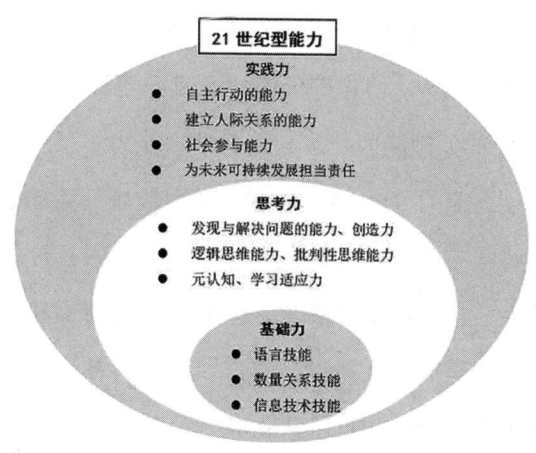

图2-1-1 "21世纪型能力"的框架

在2014年3月印发的《教育部关于全面深化课程改革落实立德树人根本任务的意见》（以下简称《意见》）中首次提出了"核心素养体系"概念，并将这一概念摆在深化基础教育课程改革、落实立德树人目标的基础地位，成为我国新一轮基础教育课程改革的灵魂。《意见》强调要根据学生的成长规律和社会对人才的需求，把对学生德智体美全面发展总体要求和社会主义核心价值观的有关内容具体化、细化，深入回答"培养什么人、怎样培养人"的问题。我国界定的"核心素养"是指，学生在接受相应学段的教育过程中逐步形成起来的适应个人终身发展与社会发展的人格品质与关键能力。核心素养就是在学生素养体系中处于中心地位，对学生构建正确的"三观"，运用最优的思维方式，养成健康的行为习惯，从而解决复杂问题和适应不可预测情境起关键作用的本源性要素。"核心素养"的提出标志着学校教育从"知识传递"到"知识建构"的转变，使我国的学校课程发展进入新阶段。

我国核心素养的概念框架可以设想成由四层构成的同心圆结构：(1) 核心层：价值形成。知识、技能是受制于价值观的。所谓"价值观"是每一个人的人格，由信念、态度、行为等塑造而成。因此，诸如信仰、责任、尊重、宽容、诚实、协作等价值的形成应当置于"核心素养"的核心地位。(2) 内层：关键能力。诸如信息处理能力、反省思维能力、沟通协同能力、革新创造能力等。(3) 中层：学习领域。诸如语言学科群、数理学力群、人文科学与艺术学科群、跨学科领域。(4) 外层：支持系统及体制内外的政策性、技术性支持系统。这种界定强调了基础教育的基础性和能动性，基础教育是成"人"的教育，要培养有社会责任感、有教养的公民。同时，基础教育要在"低阶认知能力"的基础上发展"高阶认知能力"，注重学习力"动态"的发展过程。

如今，国际教育的目标从培养经济战争中取胜的人力，转变到从社会形象去界定人存于社会应具有的素质，虽然各国对于概念的表述并不一致，如核心素养、关键能力、21世纪型能力，但宗旨都是强调新时代的学力和学习转型的挑战，这正是各国教育聚焦"核心素养"的背景。可见，核心素养的研究需与时俱进的多领域、多层次研究的支撑，是学科育人的灵魂。

三、学科核心素养的内容及发展

基于对学生核心素养的培养，我国的基础教育课程改革经过了从"双基——基础知识、基本技能"到"三维目标——知识与技能、过程与方法、情感态度与价值观"的转变，而新一轮的高中课程改革是在"三维目标"的基础上提出以"核心素养"来统领。在物理学科内，学生的核心素养包括物理观念、科学思维、科学探究、科学态度和责任。2014年教育部研制印发《关于全面深化课程改革落实立德树人根本任务的意见》，指出：

物理观念是从物理学视角形成的关于物质、运动与相互作用、能量等的基本认识；是物理概念和规律等在头脑中的提炼与升华；是从物理学视角解释自然现象和解决实际问题的基础。物理观念主要包括物质观念、运动与相互作用观念、能量观念等要素。

科学思维是从物理学视角对客观事物的本质属性、内在规律及相互关系的认识方式；是基于经验事实建构物理模型的抽象概括过程；是分析综合、推理论证等方法在科学领域的运用；是基于事实证据和科学推理对不同观点和结论提出质疑和批判，进行检验和修正，进而提出创造性见解的能力与品格。科学思维主要包括模型建构、科学推理、科学论证、质疑创新等要素。

科学探究是指基于观察和实验提出物理问题、形成猜想和假设、设计实验与制订方案、获取和处理信息、基于证据得出结论并作出解释，以及对科学探究过程和结果进行交流、评估、反思的能力。科学探究主要包括问题、证据、解释、交流等要素。

科学态度与责任是指在认识科学本质，认识科学技术和社会环境关系的基础上，逐渐形成的探索自然的内在动力，严谨认真、实事求是和持之以恒的科学态度，以及遵守道德规范，保护环境并推动可持续发展的责任感。科学态度与责任主要包括科学本质、科学态度、社会责任等要素。

学生的核心素养是学生面对未来世界发展、应对未来对自身挑战的重要砝码。另外，从课程目标的角度来看，也是向核心素养看齐的。初中阶段物理学科核心素养的基本要求如下：

形成物质观念、运动与相互作用观念、能量观念等，尝试能用其解释自然现象和解决实际问题。

具有建构模型的意识和能力；尝试能运用科学思维方法，从定性和定量两个方面对相关问题进行科学推理、找出规律、形成结论；具有使用科学证据的意识和评估科学证据的能力，尝试能运用证据对研究的问题进行描述、解释和预测；具有批判性思维的意识，尝试能基于证据大胆质疑，从不同角度思考问题，追求科技创新。

具有科学探究意识，尝试能在观察和实验中发现问题、提出合理猜想与假设；具有设计探究方案和获取证据的能力，尝试能正确实施探究方案，使用不同方法和手段分析、处理信息，描述并解释探究结果和变化趋势；具有交流的意愿与能力，尝试能准确表述、评估和反思探究过程与结果。

认识科学的本质；具有学习和研究物理的好奇心与求知欲，尝试能主动与他人合作，尊重他人，尝试能基于证据和逻辑发表自己的见解，实事求是，不迷信权威；关心国内外科技发展现状与趋势，了解物理研究和物理成果的应用应遵循的道德规范，认识"科学·技术·社会·环境"的关系，具有保护环境、节约资源、促进可持续发展的责任感（据2014年教育部《关于全面深化课程改革落实立德树人根本任务的意见》）。

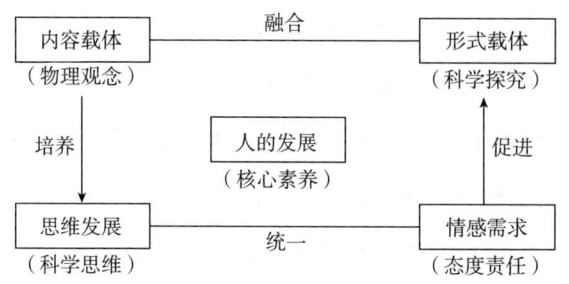

图 2-1-2 "21 世纪型能力"的框架

为达成如上教学目标的要求，客观上就对整个教师队伍提出了更高的要求，对物理教师也是一个新挑战。核心素养让物理教师不得不针对自己的教学内容进行深刻反思，及时通过自我革新，跟上时代的步伐，成为摆在每一位教师面前的现实问题。

核心素养的提出，像一种对教学的新的拆解方式、分装方式、理解方式。任何一个教学主题，按照这个模式都可以进行有机的拆解，以便按部就班地开展教学。物理观念的渗透为高阶思维中的评价与质疑批判提供了内容载体；科学探究实验为高阶思维中的分析、多样性创新提供了形式载体；学生思维发展和情感需求得到双重满足，得到有机的统一是落实学科核心素养的最终目标。

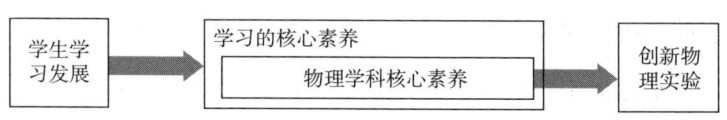

图 2-1-3 物理创新实验的引发路径

核心素养还提出要求：要培养学生理性思维、批判质疑、勇于探究、乐学善学、勤于反思、信息意识、劳动意识、问题解决、技术运用等方面的素养。具体到初中物理学科，重点是通过创新实验的设计与实施过程逐步培养师生的创新意识和创新思维，深度挖掘师生的创新潜力，提高师生的实践创新能力和创造发明能力。本书中的案例主要是根据实验创新的策略，结合最适合学生的思维方法，推陈出新，发展学生的多种思维，从而达到更高层次地提升物理核心素养的目的。因此，物理创新实验更加突出强调学生开展实验过程中的"真实情境创设""理性思考与质疑""探究和解决问题""归纳与反思"。从中我们不难发现，两者要素有着很高的相似度，物理创新实验是核心素养在学科学习领域的落脚点和重要保障，设计好创新实验，能够有效地促进学生核心素养的落实。

核心素养的培养要在学科核心素养培养的前提下完成，因此，建立科学的教学保障体系是保证核心素养培养的前提。在学科核心素养导向下，物理创新实验才能得以发展，反过来物理创新实验也为学科核心素养的落地提供了坚实的支撑。

物理实验的创新设计是实验教学改革继而适应学生综合素养提高的外显方式之一。中国学生发展核心素养中在"实践创新"这个点位上明确提出要培养学生"实践创新"的素养。物理实验是学生接触物理学习的第一感知，以这个环节作为抓手，去培养学生的相关素养，是具有可操作性的；通过物理实验的改进与创新，去应对新时期教改政策对学生综合素养提高所提出的要求，是具有现实意义的。

本次的高中课程改革就要提出学生发展的核心素养体系，给出了"核心素养"的概念界定。2016年9月我国颁布了"中国学生发展核心素养"的框架，深化教育领域综合改革，着力提高教育质量，培养学生的创新精神。学生的核心素养是适应个人终身发展和社会发展的必需品德和关键能力，是学生通过物理学习内化带有物理学科特性的品质，是学生科学素养的关键成分。因此，深入剖析核心素养的内涵对当今教育的改革创新具有重要的指导意义。

四、创新物理实验对核心素养的培养现状

截至 2022 年 2 月 21 日，中国知网可以检索到的与"核心素养"相关的结果共有 181230 条，与物理学科相关的共有 8517 条，其中"创新物理实验"为载体培养学生核心素养的结果共有 427 条，初中阶段的成果有 220 条，高中阶段成果有 207 条，时间跨度将近七年（2016.5—2022.2）。由此可见，自我国提出核心素养的课程目标后，越来越多的教育者将目光聚焦在创新实验对核心素养的培养上，这也说明了创新实验在对学生核心素养的培养上起到了积极且有效的作用。核心素养不是与生俱来的，而是个体通过后天的学习和训练逐步形成的，那么学科教学必然是核心素养培养的主阵地。

物理是一门以实验为基础的自然科学，具有逻辑性强、综合性强且与实际生活联系紧密等特点，涵盖了对理性思维、批判质疑、勇于探究、社会责任、问题解决、技术应用多个要素点的培养，是培养学生核心竞争力的中坚力量，这就要求物理学科承担起更多培养学生核心素养的责任。物理学家帕格尔斯说过："没有实验的物理理论是空洞的，没有理论的实验是盲目的"，实验是物理课程的特色，更是物理教学的基础，是一切物质规律得出的途径，可以说没有实验作为支撑的物理教学必然是失败的。因此有效的实验教学可以有效培养学生学会学习的能力和解决问题的能力。与传统的理论讲授相比，实验不但能够让学生在动手实践的过程中加深对知识的理解，更能培养学生的实践操作能力，激发学生思考和探究的积极性。基于此，实验对物理学科素养中的物理观念和科学探究层面的培养具有重要的促进作用。而创新则是赋予物理崭新的活力和使命，是科学精神的灵魂所在，也是创设先进文化的重要基础。创新实验就是充分发挥实验的教学功能，挖掘实验的育人价值，进一步提高学生的学科核心素养，促使学生更好地适应社会发展。要让科学知识在青少年中流行起来，就需要将其与现代化建立联系，让学生看到科学知识的内核在当代社会中发挥的巨大作用，深刻体会到其魅力所在。因此，创新实验教学在学生核心素养的培养方面具有极其重要的作用，是培养学生科学精神、学会学习、健康生活、责任担当和实践创新等素养必不可少的环节。

五、中学生在核心素养方面存在的问题与措施

2022年4月，教育部颁布了新一版的义务教育课程标准，在内容上新课标将"实验探究"和"跨学科实践"作为课程内容纳入了一级主题，增加了学生设计实验方案，查阅资料了解我国古代或当代的相关技术，体会相应的精神和技术对人类的贡献等要求。例如在1.2物质的属性中，增加了"设计实验方案，比较砂锅、铁锅的导热性能"。在2.2多种多样的运动形式中增加了"了解我国古代测量长度和时间的工具。体会古人解决问题的智慧"。在3.6能源与可持续发展中增加了"了解太阳能、风能、氢能等能源的开发对可持续发展的意义"。新课标进一步明确了义务教育物理课程旨在帮助学生从物理学视角认识自然、解决相关实际问题，初步形成物理自然观；引导学生经历科学探究过程，学习科学研究方法，形成科学思维习惯，进而获得学习的能力；引导学生认识科学、技术、社会、环境之间的关系，形成良好的科学态度和正确的价值观，增强社会责任感和民族自豪感，成长为有理想、有本领、有担当的时代新人。总体而言，本次课程标准的修订强化和凸显了以人为本、立德树人的根本任务，将课程目标指向核心素养，推动基础教育课程由学科立场向教育立场转型。

新课标提倡学生初步学会从物理学的角度提倡问题，并能综合应用所学知识与技能解决简单的实际问题，发展应用物理知识的意识。科学知识具有很强的综合性和应用性，而传统的物理教育仅是理论知识的灌输，重理论轻实践，往往不太关注物理知识的实际应用，使物理知识脱离生活，没有实用性，存在"死记硬背"的现象，造成学生不能全面掌握所学知识，进而造成"纸上谈兵"，不能将所学知识应用到实际生活中去。在物理教学中加大学生亲自实践操作的比例，能让学生真正做到"做中学"，进而灵活掌握知识，进行有效的知识迁移。例如，在升华与凝华这一课时，大多数学生都没有见过凝华现象，如果只是让学生去硬记"物质由气态变为固态"和"放热"，必然无法达到预期的效果。课堂中加入学生小实验：在易拉罐中先加入碎冰，再加入适量食盐，快速搅拌后罐的外壁出现"白霜"。此实验简单易操作，用时较短，学生不但增长了学习的兴趣，更加深了对于基础知识的理解。

新课标强调过程与方法的教学，注重科学探究，让学生经历科学探究过程，学习科学探究的方法，培养学生的科学探究精神和创新意识。思维的培养是循序渐进的过程，需要在实践中不断地打磨与积累。在传统的物理实验教学中，教师常常直接进入实验教学，缺乏必要的引入与启发，这样往往导致学生不能进入实验学习的状态，甚至产生乏味感和疲惫感，以至于缺少科学思维和实验探究能力。这需要教师利用自身的学科优势，对现有的知识内容进行创造性的升华，在原有实验的基础上进行创新，为学生创造更多的实践机会。例如在讲解密度与社会生活时，加入小实验：在一个塑料袋的开口处对称地挂上两个曲别针作配重，然后用加热棒（充电式，电压低，无危险）加热袋内空气，几分钟后塑料袋会飞向空中。此实验同样易于操作，现象明显，学生自然而然地就了解了气体温度升高密度减小的知识。

六、基于核心素养下的物理实验创新与实践

核心素养的观念提出已久，对学生核心素养培养的各项研究一直在如火如荼地进行着。显而易见，核心素养的形成并不是一朝一夕就可以达到的，也不是几节课的精心教学就可以实现的，是一个循序渐进的过程，需要长期的、持续的、不间断的有效教学。这就需要小学到初中，甚至是高中形成一个以培养学生核心素养为目的的整体，根据学生认知水平的差异各个阶段有其不同的分工，并能够切实有效地开展下去。目前，课标对不同学段提出了不同的要求，但是在应试教育的背景下，有的教师仍然采取传统的知识灌输式教学，把大量的教学时间用于习题的练习。这就导致一部分学生所接受的"核心素养"培养的教育是间断的，甚至是不均衡的，这些情况自然会导致培养效果"大打折扣"。

从教育同人们的研究结果可以看到，各学科在核心素养的培养上都是有效的。每个学科都具有不同的特点，在核心素养的培养上都有其不可替代的优势，而学生通过学习所获得的能力会"反哺"回各类知识的学习。靠某一学科的"单打独斗"的40分钟是无法实现核心素养的培养目标的，需要各学科一起行动起来，搭建起沟通交流的平台。从物理学科的角度来看，要实现学生核心素养的培养创新物理实验是必不可少的环节。"创新"区别于传统，既要求教师花费大量的时间精力来进行设计和改进的相关研究，又需要相应的实验经费来进行支持。

现有教材中传统的物理实验虽然经典，但是数量有限，并且教师演示实验较多，学生实验较少，学生缺乏足够的动手实践机会。学生没有充分的实践机会就很难对相应的知识产生印象，进而无法形成有效的知识建构。同时对思维能力的要求跨度较大，学生偶尔会陷入"只动手无思考"的泥沼，只知动手操作却无必要的思考与反思。而创新物理实验的设计恰

好弥补了传统实验的薄弱环节，不但丰富了学生参与实验的机会，更搭建了符合学生思维水平的层层递进的台阶，让学生在问题驱动下不断地去思考问题、设计方案进而解决问题。

1. 创新实验的针对性

创新实验的设计须遵循简单直观、解决问题的原则，直面学生在物理学习中遇到的困惑，明确实验所要解决的学生问题，明确实验所要达成的核心素养目标。例如在《电动机》这一节课，教材上的实验仅单一演示了通电导体在磁场中可以受力的情形，学生被动接受了这一知识，却仍有很多困惑：通电导体在磁场中一定受力吗？其他的情形下是否还受力？磁场与电流之间的相互作用一向是学生理解的难点，原有的教具无法满足学生日益增长的探究欲望。为了解决一直以来学生在这部分内容上"吃不饱""学不懂"的情况，我们对原有的实验装置进行了创新。我们设计了均可以360°旋转的磁场和导轨，穷尽所有情形，为学生的实验探究提供了更多的背景条件。用两块平行的磁铁代替原有教具中的蹄形磁铁，既增大了匀强磁场的面积，也增强了磁场强度，使实验现象更加明显。该教具突破了"电流方向与磁场方向平行时，通电导体不受力"这一原有教具中无法体现的情形，为后续的高中学习打下坚实的基础。教具中所有螺丝、螺母和导线夹均为铜质，排除对实验的干扰。同时每一连接处都采用元宝螺母，灵活可调节，学生可以根据自己的实验需要进行任意调节。另外，学具的主体采用透明度较高的亚克力材质做成，可以使学生从各个角度都能清晰地观察到导体的运动情况。改进后的学具穷尽了可能出现的所有情形，实验现象直观清晰，解决了学生长期以来存在的困惑，为学生的实验探究提供了更多的可能，使学生的思维不受到局限，做到学生思维的真正开放。

2. 创新实验的趣味性

与传统的实验相比，创设有趣的实验情景加入趣味实验引入新课，设置问题，更能激发学生学习新课的兴趣，让知识的学习不再枯燥乏味，使学生积极主动地参与到实践中去，真正实现学生的思想从"要我学"转变为"我要学"。例如在《电动机》这一节内容中，以有趣的"电磁小火车"引入，进而提出问题：什么力推动小电池动起来？这个力又是如何产生的？学生一边体验有趣的小实验一边思考老师提出的问题，通过不断地尝试学生会主动地进行有效的总结反思，进而找到问题的正确答案。在《重力》这一节内容中，学生对于重心的理解存在问题，普遍认为枯燥且无实际用处，为此我们设计了"欹器""高空自行车""被中香炉"等实验。学生在亲自实践中不但夯实了对知识的理解，更感受到了物理知识对于实际生活的重大意义。

3. 创新实验的主体性

学生才是物理课堂的中心，其学习状态决定着教学的质量与水平。创新实验的设计要尽可能多地让学生参与到问题的提出、实验的设计、实验的操作及数据处理和归纳总结中去。例如在《浮力》这节课中，学生通过丰富的生活素材去体验浮力的存在，而不是教师的讲授。"水中的物体一定受到浮力吗？"教师以问题驱动学生进行积极的思考，进而纠正学生错误的前概念，接下来学生采用合作探究的方式利用生活中的材料验证自己的猜想是否正确。整节课的开展都是以学生为主体来开展的，教师不再是课堂的主导者而是旁观者，学生才是真正的课堂参与者。

4. 创新实验的思维性

创新实验的设计要符合学生当前的认知水平，从学生的角度去看待问题，为学生的思维搭建好台阶。实验现象和数据属于感知表象，学生从实验现象上升到观点直至完备的认知结构，还需通过思维的加工才能实现感知到认知的发展过程。实验与思维的相互融合是物理教学要遵循的基本方法，因此实验的创新要能够启发思维，而思维又可以反过来指导实验探究。在《探究通电导体在磁场中的受力》课堂中，通过五个递进式的实验"电磁小火车""通电导体运动""探究通电导体受力方向的影响因素""用新学具进一步探究""做一做"，注重学生思维梯度的合理安排，引导学生亲自去观察、猜想、实验、推理并得出规律与结论，注重理论与实践相结合的教学方法，强调了学生的主体性。根据物理学科的核心素养观念，物理教学应培养学生认真严谨的科学态度，尤其是逻辑思维的严谨性。本节课将实验与思维深度融合，让学生能够透过实验现象看到物理知识的本质所在。

5. 创新实验的传承性

新课标在2.3声和光中增加了：查阅资料，了解我国古代建筑应用声学知识的案例；在2.4电和磁中增加了：查阅资料，了解我国古代指南针的发明对人类社会发展的贡献等，可见课标对物理学科的育人价值提出了更高的要求，这就要求物理教学不能局限于现有教材。实验的创新应该将眼光放得更长远，着眼于我国灿烂的古代科学技术和当今日新月异的科技发展。为了让学生尽可能多地了解我国古代的科学技术成就，我们选取了具有代表性的欹器和"被中香炉"。欹器是中国古代计量时间的装置，历史悠久。欹，是倾斜之意。该器皿自由放置时呈现倾斜状态。随着内部水量的增加，它会出现"中则正，满则覆"的现象，这正是物理中重心的知识。现存于故宫博物院的欹器是铜质鎏金的，本实验的欹器是由亚力克板制作完成的，便于学生能够实时观察到水位的变化过程，逐步了解重心对稳度的影响，从而获得"满招损，谦受益"的启发。"被中香炉"是我国古代灿烂的科学史中一项令人叹为观止的创造，随意滚动，中心的炉体能始终保持水平状态，放入其内的物品也不会倾撒出来。古人将其置于被褥之中用于取暖或熏香，也可以将其佩戴于服饰上用来装饰和熏香，因此被中香炉也称为香熏球，是古时达官贵人必不可少的生活器具，古人有诗云"香消凉意有南熏"，可以看出古人对其的喜爱之情。学生在不断的思考和动手制作过程中了解到重心对于炉体常平的影响。现存于陕西历史博物馆中的"被中香炉"是银制的，本学具采用透明的亚克力板既降低了成本，又便于学生实时观察。被中香炉其中所蕴含的科学知识与现代航海和航空中陀螺仪的原理相同，比欧洲早了一千多年，可以说是陀螺仪的始祖。在学习中学生们也可以体会到被中香炉中所蕴含的"中间任灰烬，终与蕙兰俱"，无论遇到什么样的人生挫折都需要保持一颗常平心态的人生感悟。在科学的课堂上，我们关注的不仅仅是科学知识的传授，更多的是文化的传承和民族自豪感的培养，让学生在课堂学习中获得精神上的归属和情感上的升华。

6. 创新实验评价的多元性

在物理实验的教学中，对学生的评价也尤为重要，是影响和决定物理实验教学质量的重要因素。传统的实验教学中，教师大多以笔试的形式作为评价方式，这显然无法落实对学生核心素养的培养。因此，创新实验的设计也必须不断改进并完善实验教学的评价形式，建立多元化的评价方式。在创新实验教学中，教师更加关注学生在实验过程中的表现，例如是否积极思考问题，能否参与到动手实践中去，可否与其他同学团结合作，能否与他人进行有效的交流探讨等。经过一段时间的实验创新教学后，学生在物理课堂上变得更加自信，实验操作也越来越得心应手，课堂的参与度、活跃度都在逐渐提升。

物理实验教学是培养物理学科核心素养的重要途径，而创新物理实验则是最行之有效的手段，只有不断的改进与完善才能实现全面提高学生综合核心素养，使学生获得终身必备的优秀品质。

第二节　深度学习与物理创新实验

中共中央国务院 2019 年 6 月颁布《关于深化教育教学改革全面提高义务教育质量的意见》再次强调优化教学方式的重要性，课堂上引导学生主动思考、积极提问、自主探究。深度学习是指基于理解的学习，学习者能够批判性地学习新的思想和事实，并融入原有的认知结构中，且能够在众多思想间进行联系，做出决策和解决问题。课堂开展深度学习，是我国全面深化课程改革、全面提高教学质量的选择，是培养学生核心素养的途径，是完成立德树人根本任务的要求，是信息时代教学变革的结果，也是促进学生健康成长的有力措施。

物理是一门以实验为基础的学科，实验教学在物理教学中占据特殊且重要的地位，是物理教学的基础和根本。借助物理创新实验这一重要手段更好地帮助学生"学习能力生根"，帮助学生对所学知识有深刻理解，促使学生深度学习的发生。

一、深度学习

20 世纪 50 年代中期，瑞典的学者 Ference Marton 和 Roger Saljo 开展了一系列对学习过程的实验研究，并在 1976 年联名发表的《学习的本质区别：结果和过程》文章中，首次提出深度学习和浅层学习的概念。深度学习是一种以促进学生批判性思维和创新精神发展为目的的学习，强调学生高阶思维和复杂问题解决能力的提升，而浅层学习仅是对知识进行回忆的感知工作。

澳大利亚的教育心理学家 John Biggs 基于 SOLO 分类理论和大量研究进一步强调了深度学习是学习者个体与教学环境的交互方式，验证深度学习受到教学目标、教学策略、教学评价等教师引导因素的影响。Biggs 通过实证方法阐述学生的学习应是一个螺旋式上升的发展过程，通过学习方式向更高层次转变的过程，学生会产生更高水平的学习能力，进而认知水平和思维能力向更高层级发展。

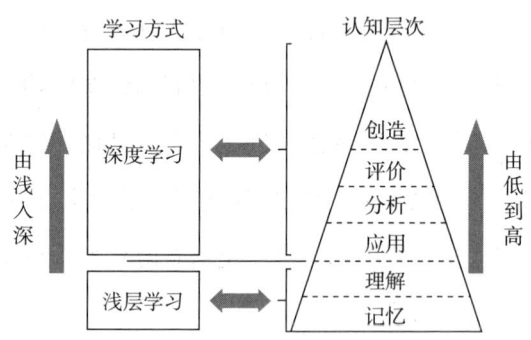

图 2-2-1　学习方式与认知层次对应关系

近十年国外研究者对深度学习的研究主题十分丰富，最受关注的就是深度学习策略、深度学习方式和深度学习评价，说明国外研究者通过多视角对深度学习方式进行解读，不断探究如何促进深度学习的具体策略，并试图对深度学习进行科学评价。

我国对于深度学习的系统研究起步较晚，并且有待深入。2004 年美国教育传播与技术协会（AECT）重新修订了教育技术的定义，突出强调了深度学习的思想理念，并将促进深度学习作为教育技术的重要目标。随着深度学习的理念在国内教育领域的不断传播，深度学习开始得到我国教育工作者的广泛关注。

（一）深度学习的概念界定

深度学习的定义最先见于何玲和黎加厚的《促进学生深度学习》，学习者在理解学习的基础上能够批判性地学习新的理论和思想，在将新的理论和思想融入已有的认知结构基础上，可以在繁多的思想间建立联系并且可以将已经拥有的知识迁移到全新的情景之中，以此作为问题决策和解决的一种学习方式。北京师范大学郭华教授指出，深度学习是指在教师引领下，学生围绕具有挑战性的学习主题，全身心积极参与、体验成功、获得发展的有意义的学习过程。华东师范大学钟启泉教授也对深度学习进行定义，深度学习是指学习者能动地参与教学的总称，是基于学科本质的真正革新的主体式、对话式的学习。

从不同专家、学者对深度学习下的定义可以看出，深度学习是建立在原有知识之上，学生从注意到记忆都主动参与、建构知识体系、批判性的学习过程。深度学习不仅强调知识结构的建立，更加注重学生批判性思维能力、高阶思维能力以及合作协同能力的提升，在能力和知识具备的情况下，学生能够实现对于知识的迁移应用，甚至最终达到创新、创造的水平。

（二）深度学习的特征

深度学习期望学生在课堂的主动活动中成为真正的教学主体。相对于人类最初发现知识的过程而言，学生不必经历实践探索和试误的过程，可以直接把人类已有的认识成果作为认识对象、学习内容。但无视学生与知识的心理距离和能力水平，单纯的知识灌输可能导致学生产生厌学情绪。因此，学生要在教师的引导和帮助下，主动经历知识的发现、发展（模拟、简约的经历），在这个过程中，知识真正成为学生能够观察、思考、探索、操作的对象，成为学生活动的客体。

1. 深度学习与浅层学习的区别与联系

基于 Benjamin Bloom 的教学目标分类学，对深度学习和浅层学习的差异性进行区分。深度学习强调理解，而浅层学习只是对知识的简单描述与复制。《布鲁姆认知领域目标分类手册》一书中将"知识"维度和"认知过程"维度相结合，"认知过程"维度目标由低到高依次为：（1）记忆：从长时记忆中提取相关的知识，包括识别和重现；（2）理解：从教学信息中建构意义，包括口头的、书面的和图表沟通；（3）应用：在给定的情景中运用某种程序，在相似的任务情景下应用或在不熟悉的任务情景下应用；（4）分析：将材料分成不同的部分，并确定这些部分彼此间的联系，以及与整体结构或目标之间的联系；（5）评价：在各种标准的基础上进行判断，确定是否一致、是否有效、是否合适等；（6）创造：将元素整合在一起形成一个一致的或功能性的整体；重新组织各个元素形成一个新的类型或者结构。

浅层学习是一种低级认知技能的获得，认知水平处于第一、二层的较低水平。深度学习则是在理解的基础上，以促进学生批判性思维和创新精神发展为目的的学习，强调学生高阶思维和对复杂问题解决能力的提升，对应的认知水平是后面四层。从表 2-2-1 可以看出深度学习相比于浅层学习更加注重学生对于知识的理解和应用，注重知识与知识、知识与生活之间的联系，注重学生知识体系的建构，并且强调学生学习的内在动机。浅层学习是机械的记忆，主要进行知识的表示和复制，无法形成知识点之间的联系，此外浅层学习的发生主要是外部导向的。

表 2-2-1　浅层学习与深度学习的特征

浅层学习（surface learning）	深度学习（deep learing）
关注符号的记忆	关注识别原理概念
关注任务中不相关联的部分	新知识和原有知识相互关联

续表

浅层学习（surface learning）	深度学习（deep learing）
为了评价而对信息的简单记忆	不同学科知识融会贯通
不加考虑地把事实和概念相联系	把理论概念和日常经验相联系
不能从实际例子中识别相关原理	主动学习
能识别和叙述根据和论点	主动组织和建构知识体系
强调来自评估要求的外部驱动	强调来自学习者自身需求的内部驱动

学习是一个从浅层到深度的连续过程，浅层学习与深度学习这两种学习方式之间既相互独立，也存在十分密切的关系。有人认为深度学习是好的而浅层学习是不好的，这是一个相当肤浅的区分。浅层学习在有时候是合适的，比如学习一些事实性的知识、基本的运算规则，这些都需要通过记忆获得。在学习过程中，深度学习和浅层学习的方法是相互渗透的，必须在一定浅层学习获得知识的基础上才能进行深度的有意义的学习。

2. 深度学习的特点

深度学习倡导通过"联想与结构"的活动将学生已有经验与学科专业知识进行关联、转化。"联想与结构"是指学生通过联想回想已有的经验，使当前学习内容与已有的经验建立内在关联并实现结构化，而结构化的知识与经验在下一个学习活动中才能被联想、调用。经验支持知识的学习，知识学习结构化、内化为个人的经验。通过引导学生主动"联想与结构"，使经验与知识相互滋养。

深度学习要求学生能够抓住教学内容的"本质"，全面把握知识的内在联系，辨析"本质"幻化出来的各种"变式"。把握事物的本质需要学生在活动中通过探究、归纳、质疑等方式，与所学习的内容建立链接，对于学习内容进行深度加工，发现事物的本质属性。

深度学习强调知识的迁移和应用，学生不仅能把知识应用到新的情景中，更强调迁移和应用的教育价值，增强学生与社会的联系。"迁移"是经验的扩展与提升,"应用"是将内化了的知识外显化、操作化,也是将间接经验直接化、将符号转为实体、从抽象到具体的过程。迁移与应用是知识活化的标志,也是学生学习成果的体现。

深度学习还要让学生在学习知识的过程中对所有的知识进行价值判断。不仅是对知识本身,还要对知识发现、发展的过程以及学习知识的过程本身进行价值判断。从学生发展的角度看,全部的学习活动都隐含着"价值与评价",它贯穿于深度学习的各个环节,培养学生对所学知识以及学习过程做出价值评判的意识与能力。学习过程既是学习知识的过程,也是学生成长的过程,使学生在学习知识的同时也养成自觉而理性的精神与正确的价值观,形成学生自主发展的核心素养。

(三)学科深度学习

指向深度学习的学科教学策略正是在研读理论基础上,通过批判当前课堂学习中存在的问题而提出的一种引导教师调整教师理念和教学行为的建议。首先学生思维的发展有高低之分,教师应该将高阶思维的发展作为教学目标的一条暗线伴随课堂教学的始终。其次深度学习实质上是结构性与非结构性知识意义的建构过程,需要教师全面地分析教材、深入地挖掘教材、灵活地整合教材,引导学生将知识以整合的、情境化的方式存储于记忆中。最后从深度学习的特点来看,学生不仅要理解学习内容,还要深入理解学习情境。因此教师要根据学习内容的特点、教学目标的要求、学生思维的发展状况,适时创设能够促进深度学习的课堂情境,并引导学生积极体验,最终达到将所学知识与情境建立联系并实现迁移的目的。

物理、化学、生物均是以实验为基础的学科,各学科侧重点各有不同。物理是研究物质结构、相互作用和运动基本规律的学科,物理实验不仅是物理学理论的基础,也是物理学发展的基本动力,是启迪物理思维的源泉。在物理深度学习的教学设计过程中，注重将单纯的实验知识目标转化为发展学生核心素养的教学目标，促使学生在物理实验过程中实现对于知识内在关联的主动建构。以问题为导向，借助生活、科技情景开展实验探究，在实验过程中学生对于生成问题的主动思考、评价、解决，不仅有利于学生对知识的深层次理解，更对学生深度学习能力的提升和物理学习兴趣培养有重要作用。

化学是研究物质组成、结构、性质以及应用的自然科学。化学实验对学生深度学习的发生有重要作用，能够促进学生建构知识，发展学生基于实验的学科思维，提升学生的科学探究能力。高中化学在促进实验教学的深度学习中采取了一系列策略。一方面从教学设计入手，将认知维度中属于高阶思维水平的分析、评价、创造列入学生的重点培养方向，以"葡萄糖"这一课时教学设计为例，其中"学会研究有机化合物的一般步骤和方法，构建以'官能团'为核心学习有机物的思维模型"这一教学目标培养了学生的高阶思维和对学科思想和方法的理解。另一方面从问题入手，选择具有挑战性的实验问题，并围绕其设计活动，在实验活动过程中建构化学知识联结，促进学生的深度学习。高中化学的深度学习还通过建构真实、批判的实验情境实现，学生在情境中主动参与、积极思考、去伪存真，建立认知结构，实现问题解决。

实验对于生物也十分重要，每个理论知识的背后都有相应实验的支撑。以往的实验教学过程中，学生仅仅机械依据实验步骤按部就班完成实验操作，缺乏对实验过程的主动建构和反思。在促进学生深度学习的生物课堂上，创设具有生活性、联系实际的学习情境激发学生的探究欲望，例如高中生物"DNA的粗提取与鉴定"的经典验证性实验中创设油桃果肉褐变问题情境，激活学生高阶思维，促进学生形成积极的内在学习动机。此外，在实验过程中会生成启发性、系统性问题，生物深度学习课堂注重对于这些问题的挖掘,以问题为主线,持续引导学生思维不断进阶,促进学生对知识的迁移应用,实现深层次学习。在传统生物实验基础上,通过对实验的改进、创新将原本熟悉、常规的实验转变为极具挑战性的学习主题,例如将"DNA 的粗提取与鉴定"创新为"根据 DNA 理化性质实现新材料 DNA 提取"。学生将获取的科学知识应用到解决实际问题中,在知识主动加工的过程中,对知识进行整合归纳,提高探究性能力,增强合作协同能力。

二、初中物理深度学习

初中物理也在不断关注学生的深度学习。物理知识点之间相互联系,各章节内部概念、规律、应用层层递进,各章节知识、技能相互链接,因此初中物理也要进行深度学习,构建属于学生自己的知识体系。物理学科的深度学习策略主要集中在创设情境,联系生活,通过认知冲突引发学生深度思考;建构知识导图,整合碎片化知识;提倡自主探究,发展学生探究能力。

深度学习的初中物理学科典型特征,可作为初中物理课堂深度学习是否发生的重要判据,也可引导初中物理深度学习的设计、组织与评价。表 2-2-2 为初中物理深度学习的典型特征及行为表现,典型特征的描述中均强调对学生物理核心素养的发展。物理核心素养指的是学生在接受物理教育过程中逐步形成的适应个人终身发展和社会发展需要的必备品格和关键能力,是学生通过物理学习内化的带有物理学科特性的品质,是学生科学素养的关键成分。物理核心素养主要由物理观念、科学思维、实验探究和科学态度与价值观四部分组成。

表 2-2-2　初中物理深度学习的典型特征及行为表现

典型特征	行为表现
指向物理观念的关联与整合	建立知识间的关联
	围绕核心概念形成物理观念
指向科学思维的分析质疑与推理建模	依据事实或现有规律，发表自己的见解
	进行合理推理，突出关键因素，建构物理模型
注重设计与评估的科学探究	应用科学方法制订探究方案
	能关注到探究过程中出现的新问题，尝试改进方案
触发反思与价值体悟的评价	在学习评价中，发展对物理概念和规律的认识
	在解释和应用中体悟物理学习的方法和价值

（一）初中物理深度学习的典型特征——指向物理观念的关联与整合

物理观念是物理学中最重要的科学观念，体现物理学科核心概念的教育价值。物理观念是物理核心素养的重要组成部分，决定着学生对于物理知识理解的深入度和应用的灵活性，对学生的终身学习和发展具有重要作用。学生物理观念的形成是将众多物理学科知识整合、内化的体现，也是学生发展其他物理核心素养的基础。物理观念主要由基于物理学科知识的基本观念，基于物理探究过程、学习方法的基本观念，基于物理在社会生活中价值的基本观念组成。学生在积极主动的探究活动中，以关联、整合的方式学习物理知识，在对知识的理解和应用中不断概括、提炼形成物理观念。《义务教育物理课程标准》2022 年版（简称课标）在一级主题"运动和相互作用"下属的 2.2.9 要求"通过实验，认识浮力"。在学生认识浮力概念的过程中，依次感受并分析上浮、漂浮、悬浮、下沉、沉底的物体是否受浮力。根据物体在水中不同运动状态判断是否受到浮力作用，对物体受浮力的情形进行整合，帮助学生初步建立对于浮力的认识。

大气压强是人教版 8 年级下册第九章第 3 节的内容，是固体压强和液体压强的传承，因此在大气压强概念的学习过程中，通过创新的实验情景将其与已经学习过的压力、压强知识相关联，有助于学生形成正确的物理观念。

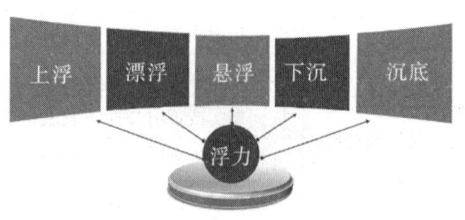

图 2-2-2　浮力问题的五种讨论状态

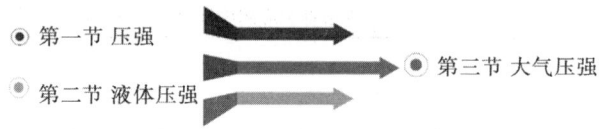

图 2-2-3　知识关联，引出大气压强

学生首先体验手捏易拉罐形变、手压橡皮膜形变感受压力对物体的作用。紧接着让学生体验"打气使物体形变"实验，并思考是哪只无形的手对易拉罐施加压力，学生通过受力分析可知瓶内气体压力使物体发生形变，承认气压的存在。在此基础上，教师演示"不打气也形变"实验，学生经过分析能够顺利承认大气压的存在。通过知识的关联、整合学习，帮助学生建立已有知识与新知识的联结，有助于学生建构属于自己的物理知识体系。

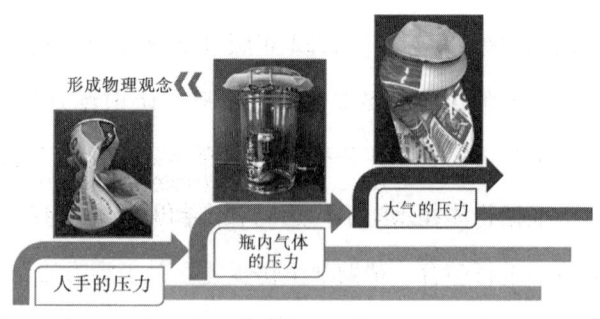

图 2-2-4　知识的联想与迁移

（二）初中物理深度学习的典型特征——指向科学思维的分析质疑与推理建模

科学思维是从物理学视角对客观事物的本质属性、内在规律及相互关系的认识方式，是学生经历了物理学习中的科学思维过程所获得的核心素养，是在学生身上体现出来的可观察、可测评的学习结果。科学思维主要包括模型的建构、科学推理、科学论证、质疑创新等要素，其中质疑、创新均属于高阶思维水平，即发展学生的科学思维主要是发展学生的高阶思维。深度学习是聚焦高阶思维的学习，学生深度学习中高阶思维的行为一方面表现为能够不迷信权威、敢于发表自己的见解；另一方面能够基于对物理问题的分析进行合理推理，表达有证据支撑的观点。

例如针对"沉底物体是否受到浮力"这一问题，有些学生依据直觉认为沉底物体也应受浮力，但有部分学生则认为当物体沉到底部时浮力就消失了。学生首先对物体受浮力和不受浮力两种情形分类讨论，画出两种情况下物体的受力分析图。通过对比学生发现可以通过支持力与重力的大小判断沉底物体是否受到浮力，若支持力小于重力则物体受浮力，若支持力等于重力则物体不受浮力。

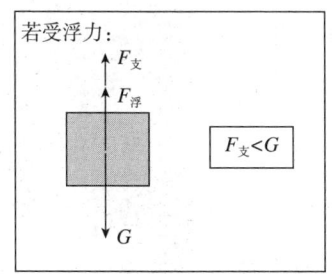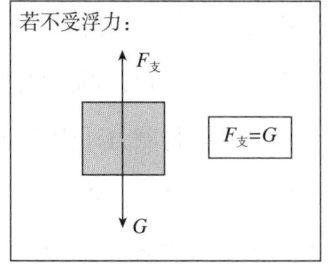

图 2-2-5 物体受浮力的受力分析图解

学生继续思考发现容器底部提供的支持力难以直接测量，在此过程中学生的思维继续进阶，迁移应用转换法的物理思想，尝试用拉力去替代支持力。当给沉底物体施加向上的拉力时，容器底部给物体的支持力减小，拉力不断增加，支持力持续减小。当重物与地面接触但是无挤压的一瞬间，拉力恰好完全替代支持力，只要对比此时拉力和重力的关系就可以判断沉底物体是否受到浮力。

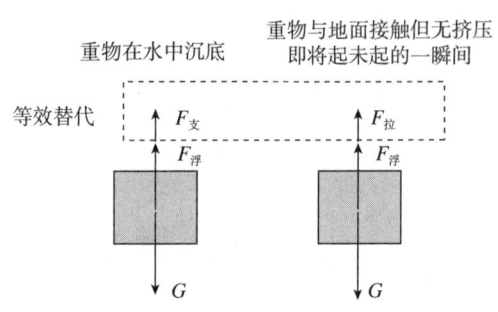

图 2-2-6　研究对象的对比受力图解

学生在使用弹簧测力计找寻"重物与地面接触但是无挤压"的拉力大小时，又发现了新的问题——手提弹簧测力计不稳定、弹簧测力计分度值较大，因而无法测量相应的拉力大小。学生继续尝试解决新出现的问题，提出可以通过选用更灵敏的测力工具，并将测力计固定整体缓慢提升的方法，来确定拉力大小。依据学生的设计，制作如图 2-2-7 所示的创新实验学具，力传感器实时、灵敏地在电脑上显示拉力大小，在转动手柄的过程中测力计缓慢上升，逐渐增加对物体的

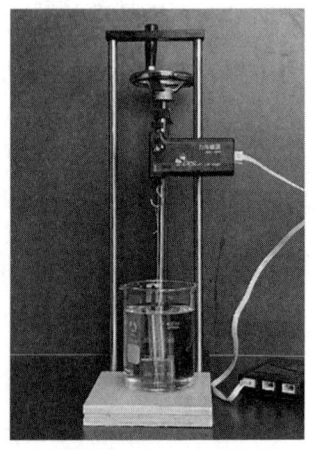

图 2-2-7　液体中物体受力测量的创新教具设计

拉力大小。学生两人为一个小组，一人摇动手柄、另一人观察重物与容器底部的状态，顺利找到"重物与地面接触但是无挤压"的拉力大小。通过实验发现，拉力小于重力，即沉底时重物受到底部的支持力小于重力，说明沉底物体也受浮力。通过对沉底物体受浮力问题的分析—解决—新问题—再解决的过程，学生的思维不断主动参与到课堂的每一个环节，高阶思维能力得到有效发展。

（三）初中物理深度学习的典型特征——注重设计与评估的科学探究

科学探究是指基于观察和实验提出物理问题、形成猜想与假设、设计实验与制订方案、获取与处理信息、基于证据得出结论并做出解释，以及对科学探究过程和结果进行交流、评估、反思的能力。实验与探究奠定了物理学的实证基础，也是当代物理教育的核心实践活动。科学探究主要包括问题、证据、解释、交流等要素。这些要素都是学生独立开展科学探究活动必备的关键能力，是总结了21世纪以来课程改革的经验，对于我国义务教育阶段学生的发展需求提出的。

科学探究的有效展开也是学生深度学习的体现，科学探究注重设计与评估，学生能够根据探究的目的和条件，应用科学方法制订探究方案，灵活选取合适的器材获得数据，对探究结果和过程有评估的意识，能关注探究过程中出现的新问题，尝试改进方案。

在实验探究过程中，如果单纯告知学生实验器材并完成实验，学生只能记忆相关实验步骤、现象和结论，是浅层过程。在深度学习课堂上，通过创设真实的生活情景引入实验探究，在激发学生学习兴趣的同时，也推动学生主动思

图2-2-8 水中物体的受力情境图

考、抽象问题并通过实验验证猜想是否正确。探究浮力产生原因是浮力学习的重点和难点，通过实验探究的方式学习该内容能够顺利突破教学难点，并发展学生科学探究能力。首先由我国宇航员在太空演示的乒乓球不受浮力引入本课，借助演示实验观察在地球上的乒乓球在水中也不受浮力，引发学生对于浮力产生原因的思考。学生观察发现乒乓球下表面没有水，提出合理猜想：物体下表面没有水，不受浮力。

但由于乒乓球各表面受力情况比较复杂，且无法观察到是否受力，所以要对研究对象进行简化。学生提出首先将模型简化为正方体便于分析各面所受水的压力情况，并利用橡皮膜易于形变的特点，在正方体各面增加橡皮膜，能够直观反映正方体各面所受压力大小。

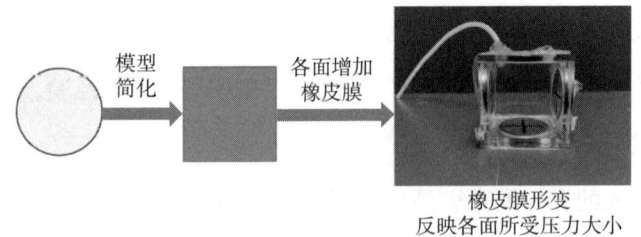

图 2-2-9　创新教具的设计演变过程

学生利用所设计的创新实验学具探究浮力产生原因，当正方体下表面无水时，观察到左右表面橡皮膜都发生形变且形变程度相同，说明正方体左右两面受到的压力相等，相互抵消，上表面橡皮膜向下凹陷说明正方体受到水向下的压力。当正方体下表面开始有水后，正方体下表面橡皮膜向上凹陷，但形变程度较小，对上下表面进行受力分析可知，正方体仍受到水向下的压力。只有到下表面橡皮膜凹陷程度增大到一定程度，此时水对正方体的合压力方向向上，物体上浮。通过对证据的分析，学生推翻假设

"物体下表面有水，就受到浮力"，归纳出浮力的产生原因是物体上下表面所受液体压力之差。在以小组为单位的探究过程中，学生提出问题、搜集证据、分析解释、合作交流的能力都得到充分发展，液体压强的影响因素也是教学的重难点之一，学生根据已有的生活经验会认为容器形状也会对液体压强产生影响，仅仅通过讲解学生无法认同。学生灵活应用可拆卸的创新学具，通过实验探究液体压强的影响因素，确定液体压强是否与容器形状有关。学生依次更换右侧容器形状，并通过橡皮膜的凸起方向判断两侧液体压强大小，发现不论两边容器形状如何，只要液面高度相同，橡皮膜就不发生形变。在充足的实验现象中，学生归纳出液体压强与形状无关的结论。在学生实验探究过程中，学生全身心投入到实验的设计与完成，科学探究能力得到显著提升。

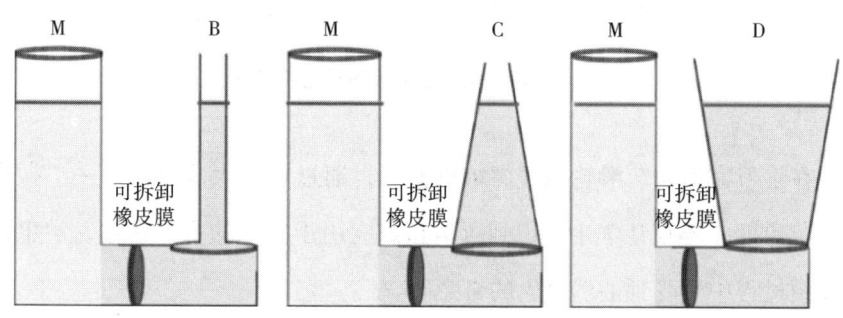

图 2-2-10 可替换容器形状的液体压强创新教具

（四）初中物理深度学习的典型特征——触发反思与价值体悟的评价

科学态度与责任是在认识科学本质和了解科学、技术、社会、环境之间关系的基础上形成的，是探索自然奥秘的内在动力，也是在学习过程中形成的严谨认真、实事求是、持之以恒的优良品质。教育不只要回应"培养什么人，怎样培养人"这两个问题，最重要的是我们培养出来的优秀人才要为实现中华民族伟大复兴担负起应有的责任。在学习过程中，通过学习评价触发学生对物理概念和规律的深刻反思，在解释和应用中体悟物理学习的方法和价值，这也是深度学习对科学态度与责任这一核心素养的回应。

大气压在生活中应用丰富，用吸管喝饮料、吸取墨水都是大气压在生活中的体现。但学生总误以为饮料、墨水是被"吸上来"的。通过学生体验、解释生活中的大气压现象，体悟到大气压的重要作用。

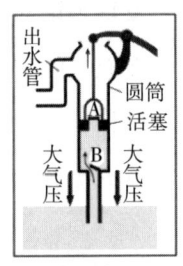

图 2－2－11　生活中的大气压应用场景

在学习完滑轮、滑轮组等简单机械后，通过展示大国重器——"振华30"起重船，不仅让学生意识到所学知识应用于实际的重大作用，学生也在介绍过程中感受到油然而生的自豪感。

三、指向深度学习的初中物理创新实验

依据物理深度学习的理论基础，深度学习强调知识的结构化，仅以一课时的教学内容难以帮助学生建立不同知识之间的联结，指向初中物理深度学习的教学设计应围绕核心物理概念开展主题/单元教学。单元教学是从一个单元的角度出发，根据章节或单元中不同知识点的需要，综合利用各种教学形式和教学策略，通过一个阶段的学习让学习者完成一个较为完

整的知识单元的学习。单元教学能使零碎的知识结构化，在结构化知识中容易抓住核心概念，促进学生形成物理观念。单元教学中促进学生深度学习的策略概括为：创设情境、认知冲突、思维可视化和变式运用。

创设情境的目的是引入问题，明确探究的方向，找到思维的起点，通过向学生提供认知背景，促进其有意义的构建。创设情境的关键是提供指向问题的材料，帮助学生形成表象，利用观察、对比、分析等手段进行抽象加工，概括出共同特征。认知冲突是基于建构主义的学习理论，学生在学习新知识之前，已经具备一定的前概念，当遇到不能解释的新现象时，就会打破之前低层次的"平衡"产生新的"冲突"，通过"冲突"不断化解实现新的平衡与发展。思维可视化的含义是指运用一切图示以及图示组合的技术把本来看不见的思维可视化。变式就是给学生呈现同一个内容的不同呈现形式事例或材料，通过变化以突出其中的不变因素，从而使学生能够准确地理解并掌握所学知识的本质。

物理是一门以实验为基础的学科，实验在物理中的重要地位不言而喻，结合物理学科以实验为基础的学科特色，指向初中物理深度学习的教学实施离不开演示实验、分组实验在课堂中扮演不同的"角色"，助推物理深度学习的持续发生。

（一）围绕单元核心概念设计创新实验

如果将单元教学类比盖一座大楼，其中单元规划犹如大楼的设计图，只有前期规划好，后期的教学才能够取得显著的效果。首先根据课程标准和教材解读教学内容，制定合理的教学目标，确定了单元目标后，梳理知识结构，并根据重点和难点，确定本单元的核心概念。对于单元核心概念，通过设计不同侧重点的创新实验，有的为学生们创设情境便于问题的引入，有的为学生提供认知冲突、帮助学生整合概念。通过一连串的创新实验，帮助学生突破单元各课时的教学重难点，发展核心素养。

大气压强是固体压强和液体压强的延续，围绕"大气压强"这一核心概念开展 3 课时的单元教学，针对于每课时的重难点，共设计 4 组创新实验和 1 组改进实验，以实验为依托发展学生各个方面的核心素养。第一课时聚焦核心素养中物理观念的形成，通过易拉罐系列形变顺利将大气压的概念顺应到已有的知识体系中，同时及时关注学生在课堂中生成的错误理解"有气压一定使物体发生形变"。通过"有气压不发生形变"和"有气压差发生形变"的实验对比，纠正学生错误认知，发展学生科学思维能力。第二课时侧重于发展学生的科学思维，学生迁移应用所学固体压强知识，设计粗测大气压的实验方案并进行实验，并对实验数据充分分析，确定大气压的数量级。在此基础上，继续寻找大气压精确测量的方法，运用转换法的物理思想并迁移所学液体压强知识，尝试将不便于测量的大气压转换为液体压强。通过"气压差与液体压强平衡实验"为学生的思维搭设台阶，掌握"托里拆利"实验的原理。第三课时则是本单元内容在实际生活中的应用，关注树立学生正确的科学态度与责任。通过"自制气压计"的制作与分析，发现温度、压力对气压计的影响，形成严谨认真的科学态度。通过"良心壶"的演示实验，揭秘神奇现象背后的物理原理，同时展现我国古人的聪明才智与精湛技艺，树立民族自豪感。

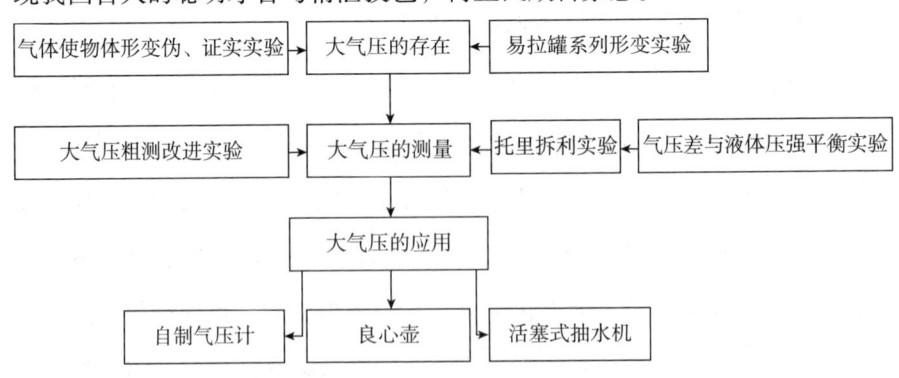

图 2-2-12 本课的实验思维导图

（二）创新实验创设问题情境

创设情境的目的是引入问题，探究始于问题，问题是思维的方向。现实生活中所遇到的问题往往比书本上所教授的知识复杂很多，如果学生仅仅面对书本中所提出的简单问题，当面对实际生活中的真实问题时，学生往往束手无策。因此在课堂上引导学生将生活中的问题转化为物理问题，在此过程中学生能够有意识地对自然现象进行抽象、简化，从而对物理问题有更加深刻的认识。通过对问题的解决，不仅对学生科学思维进行有效训练，更是树立科学态度与社会责任感的重要途径。

在《二力平衡》课堂中，通过"给老师戴口罩""合力盖瓶盖"的创新小实验创设情境，多人合作施加拉力使口罩和瓶盖静止，感受力与运动之间的密切联系。将生活中的问题转化为物理"力与运动"的问题，感受身边无处不在的"力的平衡"，形成对于力与运动关系的探索欲望，产生物理学习的内在驱动力。

图 2-2-13　《二力平衡》创新小实验

又比如学习完欧姆定律的相关规律课后，专门拿出一节课通过实验为学生创设问题情境，带领学生从物理课堂中的欧姆定律出发走向实际问题的解决。《电压表的各种"角色"》课堂中，尝试将电压表改装为实际车辆中装载的油量表。学生依据欧姆定律知识进行电路设计后，发现应用于实际中存在大量问题。学生发现在实际使用滑动变阻器过程中，浮子带动滑片转动会出现划片碰不到电阻丝的问题，因此将实验室中的滑动变阻器形状改变为圆弧状，划片就可以时刻都碰触到电阻丝。

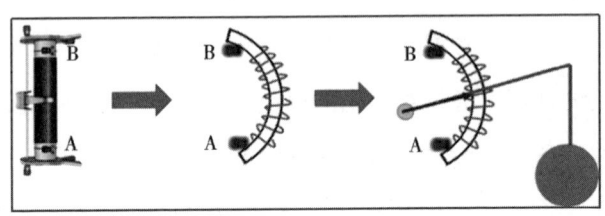

图 2-2-14　自主创新的弧形滑动变阻器制作演变图

学生继续观察真实油量表，发现电压表示数随油量增加均匀变化，新的问题又出现了，油量是如何使电压表示数改变的？学生的思维逐步推进，找到电压与油量之间均匀变化的重要桥梁，即当油量均匀增加时滑动变阻器接入电路的阻值随油量均匀变化。

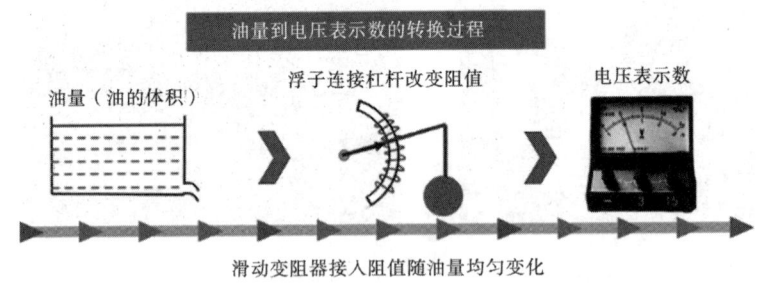

图 2-2-15　油量到电压表示数的设计思路展示图

学生审视设计方案，发现电压表示数并不随阻值的增加而均匀变化，也就是说原有的设计方案不符合要求！学生小组讨论，分析"电压表示数与接入阻值成正比"需满足的条件，进而根据条件设计实验电路，并通过大型演示教具验证方案是否可行。通过对电压表改装为油量表的问题解决，对学生的科学思维能力进行有效训练，实现学生物理深度学习的发生。

图2-2-16 创新教具在教学实践中的应用展示

（三）创新实验引发认知冲突

认知冲突是发展学生思维的重要手段，能有效激发学生内驱力和求知欲。基于学生的认知起点和思维定式，通过创新实验展示出与传统思维定式截然不同的实验现象，能够有效引发学生的认知冲突，学生在深度学习过程中，能够充分运用推理、分析、归纳等能力解决问题、建构知识体系，有利于学生高阶思维能力的培养。

学生在学习完浮力概念后，会有"物体在水中就一定受浮力"的思维定式，而"乒乓球不受浮力"的演示实验现象却与已有认知相冲突，乒乓球明明在水中却不受浮力！学生的探究欲望被充分激发，通过学生分组实验与半定量探究学具的数据支持，修正学生的思维错误，建立浮力是液体对物体上下表面压力差的正确认识。

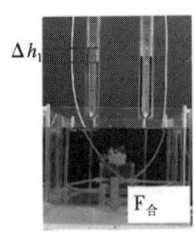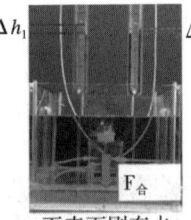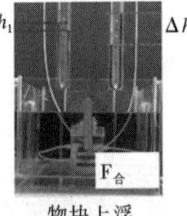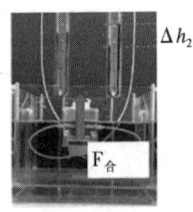

图 2-2-17　浮力创新教具探究过程图

又比如学生在学习完气压概念之后，对于气压的认识停留在"有气压一定使物体发生形变"的阶段，通过具有冲突性的实验设置——"有气压不发生形变"，明明吹气时两个透明亚克力管均有气压，但中间的橡皮膜就是不发生形变。这个与学生认知不符的实验现象，极大激发了学生思考气压能使物体发生形变原因的积极性，学生带着疑问与渴望进行探究，为"气压"知识的深度学习做好铺垫。针对学生存在的疑惑，学生自主改造已有实验装置，进行"有气压差发生形变"对比实验，这种阶梯式的实验设计能有效提升学生的高阶思维能力，实现学生的深度学习。

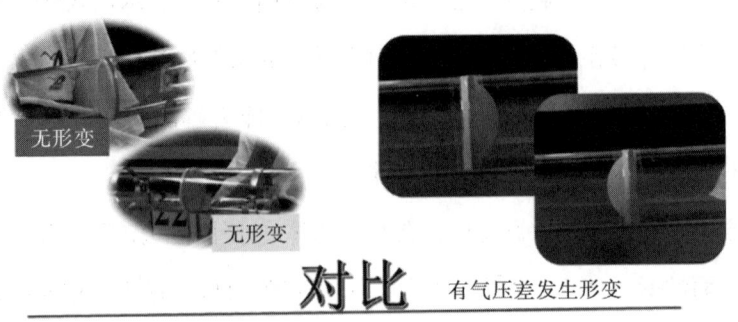

图 2-2-18　"有气压不发生形变"实验和"有气压差发生形变"实验现象对比

密度也是初中物理一个非常重要的概念，《课标》中对于密度概念的要求属于理解层级，因此在课堂教学中要着重学生对于密度概念的理解，特别是将其与轻重作以区分。密度概念课的创新实验首先顺应学生的已有前概念，学生体验按照任意顺序将教师提供的几种液体倒入瓶中，发现液体都会呈现相同的分层顺序，学生根据实验现象和日常生活经验猜想"重的液体沉在下方，轻的液体浮在上方"。学生在已有猜想基础上，通过观察教师将装有质量不同的三种小球的塑料罐反复摇动后的分层情况，初步认可猜想"质量大的球沉在下方，质量小的球处在上方"。但脱离体积谈物体的轻重没有意义，通过演示与学生已有经验相反的分层小球实验，即木球质量大于塑料球但摇动后木球浮在塑料球上方，出现与之前阶段性结论相反的实验现象，引发学生思考不同物体分层的真正原因。为学生提供一系列的体积大小不相等的木块，请学生尝试利用"称量木块的总质量再除以该木块的体积"探究同种物质质量与体积的关系，学生探究发现同种物质质量与体积的比值是一个定值。通过密度的深度学习，学生批判性地理解"密度"概念，从一开始单纯地认为"质量大的沉在下方"，到课程后段形成"密度大的沉在下方"的概念认知。

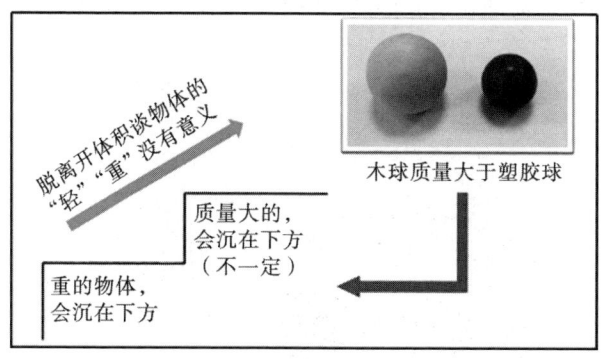

图 2-2-19 分层小球实验证伪学生阶段性结论

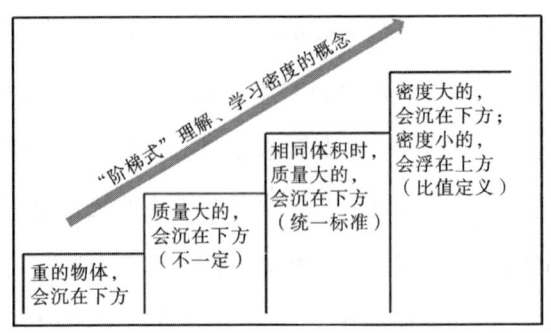

图 2-2-20　密度概念的深度学习过程

（四）创新实验将思维可视化

物理学科相对抽象、逻辑性强，学生不易理解，更需要把抽象的问题形象化和直观化。通过创新的实验设计可以将抽象知识形象化。对于"电压"的认识，在初中物理学习的知识体系中，无法讲清楚电压是什么，也无法给电压一个明确的概念界定，只能通过借助学生生活中的感知认识"电压"。为了让学生更好地认识电压的作用，类比学生日常生活中所熟知的"气压""血压""水压"等各类"压"的作用，并且着重展开水压的作用，制作了水压类比电压创新演示教具，让学生亲身体会水泵提供水压使水轮持续转动，从而更容易理解电源提供电压形成电流使风扇持续转动的原理。

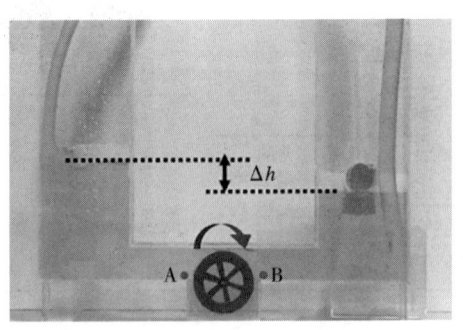

图 2-2-21　水压的可视化创新设计图

为了避免学生类比电流形成过程中，受到水流有先后流动顺序的影响，制作了模拟电荷在电路中定向移动形成电流的教具。用小红球来类比电路中的自由电荷，本身的运动是杂乱无章的，在水泵提供的推动力的作用下，同时定向移动起来形成电流，即各处电流同时形成，没有从正极流入负极的先后顺序。

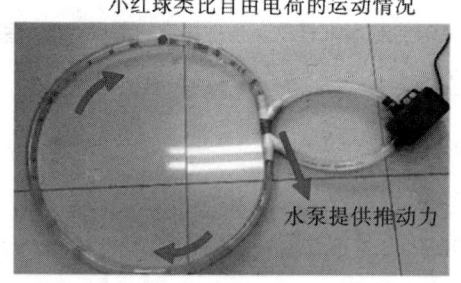

图 2-2-22 类比法创新自制教具演示图

（五）创新实验提供变式训练

变式训练是思维水平提升与训练的重要手段。根据学科特点物理学科可以从创新实验角度进行变式拓展训练，重在培养学生的归纳分析、质疑创新等高阶思维能力。

例如在建立"力臂"概念时，通过实验探究杠杆的平衡条件，学生对于力臂有了一定的认识。但此时杠杆所对应的力臂恰好也为支点到力作用点的距离，因此学生对于力臂概念认知没有普遍性。通过自制杠杆平衡条件探究学具，学生在体验杠杆平衡的基础上，更换不规则形状的杠杆再次体验杠杆平衡。通过分组实验现象所体现出的共性特征——各个不同的异形杠杆悬挂位置不同但力臂均相等，学生批判性地学习"力臂"概念，形成对于"力臂是力的作用线到杠杆的垂直距离"的正确认知。

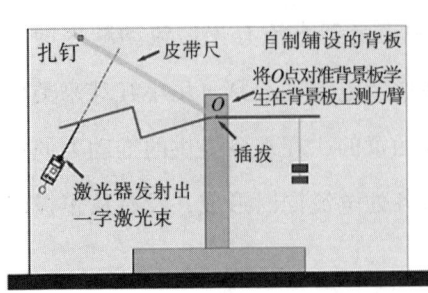 

设计图　　　　　　　　　　　实物图

图2-2-23　自制杠杆平衡条件探究学具设计图及实物图

四、小结

越来越多的研究表明，深度学习教学模式比传统的讲授模式更有效。我国关于深度学习的研究和实践探索，面向未来社会对学生核心素养的新要求，针对我国当前中小学课堂教学存在关键问题，立足本土文化，借鉴外国经验，形成一系列理念框架以及实践模式。目前物理教学中存在的突出问题就是知识的发生过程很难在教材中找寻，我国教材往往为了编写的简明扼要、逻辑严谨，物理知识形成的生动过程往往被忽略掉，而物理学家独特的思路、精巧的方法和锲而不舍的探究精神才是物理学习的内核。依托不同主题单元组织的深度学习，以发展学生核心素养为目的，培养适应社会发展的人才为导向。物理深度学习的核心理念就是突出知识的形成过程，让学生在深度学习课堂上重历知识的发现过程，以问题和任务引领学生思维发展，在解决问题和完成任务中，感悟思维方法的巧妙，培养实事求是、质疑创新的科学态度。物理深度学习的核心目标是强调思维的发展过程。在思维引发阶段，要创设丰富情境，引发认知冲突，激发探究欲望；在思维发展过程中，要充分暴露学生的思维过程，提高思维训练的针对性和有效性；得出思维结果后，要利用变式手段拓展训练，进行总结与提炼。

我校初中物理组深入调研深度学习相关工作进展，并结合我组的技术优势，从创新实验这一角度入手，进行了一系列实践探索。在创设问题情境方面，多通过新奇的实验现象激发学生的学习兴趣，引入所要探究的问题。在发展学生思维方面，主要通过自制创新教具、学具让学生们开展实验探究，此外通过演示与学生思维定式相矛盾的创新实验能够有效引发学生认知冲突，实现思维的破坏与再平衡。创新实验不仅对学生知识、思维起到积极引导作用，"辘轳""桔槔""铜壶滴漏"等我国古代传统工艺，也通过创新实验予以还原，学生在学习机械背后蕴含深刻物理意义的同时，也形成了实事求是、民族自豪感等科学态度。

但初中物理深度学习也面临着一个极具挑战性课题，即如何有效实现"优质"与"平等"的兼得，在深度学习课堂中不同学力的学习个体，均能实现有意义的学习过程。我想这一问题的解决不仅要依托物理实验的精心设计，更离不开对学生内在学习动机的充分调动。期待在未来的初中物理深度学习研究过程中，能够找到问题的有效解决方案。

第三节　高阶思维能力发展与物理创新实验

培养学生的"科学思维"是我国"学生发展核心素养"中物理学科核心素养的重要方面，自从提出伊始就备受重视。无论是从教育政策的要求，还是从教师日常的备课施教，都无不关注对于学生思维的培养。这其中既包含了低阶思维的培养，还更多地关注到了学生高阶思维能力的发展与培养。高阶思维在国家战略与教育改革研究中都受到了高度重视。国务院《关于深化教育教学改革 全面提高义务教育质量的意见》中也明确提出：要提升学生的智育水平，着力培养学生的认知能力，促进思维发展，激发创新意识。由此可见，发展和培养学生高阶思维能力势在必行。

一、高阶思维能力

什么是高阶思维？不同领域和专家对其都有自己的观点。较为主流的说法即将学生的思维发展分为："高阶"与"低阶"，其中高阶思维是学生思维发展的较高阶段，是学生经历了"记忆""理解""应用"等低阶思维能力的培养和学习后，经历螺旋上升而来到的一个较高的阶段水平，其包含了"分析""评价""创新"等方面。高阶思维能力也有其特定的培养规律，在进行物理教学过程中，要关注学生个性发展，尊重学生个体差异，因地制宜地采取教学策略，让不同学生的高阶思维能力都能够得到或多或少的培养与发展。

（一）什么是高阶思维能力

对高阶思维起源的探讨较为典型的有王帅的《国外高阶思维及其教学方式》（《上海教育科研》2011年第9期）与钟启泉的《如何发展学习者的高阶思维》（《远程教育杂志》2005年第4期）。王帅指出，最早涉及高阶思维的应该是美国最有影响力的教育家杜威（John Dewey）。瑞斯尼克（Robert Resnick）与恩尼斯（RobertEnnis）也对高阶思维的发展做出过研究。美国教育家布卢姆（Benjamin Bloom）则迈出了更具操作性的一步，他按照认知的复杂程度，将教学目标分为了六类，即记忆、理解、应用、分析、综合、评价（1956）。其中分析、综合和评价所对应的思维，通常被称为高阶思维。在国内，钟志贤则给出了他对"高阶思维"的定义：是发生在较高认知水平层次上的心智活动或较高层次的认知能力，主要由问题求解、决策、批判性思维、创造性思维这些能力构成。北京大学、浙江大学、东北财经大学教授汪丁丁也指出，高阶思维是较高认知水平层次上的心智活动或认知能力，是一种跨学科、跨知识领域、能对思维予以评价的思维，是生成性思维和批判性思维的互补运用，是富于创造性的跨学科知识的思维。

表 2-3-1

目标层级		界定	行为特征
高阶思维	分析	确定问题的组成部分（各变量）以及要素之间的相互关联程度	<u>辨析</u>、<u>识别</u>、<u>选择</u>、分析、计算、对比、推断、实验、提问、分类、评论、检查、测试、组织
	评价	根据标准（或已知结论）判定价值和用处	<u>检查</u>、<u>评论</u>、<u>判断</u>、估计、预测、鉴定、预言、联系、证明、评定
	创新	形成新的思想和设计（作品）	<u>产生</u>、<u>假设</u>、<u>设计</u>、规划、创作、制作

物理学科是一门以实验为基础的学科，物理实验是连接客观物质世界与物质运行规律的重要载体，是提升学生思维的有益工具。物理实验本身对学生的各方面素养与行为特征有着一系列的要求。

从"分析层面"看，物理实验要求学生能够辨析不同物理现象之间的区别与联系；要求学生能够识别有特点的物理现象，选择适当的物理方法开展实验；对实验现象与结果能够初步具有一定的计算能力；能够经过现象的分析，进行适当的科学推理；能够根据小组的实验结论开展组间合作与交流；等等。由此可以看出，学生完成物理实验的过程，本身就是高阶思维能力得到落实的过程，两者是一脉相承的。

从"评价层面"看，学生所进行的物理实验本身就具有一定的操作流程、评价标准与体系。学生在开展分组探究与实验的过程中，我们既可以利用已有的实验评价标准，对学生的实验予以评价；也可以根据实验的现实情况，组织学生开展课堂上的实时互评，促进学生通过评价这一手段，对自己实验的目的、操作、现象、结论做进一步的再认识，使其自身的高阶思维能力得到发展与提升。

从"创新层面"看，物理实验有其得天独厚的优势，即：实验本身作为探寻物理规律的重要工具与载体，创新性的体现本身就会使物理规律的得出直观、便捷；同时，对于已有实验与教具的改良和微创新，也是体现创新性的一个重要方面。从物理创新实验的角度看高阶思维能力的发展，就是要在开展实验创新的过程中，有意识地提高学生"产生灵感""假设预估""设计方案""规划流程""创作制作"等各方面能力。

（二）初中学生高阶思维能力培养的一般规律

初中学生有其特定的年龄特征与心理特点，尊重这个年龄段孩子的发展特点，因地制宜地采用合适的教学方法与教学手段，才能有效地实现对于他们思维能力的培养。在教学过程中还要注重不断总结与创新，让教师自身的教学方法与教学内容不断更新与迭代，以适应学生不断进阶、不断提升的思维能力。

1. 初中学生高阶思维的特点

物理学科是一个较为抽象的学科，在初中阶段安排和设置物理学科的学习可以促进学生科学知识的积累、思维品质的提升、实验探究本领的增强、与人协作能力的培养等。而在此其中，学生思维的发展又最为关键，所以在物理教学中，要注意设计和引导学生的创造性活动，并以相应的创造性思维熏陶、发展他们的创新意识。

初中学生的认知能力正处于发展阶段，其认知水平还局限在"记忆""理解"以及"简单应用"的层面，对于客观规律、基本概念缺乏深入的分析能力、客观的评价能力以及进一步的创新设计意识。根据初中学生高阶思维能力这一现状和特点，在物理教学、实验教学的开展过程中，有意识地关注此方面的教学设计势在必行，这也是有侧重地提高学生高阶思维能力的必经之路。

2. 初中学生高阶思维发展的规律

义务教育初中物理学科新版课标中明确提出要培养学生的创新能力，而创新能力的内核则直指学生的科学思维能力，了解和认清学生的思维发展规律，才能够制定清晰的思维能力培养策略，进而促进学生的进阶发展。在中学阶段，学生的抽象思维和形象思维都在迅速地发展着。在初中阶段，学生的初级的抽象思维，即形式逻辑思维和一般性形象思维已经处于优势地位。到了高中阶段，学生的辩证逻辑思维、创造形象思维还会得到进一步发展。所以认清学生在初中阶段的思维发展规律，并为未来高中阶段的思维发展提供充分的发展条件，是至关重要的教学目标。

（1）抽象思维的发展

初中生所处的年龄阶段，其自身的抽象思维正在逐步形成，很多物理实验虽然实验现象清晰可见，但有些物理过程还是需要学生动用自己的抽象思维去进行联想和推理，从而找出事物之间的内在联系和因果关系，进而对整个物理过程和现象有一个全局的认识。

（2）推理思维的发展

推理思维发展存在着年龄特征，学生在初一年级时已开始具备各种推理能力，但只是比较初步的，进一步的演绎推理能力较为薄弱，直到学生到了初三年级，才会有质的区别，学生能够运用推理逻辑去解决之前对问题所提出的假设和猜想，能够充分调动手中的实验资源为所要证明的结论做出合理设计。

（3）辩证思维的发展

辩证思维的发展，相对前两种思维能力明显滞后，学生也只是从初三年级才开始逐渐形成一定的辩证逻辑推理能力，而到了未来的高中阶段，才会发展得较为成熟普遍。所以在初中阶段的物理教学中，让学生初步体验，运用辩证思维处理物理数据，论证物理规律，使他们在这个阶段的辩证思维发展开始萌芽，甚至得到一定程度的发展，是我们教学工作的任务和目标。

（4）创造思维的发展

创造思维是需要学生以大量现实生活中的生活经验、物理现象、物理规律作为基础，并以较为低阶的思维能力为基础，发展出来的一种思维能力。初中生的创造思维能力的界定有其局限性、阶段性，是相对于学生自身学段、能力而言的一种相对概念。学生设计和创造的物理实验方案、器具、设计作品等在更高一阶的领域也许是习以为常的，但对于其年龄阶段和特征来看，已具备创造性，可视为他们自身的一种创造性思维能力的体现。鼓励、引导、调动、发展学生的创造性思维，也是培养学生高阶思维能力的教学中至关重要的一环。

3. 初中学生高阶思维能力培养的一般策略

华东师范大学钟启泉教授指出，"发展高阶思维，要以高阶学习活动予以支持。要以学习者为中心；要开展问题求解的学习活动；要形成知识共享、互动合作的学习模式。同时还应该注重交叉学科知识的学习，注重环境营造，注重教师有意义地引导"。达成高阶思维的培养，要力争促使学生在课堂中出现以下行为：

（1）教学过程有意识地调动学生辩证思维的运用

学生能够使用所学物理知识与他人进行讨论，能够提出自我观点，并通过尝试参与讨论与辩论，对物理现象、物理结论、物理规律作出辩证的认知，充分表达自我观点与立场。在"表达、交流、反馈、思辨、再表达"的整个过程中，使自己的思维能力得以提升。

（2）教学力求促进学生推理能力得到发展

学生能够解释模型、推测结论、描述设计，能够将未知知识与自己的所学相结合，在适当思考与论证之后，推理得出新的改进方案，从而开始规划新的任务，在整个过程中不断调整自身方案，优化自己的思维过程，让自身的思维得到提升与发展。

综上，有效提升学生的高阶思维能力，就要理解、认清高阶思维发展的一般规律，即：要让学生的论证、反驳、筛选和利用信息的能力得到发展和提高；要让学生的推理能力、判断力、决策能力得以增强；要使学生在学习过程中得到适合自身年龄特征需求的教学资源的支撑，这样才能让自身的低阶思维能力以及"推理思维能力""辩证思维能力""创新思维能力"等高阶思维能力均得到发展与培养。

二、基于培养高阶思维能力的学科教学策略——其他学科的启发

如何才能培养学生的高阶思维，使学生具有较好的创新素养，是作为物理教育人所一直不断探索的问题。在解决此问题之前，有必要对其他学科在提升学生高阶思维能力方面的做法进行汇总、分析、归类、借鉴，有了充分而深入的理解后，才有利于充分挖掘物理学科的优势，针对其特点展开教学工作。在初高中各学科的教学中，创造性地运用所学知识解决问题，让学生敢于突破原有的思维方式去思考、获得创造性的学习成果，是这些学科所共同追求的统一目标，也就是说，各个学科的教学要实现较为高质量的发展，都离不开对于学生高阶思维能力的发展与培养。通过对其他学科在学生高阶思维能力方面的培养策略与实践经验的分析，来逐步总结和拟定物理学科的教学手段，是有充分意义与必要性的。

（一）化学通过探究实验培养高阶思维

化学像物理一样，也是一门以实验为基础的自然科学，学习化学知识

离不开化学实验，实验是知识生动活泼的再现，常给人们以深刻的印象，也最能调动学生学习化学的兴趣和积极性，这为之后在化学实验中逐步调动和提升学生思维提供了充分的条件。通过化学实验来培育思维有着与众不同的优势，特别是高阶思维。在化学课堂教学中，重视化学高阶思维活动的设计并加以落实与发展对教学有着重要的意义。

高阶思维在化学中一般表现为：（1）概括关联类；（2）解释说明类；（3）推断预测类；（4）设计验证类。

化学探究性实验是学生根据所学过的化学知识设计实验方案，并通过学生亲自动手操作实验、认真细致观察，通过分析实验现象，得出相应的化学规律，通过分析实验数据，找出定性或定量的关系，有的通过分析实验误差，对实验结果做出具体评判，对思维品质的培养是实验能力培养的关键和基础。

化学探究实验在思维培育方面体现的特点为：（1）思维的主体性。无论是实验操作过程、观察与思考过程还是分析应用的过程都是以学生为主体。（2）思维的辩证性。学生既能体验到成功后的愉悦，也会经历实验的困境，经历类似科学家的探究部分历程，能让思维更全面与深刻。（3）思维的层次性。由感性到理性、由表及里的过程，从浅层次的认知到深层的认知，符合学生的认知规律。（4）思维的创新性，体现了化学从生活中来、回到生活中去，课后拓展探究将思维引向更深入的层次与更广阔的领域。

通过化学探究性实验促进高阶思维的发展是一个有效的途径。例如：在猜想与假设环节，利用已有化学知识与经验，学生自己或小组要不断纠正与完善猜想而得到较为科学的假设。制定实验步骤与实验探究环节，引导学生多角度地发散式地思维，广泛联系和运用所学知识设计相应实验方案，通过学生亲自动手操作实验、认真细致观察并思考，帮助学生快速有效地获取信息，分析并得出对应规律。在交流与分析环节，学生之间相互讨论借鉴、修正并完善想法，让学生投入到分析、比较归纳、概括、抽象等系列思维活动中去。在化学应用环节中，学生利用所学的知识解释生活中有关的现象，体现知识迁移、思维的评价与应用能力，提升学生高阶思维的水平。课后教师可引导学生进行实验的再设计或家庭小实验等，让化学知识回归生活，在原有思维基础上迸发出新的思维。学生的高阶思维能力得到发展。

（二）生物学科培养学生高阶思维

生物课堂教学中高阶思维能力培养的关注点从以往的死记硬背变为在教学中利用生物问题有目的地渗透高阶思维的内容。在课堂上，教师要留给学生思考的空间和平台，让学生体会不同的思维方法，这样能更好地培养学生的分析、综合、评价等方面的高阶思维能力。

关注课堂教学方式的改变，也是提升学生高阶思维能力的切入点。课堂教学方法有很多，大家都比较熟悉的有"问题教学法""探究式教学法""抛锚式教学法"等，在使用这些教学方法的过程中，要落实"分析、评价、创造"这几个关键词，使高阶思维能力的培养落实在生物课堂教学中。采用多样的教学方式方法，看似在时间安排上"浪费"了不少时间，但是却给学生留下了很深刻的印象。这不仅是知识点的落实，更使学生的思维得到了训练。辩论、演讲等形式能给学生提供自由、开放的思维空间，对学生高阶思维能力的培养很有帮助。

另外，关注实验教学，是生物学科发展学生的高阶思维能力的重要抓手。李秉德教授主编的《教学论》认为：实验法是在教师指导下，利用一定仪器设备，在一定条件下引起某些事物或现象的发生和变化，使学生在观察或研究和独立操作中获取知识，形成技能、技巧的方法。通过实验，不仅可以使学生加深对知识点的理解，而且有利于培养他们的创新精神和严谨的科学态度，更有利于学生主体地位的发挥。实验能很好地解决学生的困惑，也能使学生对知识点留下更深的印象，同时实验还能培养学生的探究能力和创新精神。当然教师在过程中要做好实验设计工作，给学生留出思考的时间，在学生困惑的时候，教师要适时引导，从而培养学生分析、综合、评价等方面的高阶思维能力。

在整个生物课堂教学中，教师可以根据不同的教学内容选择不同的方法来培养学生的高阶思维能力。学生是主体，教师更多起到的是引导作用。教师要给学生提供质疑和答疑的时间，要给学生提供动手操作的空间，要给学生提供修改和完善的机会，要鼓励学生大胆尝试、勇于创新，真正意义上培养学生的问题求解能力、决策能力、批判性思维能力以及创造性思维能力。

（三）数学培养学生的高阶思维策略

数学核心素养包括数学抽象、逻辑推理、数学建模、数学运算、直观想象、数据分析。数学高阶思维是指发生在数学思维活动中的较高认知水平层次上的心智活动或认知能力，在教学目标分类中表现为分析、综合、评价和创造。在明确了数学核心素养的内涵后，数学核心素养下的高阶思维能力的提升，需要借助加强数学阅读能力的培养、发散思维一题多解、强化分类讨论等方法来实现。

数学教学不仅要求学生掌握数学知识，更需要培养学生通过学习数学知识来发展高层次的思维能力。培养学生的数学高阶思维能力的最有效方式，就是在课堂教学中让学生运用数学高阶思维进行数学学习，以数学知识为载体分析、综合评价等。具体培养数学高阶思维的有效途径如下：

1. 加强数学阅读能力的培养

数学阅读是在理解文字语言的基础上对数学题目进行分析、综合、归纳、推理、猜想等一系列的思维过程。数学语言包含文字语言、符号语言、图形语言，在审题过程中需要用数学的符号语言将信息提取出来，所以数学阅读过程本身就是一种高阶思维的过程。而要提高学生的数学阅读能力，首先坚定学生的信心，数学题目时而简洁，时而结合实际背景，篇幅较长，学生需要逐字逐句地阅读，还要边阅读边画图，慢慢读懂全题，从而找到解题的关键。其次学会运用阅读技巧，学生需要充分理解题目中的每一个数学符号和数学术语，在理解每一小段的基础上，将问题与已知信息结合起来。阅读数学题目的过程中需要理解、分析、联系、抽象，甚至猜想。因此，培养学生的数学阅读能力的过程也是培养学生数学高阶思维的过程。

2. 发散思维之"一题多解"能力的培养

教学过程中应有意识地通过一题多解的方式提高学生的思维能力。通过对习题进行多种解答，学生能够充分地了解知识点之间的关联，从不同的角度理解数学知识和方法。一题多解的训练需要教师的启发引导，教师引导学生进行一题多解，引导学生总结出解题的有效方法。在数学的学习过程中，培养学生一题多解的学习习惯，可以提高学生解决难题的能力，在一定程度上提升了学生的学习质量，提高了学习的效率。同时，通过一题多解的学习方式，锻炼了学生的逻辑推理能力，提高了学生对知识的掌握程度，对于高中的学习具有重要的意义。

3. 强化分类讨论思想方面能力的培养

加强数学分类讨论思想的训练，有利于提高学生对数学学习的兴趣，培养学生思维的条理性、缜密性、科学性，这种优良的思维品质对学生的未来必将产生深远的影响。教师在教学过程中应有意识地突出分类讨论思想。教学中要遵照循序渐进、逐步深化的原则，并采用灵活多变和有效的教学手段来实施分类讨论方法的教学。我们要多研究、多实践、多探索，让学生更好地掌握分类讨论思想，这也是实施素质教育的具体表现，数学中的分类讨论教学与素质教育中提出的培养学生的创新精神与探索精神是一致的,同时达到了培养学生高阶思维的目的。

数学核心素养下高阶思维的培养既要时常总结、评价、创新、探究,又要做到深入浅出,不能一味地追求高阶思维的培养,随意增大教学的难度而加重学生的负担,甚至导致部分学生跟不上教学节奏而失去学习数学的兴趣。数学核心素养下高阶思维的根本目的在于引导学生自主学习,积极实践创新,形成和发展数学核心素养。

(四)多学科教学培养学生高阶思维能力的路径对物理学科的启示

从共性上看,以上三个学科教学过程中提升学生高阶思维能力共通的举措与方法,其共性都是注重学生参与、注重强调学生学习过程中的主体地位落实,注重学生思维的高度提升,让学生的思维在课堂教学的循序渐进中螺旋上升。

从差异性来看我们所得到的启示:

化学学科得到的启示,即要强调学科开展过程中的趣味性与主体参与性,强调实验规律和结论得出后的分析与思辨,用辩证的眼光去看待实验现象与结论之间的关系,强调学习后的创新,力求学生创新思维的发展。

从生物学科得到的启示,即要突出实验在学科中的重要地位,通过实验的开展,来创设更多的教学情景和学习环境,为学生的思维发展提供更多的有利条件。

从数学学科得到的启示,即要强调思维方法的环环相扣,锻炼学生思维的抽象性、条理性、缜密性、科学性;强调学科思维的层次与深度,真正高质量地保证学生高阶思维能力的发展。

综上,物理学科应该在结合其他学科共通的优势方法的前提下,进一步挖掘物理学科的自身优势,与众多学科所折射出的思维教学优势相结合,摸索出一套有自己学科特色和内涵的教学方式方法,并付诸物理教学的实践，促进物理教学的有效发展。

三、基于培养高阶思维能力的物理创新实验设计策略

高阶思维是在较高认知水平层次上的心智活动或认知能力所对应的思维，是一种能对思维予以评价的思维，是生成性思维和批判性思维互补运用的思维。高阶思维能力是创新能力、问题解决能力、决策能力和批判思维能力的核心，这不仅是国内外基础教育研究中的普遍共识，也已经成为基础教育研究中的重点问题。

创新实验是物理实验教学过程中产生的一系列创新实践思想和创新器具设计的总和，是物理实验教学在推进和发展过程中不断修正和改进的结果，是物理实验教学的创新浓缩与精华，是最能够体现教师设计思想和学生思维提升的实验教学实践内容。高阶思维能力发展借助创新实验这个抓手会极大地促进物理教学的实效性，其发展和指向的脉络如图2-3-1所示。从图中我们能够看到高阶思维能力的发展，直指物理学科教学中的最具提升学生思维的内容——创新实验。

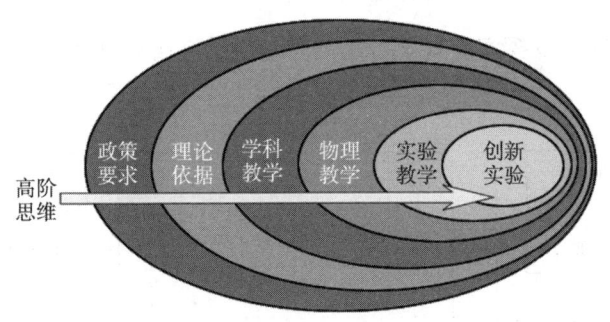

图2-3-1　高阶思维能力与创新实验的教学定位图

物理是一门自然科学，实验在学科中占有举足轻重的地位，初中物理

创新实验教学是培养学生高阶思维能力的重要阵地，要力争将高阶思维能力的培养融入日常的物理实验教学中。在初中物理实验教学实践中，初中物理教研组从教学目标、教学内容、教学方式、教学技术等多个方面，都尝试发挥实验创新的优势，尝试梳理在创新实验中培养学生高阶思维的教学路径。因此，我们设计创新物理实验的难点便是要将"分析、评价、创造"三个指标的落实放在创新实验的设计和活动组织上。

（一）创新物理实验特点与高阶思维能力培养要求的对应关系

《中共中央国务院关于深化教育教学改革全面提高义务教育质量的意见》中明确提出：要提升学生的智育水平，着力培养学生的认知能力，促进思维发展，激发创新意识。新版课程标准将物理学科学生学业水平能力标准划分为科学探究能力和科学内容能力两部分。将"提高学生的科学探究能力"从"发展学生高阶思维能力"的角度提出来，具有鲜明的指导意义。高阶思维能力是指发生在较高认知水平的认知能力，主要由问题解决、决策、批判性思维、创造性思维这些能力构成。

初中物理教学要从学生最喜闻乐见的物理创新实验入手，激发学生的学习兴趣，为发展学生高阶思维能力提供优质的载体，与此同时还要注重理论联系实际，发挥实验教学对于培养学生的高阶思维能力的明显优势。

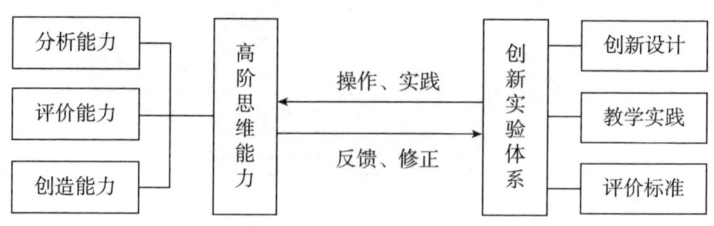

图 2-3-2　基于高阶思维的创新实验设计

爱因斯坦曾说过："一个美妙的实验，通常要比我们头脑中提取二十个公式更有价值。"在实验教学中培养学生实验的设计能力、问题的提出能力、数据的处理能力、组员之间的协同能力，正是学科核心素养对我们教师提出的迫切要求。

物理创新实验对提升学生高阶思维能力有着得天独厚的学科优势和技术优势。它可以将隐性的物理规律转变为显性的实验结论；可以将抽象的物理概念转变为具象的客观事实；可以将表面的简单现象，汇总为具有深度的物理规律；可以将单个的现象个体，叠加成富有共同特征的普遍规律；可以将简单的记忆、理解、应用等低阶思维，提升为分析、评价、创新等高阶思维能力。

通过物理创新实验的开展和操作、学习，学生的探究能力、交流能力都在不断地提高；反过来，随着物理创新实验的设计和开展，教师自身的思维框架搭建能力、发散思维问题的设计能力以及客观看待学生的评价能力也都在不断提高。

（二）物理学科以创新实验为培养学生高阶思维能力的有力抓手

初中物理实验教学，除了要让学生从实验中认识物理概念、学到物理规律、提升实验技能，更重要的是要让学生的高阶思维能力得到发展。反过来，物理学科培养学生高阶思维能力发展的重点就是物理实验教学。物理实验既是高阶思维能力落实的载体，又是学生学习内容本身。因而，在教学中要有意识地运用自身的高阶思维能力去解决现实问题。在解决问题的过程中，自身的创新能力、运用所学解决问题的能力、判断和批判能力会得到充分发展。

如何通过实验的创新设计，充分调动学生对于物理现象的透彻分析；如何组织学生对实验过程以及创新实验所呈现的物理现象和结论做客观评价；如何对已有的实验进行小改良、微创新，尝试将实验进行迭代，推进其创新发展，这些都是在落实物理学科培养学生高阶思维能力过程中的难点。

在物理创新实验的教学中，通过不断地利用创新实验教学培养学生的创新思维能力以及提升实验设计能力，能使学生对实验仪器的用途和实验原理的理解充分而完备，能从多个角度思考和解决实际问题。只有不断地运用发散思维的方法解决问题，才能摆脱惯性思维的束缚，才能拓展学生的思维范围，从而使学生的创新思维能力得到发展，使学生的实验能力得到全面提升，并最终促进物理学科核心素养的发展。

四、体现学生高阶思维能力培养的创新实验设计案例

公道杯的秘密

· **教学意义的背景分析**

虽然公道杯一节课始于传统文化内容，但经过深度挖掘，其对于学生高阶思维能力的培养很有意义。本案例中巧妙的实验教具设计，启发了学生的思维；生活实际问题讨论的教学环节，培养了学生分析的能力；将课内所学、实践所得应用到生活实际问题解决的设计中，再通过小组间的交流与评价，力求使学生能利用较高阶的思维能力来处理解决学习问题，并最终使自身的这种能力得到培养与强化。

· **教学内容的背景分析**

中国历史上有这样一只神奇的酒杯，盛酒只可浅不可满。贪杯之人如果将酒杯的酒倒得很满，整杯酒就会从酒杯下方的小孔流出，一滴不剩。相传明太祖朱元璋得到了这只酒杯，在招待大臣时，不慎将酒倒得太满，

结果大臣酒杯中的酒全部流光，一滴酒也没有喝到。后来朱元璋将其改名为"公道杯"，以示酒杯很公道，后人也有叫作"贪心杯""教训杯"的。

- **学生自制公道杯教具照片**

图2-3-3 自制公道杯

- **公道杯原理简述**

公道杯利用到了虹吸现象，向水杯中注水，右半截塑料管的液面随水杯一同上升，当到达最高点拐弯处时，水转而从左半截塑料管向下流出水杯，由于水流的出口位置总比水杯中的液面低，由于重力与水压差的作用，水会一直向外流，直至水杯中的水流干。

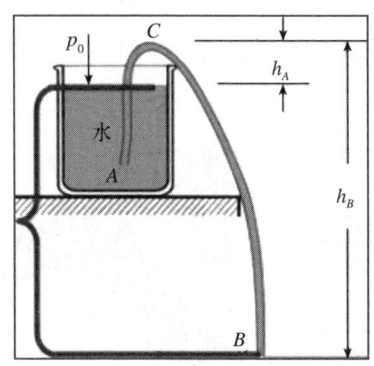

图2-3-4 虹吸原理

· **主要材料的准备**

 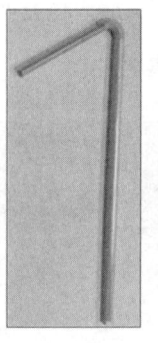 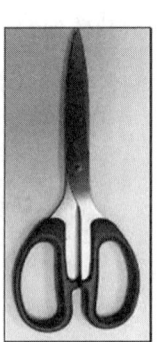

透明塑料水杯　　带螺纹塑料吸管　　剪刀

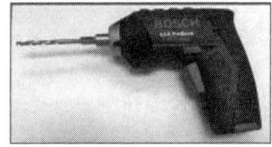 

打孔钻头　　　　热熔胶枪

图 2 – 3 – 5

· **简要的制作方法**

①利用打孔钻头将透明塑料水杯进行打孔；②将塑料吸管插入到水杯中；③利用胶枪将吸管与水杯底部小孔的接缝处封闭，使之不漏水；④用剪刀将水杯底部多出来的塑料吸管剪去，保持水杯底部平整。

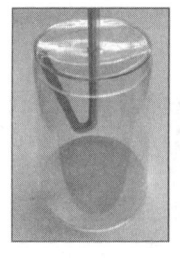 

图 2 – 3 – 6　公道杯制作过程

·教学中演示过程及特点

将清水注入到水杯中,当水面即将没过最高弯管处时,稍作停顿,此时可以和学生做短暂交流,然后继续倒水发现水不仅流出来而且会持续流动,直到水杯中的水都流光。(操作过程如图2－3－7所示)

图2－3－7 操作演示过程

·教学思维提升

在《公道杯的秘密》这节课中增设了实际问题的讨论与解决环节,通过教师创设的实际生活情境,启发学生,让学生调动所学知识,将所学知识与实际情景进行联系、结合、分析,尝试提出解决方案。通过小组间的讨论、评价,让学生将最终的解决方案进行优化、创新,最终提出具备可实施价值的创新方案。学生在解决问题过程中,从自身的低阶思维出发,逐步调动、发展自己的高阶思维能力,让更高一阶的思维能力得到发展、实践和培养。

图2－3－8 虹吸现象在生活中的应用

· **教学效果**

公道杯不仅有着悠久的历史,而且还蕴含着丰富的物理知识,通过这个小制作的体验,学生不仅记住了公道杯的功用,更重要的是体验了物理大千世界的奇妙,从兴趣上赢得了学生的心,从教学目标上,实现了对于学生低阶、高阶思维能力的培养。综合来看,《公道杯的秘密》一节课中的实验创新设计,教学效果良好,是一个很适合初中学段学生使用的实验素材和选题。

附——

《公道杯的秘密》教学设计

【第一部分 背景介绍】

□ 用公道杯盛酒,只可浅平,不可过满,否则整杯酒便会漏掉,一滴不剩。这酒杯盛酒甚是公道,故而得名。

□ 你认为,公道杯内部结构中(如图1所示),最令你难以置信的一点是什么?_____。

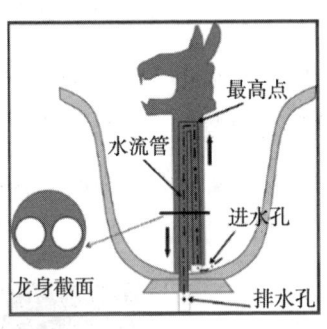

图1

【第二部分 体验虹吸】

□ 虹吸是利用液面_____产生作用力,可以不用泵而_____

液体的现象。

□ 在公道杯的演示过程中，当液面位置A点_____弯管最高点B点时（高于/低于），虹吸现象便会产生了。水杯向外漏水过程中，虽然液面位置A点在不断下降，但总是高于弯管的_____点（B/C），因而保持了一个持续的高度差（水压差），水便会持续漏出。

◆实践活动1：请尝试根据虹吸原理，将容器A中的水利用软胶管转移至容器B（如图2所示）。

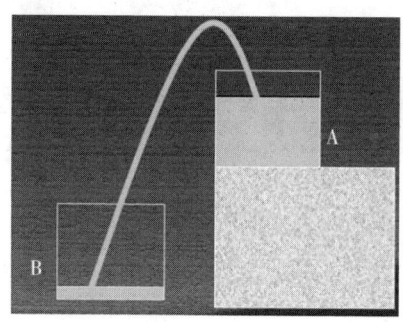

图2

①泡沫盒倒放作为高台；
②将倒满水的A容器放置在高台上；
③尝试使用软胶管，利用虹吸原理，将A容器中的水转移至B容器中。

◆ 实践活动2：请你尝试从大塑料桶中取一瓶水（550mL）。

①泡沫盒倒放作为高台；
②将装有水的大塑料桶放置在高台上；
③使用适当的工具，将大桶中的水取出一瓶。

□ 虹吸原理的应用有：_____；_____；_____；_____等等。

【第三部分 虹吸输水】

□ 将高位的湖水引到低处的农田（如图3所示），采用哪种办法更合理？（ ）

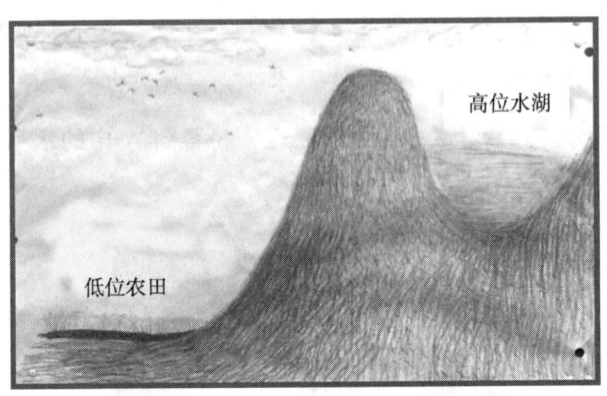

图3

A. 开凿山体，修筑穿山道； B. 交通运输； C. 利用虹吸原理

□ 尝试写出两个利用虹吸原理输水的优点：_____，_____。

（小贴士：开凿山体是不是很麻烦？大型抽水机是不是很费电？）

【第四部分 制作小小公道杯】

◆实践活动3：利用虹吸原理，制作"小小公道杯"。

器材准备：纸杯、吸管、万能胶（热熔胶）、剪刀

制作小贴士：（成品如图4所示）

①扎孔，转动剪刀，孔径适当；

②穿入吸管；

③万能胶封口；

④剪去多余部分。

图4

【结束语】

带着兴趣走进物理课堂，伴随快乐徜徉科学海洋！

第四节 物理创新实验在学科育人方面的价值体现

2017年中共中央办公厅、国务院办公厅印发了《关于深化教育体制机制改革的意见》，文件指出"建立以学生发展为本的新型教学关系。改进教学方式和学习方式，变革教学组织形式，创新教学手段，改革学生评价方式""充分发挥现代信息技术作用，促进优质教学资源共享"。这些政策文本更加明确地强调了基础教育教学改革的必要性，甚至提出了基础教育教学改革的基本方式和具体路径，即：要注重培养支撑终身发展、适应时代要求的关键能力。在培养学生基础知识和基本技能的过

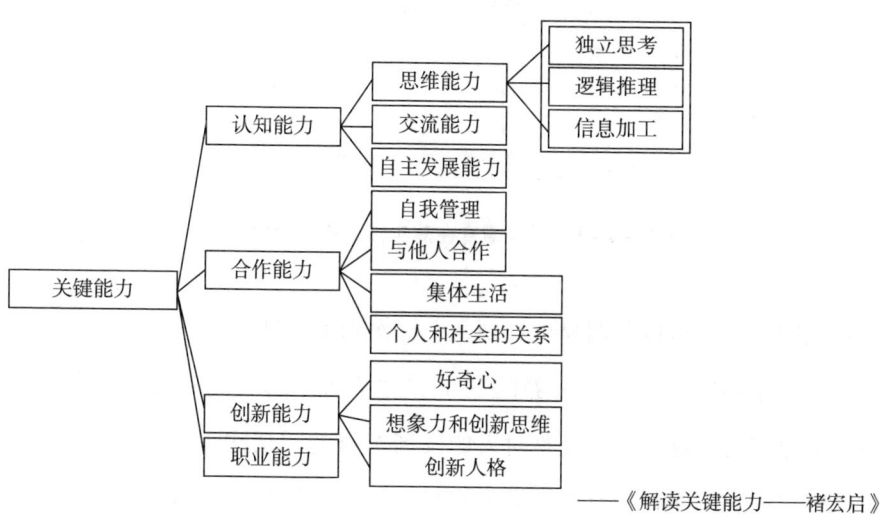

——《解读关键能力——褚宏启》

程中，强化学生关键能力培养。文件更加明确了现阶段我国教育应该关注的重点，即要回答："为谁培养人，培养什么样的人，如何培养人"的问题。同时明确：要注重培养支撑终身发展、适应时代要求的关键能

力。在培养学生基础知识和基本技能的过程中，强化学生关键能力的培养。

受以上因素的影响，我校初中物理组在物理实验教学方式上主张：采用丰富的课堂传授方式，完善学生有益读物，拓展课后项目式学习等多种手段，对实验教学做有益补充，与之形成一个有机的整体。

当代物理学科在进行学生培养时，一定从物理学科核心素养出发，沿着科学、完善的脉络，给予学生学习资源的供给。图2-4-1明确地说明了这一点。

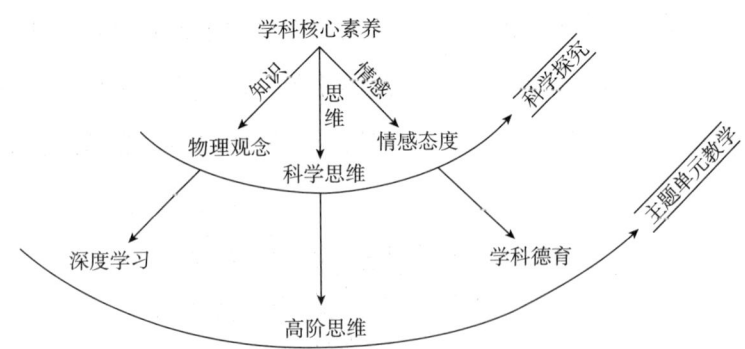

图2-4-1 学科德育在落实核心素养中的地位

从图中我们可以很明显地看到几个层次和不同脉络。

第一个层次，是核心素养的三个关注方面，即：物理观念、科学思维、情感态度，这三个方面是对人的发展本身的深层次关注，然后通过科学探究这一物理学科特有的教学方式将它们有机地贯穿起来，让学生的观念学习、思维提升、情感熏陶在一次次的物理科学探究实验中发生，并最终达到对于人的培养。

第二个层次，是核心素养三个方面进一步的延伸和落地，即：物理观念通过学生的深度学习得到加深、科学思维通过高阶思维达到应有的高度、情感态度通过学科德育得到有效的培育。主体单元教学方式，为核心素养的落地提供了空间、时间保证，让学生能够有充分的学习机会、学习时间、学习过程的体验。通过将以往的物理学习主题进行大单元设计，让学生各个方面的素养有机会得到充分的发展与提升。主题大单元教学模式是切实落实核心素养的一种有效方式。

学科德育作为学生情感维度的重要落脚点，是作为教学日常所必须进行落实的。学科德育的落实和开展需要寻求自身固有的逻辑，即从"学理""规制""实践"（如图2-4-2所示）三个方面进行落实。

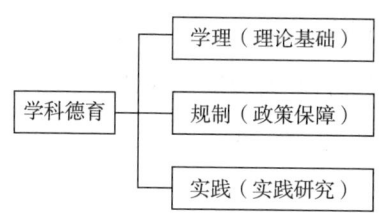

图2-4-2　学科德育的开展路径

一、从学理层面寻求学科育人的理论支撑

鲁洁在《德育新论》中针对学科德育中写道：教育者根据一定社会和受教育者的需要，遵循品德形成的规律，采用言教、身教等有效手段，在受教育者的自觉积极参与的互动中，通过内化和外化，发展受教育者的思想、政治、法制和道德几方面素质的系统活动过程。

檀传宝在《德育原理》中对学校德育教育的开展作出了明确界定，即：德育是教育者组织适合德育对象品德成长的价值环境，促进他们在道德认知、情感和实践能力等方面不断建构和提升的教育活动。他提出了直接的德育课程与间接的德育课程的界定。

直接的德育课程：专门的德育学科课程，通过介绍道德价值规则的原理和知识体系，提高学生的道德认知与判断能力。

间接的德育课程：以学科课程方式存在的其他学科课程中包含的道德内容及其对道德教育的影响。

而我们这里所说的学科德育，主要体现在间接的德育课程当中。它主要起到两方面作用：第一，系统的文化知识的学习是提高学生理性能力的重要途径，可以为道德教育提供必要的工具性前提。第二，各科教学本身包含着许多重要的价值或道德教育的因素。

学科德育是教师在进行学科教学的同时，将学科中所蕴含的德育资源，通过有效的手段和方法挖掘出来，自然地体现在教学各个环节中，并促使学生感悟，从而实现其育人功能，这其中自然包括我们的物理创新实验这一特色抓手（参见图2-4-3）。

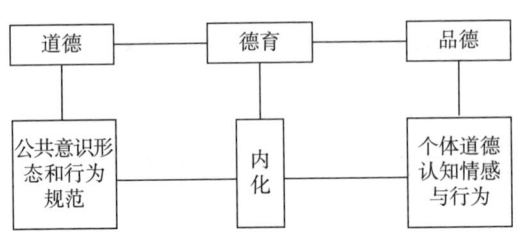

图2-4-3　学科德育的开展路径

二、从规制层面寻求学科育人的政策指导

基础教育课程体系是国家从人类文化宝库中选择内容并根据学生身心发展规律组织建立的，体现了国家、民族的意志和人民广泛认同的价值观。知识本身就是人类文化的载体，每门课程都有无可替代的道德价值。物理课程的内容既是人类对于自然界物质的基本结构、相互作用和运动规

律研究的成果，体现着人类智慧的结晶，也是人类发展过程中积淀的科学文化和道德理想的载体，蕴含着丰富的世界观和方法论。不仅要教物理概念规律本身，还要在学生理解掌握物理概念和规律的过程中，帮助他们关注物理学家如何提出科学问题，在思考和解决物理问题的过程中有哪些关键环节；关注在物理知识的形成过程中，形成了哪些思想方法、研究规范；关注在物理学科的形成过程中，科学家严谨的科学态度和高尚的科学精神。

2017年8月由教育部印发的《中小学德育工作指南》，从指导思想、基本原则、德育目标、德育内容、实施途径和要求、组织实施等方面，对中小学落实德育提出了明确要求。其中，在实施途径中明确提出——课程育人。即：充分发挥课堂教学的主渠道作用，将中小学德育内容细化落实到各学科课程的教学目标之中，融入渗透到教育教学全过程。

工作指南中明确提出各学科德育目标，其中数学、科学、物理、化学、生物等学科明确提出：加强对学生科学精神、科学方法、科学态度、科学探究能力和逻辑思维能力的培养，促进学生树立勇于创新、求真求实的思想品质。

在教育部的统一部署下，2019年义务教育物理课程标准修订组正式启动对2011年版课标的修订，最终于2022年形成了《义务教育物理课程标准（2022年版）》。课标中针对物理学科性质和教育功能，提出物理课程要培育的核心素养包括四方面内容，分别是物理观念、科学思维、科学探究、科学态度与责任，凸显物理课程的育人价值。同时，将核心素养的内涵及相关要素，贯穿于课程目标、课程内容、学业质量、课程实施等部分，旨在引导教师将核心素养的培育落到实处，引导学生学会学习、学会合作、学会生活。

2022年版课标进一步强调物理课程的实践性，凸显物理实验的育人功能。2011年版课标仅在附录中罗列出学生必做的实验，没有明确的要求及引导。2022年版课标新增了"实验探究"一级主题，含21个学生必做实验，分别为测量类和探究类实验，不仅含物理实验的内容要求，而且通过样例、活动建议等进一步引导和说明，同时还提出学业要求和教学提示等，这些皆旨在培养学生发现问题和提出问题的能力、动手操作和收集证据的能力、得出结论并做出解释的能力、表达和交流的能力，有利于发挥物理实验的育人功能。

在以上政策指引下，我校物理组结合物理学科特点，以实验教学为基础，以开发创新物理实验为突破口，力争从物理学科内部挖掘学科育人的丰富素材，建立形态各样的课程资源库、课例资源库、教学素材资源库。

为了拓展学科的育人价值，"新基础教育"要求教师首先认真地分析、认识、把握本学科对于学生成长而言独特的发展价值，即：认识学校教育中学科的独特价值——在于学生的发展，而不在学科知识的一味传授。

学科育人应具有丰富和发展学生生命的意义，学科知识的掌握对学生的发展起着重要的基础性作用。但学科教学对学生的价值不应停留在此，更不能把学生当作知识的容器，而教师又是为教这些知识而存在的。教学应成为学生多方面主动发展的基本立足点，通过教师的教育，让学生成为知识运用者、有效输出者、创新改革者。

学科育人政策的落地，需要我们对自己的任教学科有一个较为深刻的认识，即：从学生的发展需要出发，分析本学科对学生个体而言能起的独特发展作用。唯有如此，学生的精神世界的发展才能从不同的学科教学中获得多方面的滋养，在发展对外部世界的感受、体验、认识、欣赏、改变和创造等能力的同时，不断丰富和完善自己的生命世界，体验丰富的学习人生，满足生命的成长需要和认识自我、发展自我意识与能力。也唯有如此，学科教师才能完成从学科专业人员向学科教学专业人员意义的基础性转化。

反观物理学科，物理实验教学作为学科最大特色和重要抓手，努力发挥其学科育人作用势在必行，也是大势所趋。物理实验有利于学生直观感受外部世界，通过实验体验自然规律之美，通过完备的实验教学模式使自身的高阶思维、创造能力、学科素养得到进一步发展。

三、从实验教学中凸显学科育人的实践价值

学科育人实践过程中要从课程理解、教学内容、课堂氛围、教师角色等多个维度进行展开。力求全方位、立体化地实施学科育人。

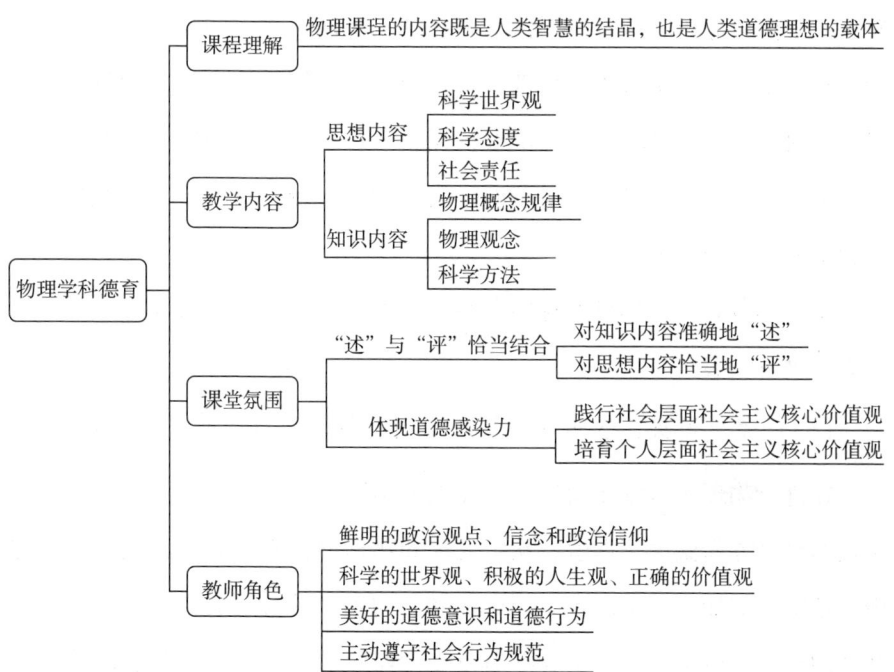

图 2-4-4 学科德育实践要素

课程理解指教师对课程教育价值的理解，既要理解物理课程的知识价值，也要理解其德育价值。教学内容分析要求教师既要研究物理概念规律及其形成过程中建构的物理观念和蕴含的科学方法，也要研究在物理学建立的过程中发挥重要作用的科学的世界观和科学家的科学态度与社会责任。课堂氛围是指教师在教学目标达成的过程中，通过对物理知识内容准确地"述"与对思想内容恰当地"评"，践行社会层面的社会主义核心价值观，培育个人层面的社会主义核心价值观，营造具有道德感染力的课堂氛围。教师角色指教师富含道德意蕴的言传身教。

2021年，北京教育学院物理系的老师们对北京市的942位教师进行了问卷调查（冯华，周莹，孙章华．中学物理学科德育实践要素分析及教学建议［J］．课程·教材·教法，2021），调查内容主要包括教师对课程理解、教学内容分析、课堂氛围营造和教师示范四个要素的认知、态度和行为。总体来看，北京市中学物理学科德育实践呈现出以下四方面特点：学科教师对于自身德育职责缺乏足够认识、学科教师对于课程内容的德育价值缺乏深入思考、学科教师对于课堂氛围的营造较为重视、学科教师对于富含道德意蕴的示范有待加强。

鉴于学科教师在学科德育中存在的特点和不足，笔者认为可以采用以下方式进行实践：

（一）深度挖掘，注重学科育人素材在教学实践中的有效发掘

在进行物理实验创新设计时，要挖掘学科德育素材，就要对学科德育实践的诸多方面做深刻理解，从中发现和物理创新实验联系比较紧密的方面与角度。例如：教学内容方面中的知识内容，其概念规律的探究，物理观念的形成，科学方法的培养都需要物理实验的支撑，而具备创新性的物理实验，对其支撑力度更为坚实。创新实验为物理概念规律的推导提供基础，创新实验为物理观念的形成提供环境，创新实验为科学方法的培养提

供载体。在创新物理实验中挖掘德育素材有利于学生全方位素养的培养和提升。教师作为教学行为的主导者，在利用创新物理实验来落实学科德育挖掘的过程中，应该提供必要的学习环境保障，即：为学生提供物理环境与行为环境，为他们的问题的提出、案例实践、信息资源的收集提供保障；为他们相互之间的交流协作、学习规则的预先制定、小组学习分工的有序安排提供坚实保障。

教材是课程的核心教学材料、教育的重要工具，也是物理创新实验的思想之源、知识之根。因此，深度挖掘初中物理教材中的学科德育内容，将教科书中所给的德育内容加以利用是非常必要的。

以人民教育出版社（2012年版）八年级上册物理教科书为例，教材中有很多与德育相关的内容。第一章《机械运动》，介绍了古代测量时间的仪器日晷。第二章《声现象》，在科学世界栏目"建筑声学的杰作"中介绍了我国古建筑天坛，人站在中央台上说话会感到声音特别洪亮。第三章《物态变化》，在科学世界栏目"从温度计说起"中设计了学生实验"探究固体温度熔化时温度的变化规律""探究水沸腾时温度变化的特点"。像这样的内容，在八年级上册的其他章节、八年级下册、九年级全一册的物理书中还有很多。

将教材中的德育素材进行整理归纳与延展，再配以相应的物理创新实验，可以有效渗透学科德育内容。其中，有关中国古代发明和创造的内容可以弘扬中国传统文化、培养学生的爱国情怀，有关学生实验的内容可以培养他们的探索精神和协作能力，有关科学家和科学仪器的发展可以培养学生发展的观念等。

（二）与时俱进，在细节创新中凸显学科育人价值

高效课堂主要表现为教师教得轻松，学生们学得愉快，要想使初中学生们的课堂学习效率不断提升，教师首先要做到与时俱进，精心备课，明

确教学目标，在课堂教学过程中要能够以学生为本，激发学生学习兴趣，引导学生开展合作探究活动，还要注意对学生开展正面评价，提高学生学习自信，使学生能够在一个宽松自由的环境下，高效吸收物理知识。

随着信息技术的普及和大数据时代的来临，我们的物理实验教学也应该与时俱进，在教学中让学生体验实验数据收集、处理和分析的方法。比如，在讲《测量小灯泡电阻》这部分内容时，可以先让学生思考小灯泡的电阻是否是一个定值？如果反映在图像中，应该是怎样的曲线，其电阻如果发生变化，是否说明电流或电压会影响电阻？并与前面所学的欧姆定律相矛盾？为了回答如上疑问，教师可以引导学生经过大数据样本的统计得出相应的函数图像并进行分析。实验过程中通过 Excel 表统计全班各组同学所收集到的小灯泡的实际电压与实际电流的数据，在对数据进行分析的基础上，学生认识到小灯泡的电阻会随发光温度发生变化，从而对小灯泡的伏安曲线图有更进一步的认识。

对于部分初中学生来说，物理学习密密麻麻的公式定理让其感到迷茫和不知所措，在课上无法真正深入和老师、学生们形成良好的互动，学习的自信心也会越来越低，面对学生出现的这种状况，教师可以通过开展有趣的物理实验，并对学生的实验进行正面评价，使学生获得对物理学习的自信心。例如教材中没有探究温度对电阻的影响，导致学生对此没有明确的认知和感知。虽然有的学生看书后知道温度对电阻的影响，但仅是生硬地记住了结论。为此，教师可以让学生把旧灯泡的灯丝取出来，并将它接入电路，用酒精灯加热，让学生直观看到电流的变化，从而得出电阻的变化。实验结束后，再对学生的实验效果进行正面的评价。这个实验激发了学生的好奇心，学生在课堂上细致观察，给他们留下了深刻的印象。

（三）转换角色，在教学方法创新中凸显学科育人价值

初中物理教学中，最重要的是改变传统教学模式，将枯燥无味的教学

活动转变成吸引学生兴趣和专注力的物理趣味实验，巩固学生的主体地位。实验教学的最终目的还是通过物理现象训练学生的动手能力和自我思考能力，增强学生的体验和对物理知识的实际应用能力。

初中学生正值青春期，这个阶段的生理特点决定了其好奇心强、喜欢自我表现，另外这个年龄的学生有一定的观察能力、动手能力和课外实践能力。于是，在实验教学中物理组教师尝试转换教师和学生的角色，注重提高学生的主观能动性和自主性，给学生充分的时间思考物理现象的发展。实验过程中，要充分调动学生的积极性、独立自主性和主观能动性，教师只要在一旁不时地加以指导或者给些具有参考性的意见和建议，放手让学生在独立思考的基础上自己选择所需要的实验器材，在自己动手操作的过程中享受到更多的乐趣和实验成功的成就感，学生在实验的过程中就物理现象会发现问题并提出问题，特别是提出一些新颖的问题，更能体现出实验教学的自主性。尝试改变教学和学生的学习方法，借助学生自发式学习模式来实施教学和完成作业。

例如在《测量初探》这节课的教学中，赵维老师彻底转换了教师和学生的角色，通过布置丰富多彩的课外综合实践作业，为学生明确学习任务和学习目标，学生自愿结成小组，完成作业。并在后面的物理课堂教学中，分组进行展示，体现了自身学习能力和实践价值。更重要的是，学生在完成课外综合实践作业的过程中，自信心、自我人格认同感、自我意识以及和同学之间的合作意识得到了非常好的锻炼和培养。整个过程凸显了物理学科的育人价值，整个教学过程和教学手段的实践，得到了各方肯定。

（四）多元评价，在快乐体验中凸显学科育人价值

长期以来，我们对学生学业的评价主要以教师和教育主管部门的评价为主体，以学生的学业分数作为评价的主要标准，侧重于评价的甄别、筛

选和批判性功能，重视终结性评价和相对评价等。这种评价作为选拔、区分学生的唯一手段，追求的是对所谓"适合教育的学生"的选择性功能，是应试教育下产生的"怪胎"，不利于促进学生的发展和素质教育的改革，也存在着明显的不合理性。

《基础教育课程改革纲要》中对评价问题做出了明确的规定，"要建立促进学生发展的评价体系，要发现和发展学生多方面的潜能，帮助学生认识自我，建立自信，发挥评价的教育功能，使学生在原有水平上发展"。这就要求我们积极树立新的评价标准和观念，以"创造适合学生发展的教育"，适应新课程改革和素质教育的需要。

2022年版义务教育物理课程标准对评价体系提出了进一步的要求。课标要求坚持立德树人导向，注重以评价促进学生发展，致力于构建目标明确、主体多元、方式多样和功能全面的物理课程评价体系。不仅重视对学生终结性学业成就的考核和学习过程的评价，而且关注学生的个体差异，帮助学生建立自信，激发学生学习物理的动机和兴趣，发挥评价的育人功能。

合理引进评价机制，既可以发现中学生在物理学习过程中存在的问题，也可以通过反馈信息调节教师教学的过程。在物理课程的开展中，我校物理组的老师注重将评价标准与教学目标相融合，以多元的评价方式帮助学生学生快乐学习。

在物理实验开展过程中，要让学生快乐实验、有效实验，作为老师，要科学有效地细化实验过程的每一个环节，设计好过程评价表。在一节物理实验课中老师要关注学生实验操作的很多细节、处理实验中的突发情况，如何给所有学生的实验过程进行评价呢？以小组为单位的组长负责制是破解这一难题的有效途径之一。首先，组内组员对自己进行自评，组长对组员进行他评。由于组长在评价中起着非常重要的作用，所以要选择工作认真、有一定威信的学生做组长,并且实验前要对组长进行相应的培训。与此同时,负责任、能力强的小组长还可以对本组的组员起到一定的示范、榜样作用,有效促进物理实验的开展。

在整个多元评价的过程中,学生不光从实验能力上得到提高,其科学学习的素养也得到了培养,学科育人价值再一次得到充分体现。

四、通过物理创新实验体现"五育并举"

物理创新实验是物理实验对于学生思维发展、核心素养培养的集中再体现,在物理创新实验开展过程中,学生各方面素养都有机会得到培育,这取决于物理教师对于物理实验素材的深度挖掘,对于实验内容的精选与把控。"五育"是核心素养目标提出之前,早已在学生教育过程中所形成的教育共识,是各学科教育所明确的共同目标。学科育人在创新物理实验实践创新的过程中,继续秉持"五育并举"是承前启下的体现,是结合当前核心素养教学目标的综合体现。

(一)核心素养导向下"五育融合"的教学目标

核心素养导向下"五育融合"的教学目标设计,如表 2-4-1 所示。

表 2-4-1 教学目标设计

"为学而导"的引领	"五育融合"内容	物理学科核心素养	教学内容	教学目标
主体性	育内融合	物理观念与科学思维	对课程的基本知识进行了解和掌握,并将本课程所学内容与已学内容相联系	掌握基础知识,完善学生的知识体系
学导互促	育间融合	科学探究	通过创新实验的设计,让学生对本节课核心内容进行深入探究	持续提升学生的实践能力、创新能力等综合能力
创新性	跨育融合	跨学科的逻辑思维、科学态度	应用多种方法创设情境,对知识内容进行讲解与拓展	培养并丰富学生的跨学科思维,提升学生科学意识与态度

（二）核心素养导向下"五育融合"的教学过程

1. 以"主体性"引领"育内融合"的教学活动

为提高学生的积极性、主动性，促使学生进行深度学习，强化师生交流、生生合作的辩证思维，教师要充分考虑学生的真实需求，并以此为切入点，对教学活动进行优化设计，让学生在主动探索学习中获得真体验、真评述，从而实现智育、学科与探究实践相融合，为学生知识体系的完善奠定基础。因此，教师要以"为学而导"的主体性，引领"育内融合"。

2. 在教学设计中，教师要注重"为学而导"主体性的引领作用

基于学生的立场，彰显学生的学习主体性，引导学生将学科知识与探究、教学活动相结合，促使物理教学达到"育内融合"，从而丰富学生的知识储备，辅助学生完善知识体系，为学生科学观念、思维的培养与持续提升奠定基础。

3. 以"学导互促"引领"育间融合"的美育教学——物理创新实验

以"学导互促"引领"育间融合"，可以进一步增加学生的学习兴趣，达到物理教学的美育目标，切实提高学生动手实践能力、创新能力。教学实践中，教师可以采用创新实验的方式对教学内容进行优化设计。在教学设计中，教师要注重教学方法的合理性，注重引导学生通过物理实验等教学活动，对物理知识及相关问题进行深度思考，使学生逐渐形成正确的价值观，领悟到科学美、内在美和行为美，从而发挥物理教学培养学生实践精神、创新精神的作用。

4. 以"创新性"引领"跨育融合"的情境教学

为实现"五育融合"育人目标，教师要以"为学而导"的创新性为引领，将先进的教育技术融合在教学活动中，切实做到"跨育融合"，以此突破学科界限，强化对学生逻辑思维能力的培养，为更好地把握教学节奏，推进学习要素的项目化、深度化奠定基础。

"跨育融合"的思想在2022年义务教育物理课程标准中也有体现。依据2022年版义务教育课程方案，2022年版课标新增"跨学科实践"一级主题，提炼出"物理学与日常生活""物理学与工程实践""物理学与社会发展"三个二级主题，从低碳生活、健康生活、动手实践及社会热点等方面提出跨学科实践的内容，同时给出教学提示和学业要求。这些设计皆凸显了物理课程的跨学科性和实践性，加强物理学与能源、环境、材料、工程、信息技术等的联系，能更好地培养学生跨学科应用知识的能力、分析和解决问题的能力、动手操作的实践能力，以及积极认真的学习态度和乐于实践、敢于创新的精神。

物理组教师在课程设计中充分融入"跨育融合"的思想，增强学生的综合能力。例如：孙婧涵老师的《质量》教学案例，融合了历史、物理、化学等学科；路海波老师的《比热容》教学案例，融合了物理、化学学科；赵维老师的《测量初探》和康静老师的《铜壶滴漏》教学案例，融合了物理、历史等学科。

教学设计中，教师要注重教学活动的创新性，并注重教学情境的设计，促使学生快速进入学习状态，引导学生对物理知识进行探究，以延伸学生思考，培养学生突破学科界限的逻辑思维能力，从而实现"五育"育人的教学目标。

"五育融合"是深化"一体化"教学转变的指导方针。在核心素养导向下，实现"五育"的育人目标，教师要以"为学而导"为引领，不断探索与优化"五育融合"教学方式。教学实践中，教师要充分发挥"为学而导"的主体性、学导互促、创新性引领作用，对"育内融合""育间融合""跨育融合"的物理教学目标、教学内容等进行深度设计，切实提高学生的核心素养，从而实现"五育"育人目标。

五、物理创新实验在学科育人方面的价值体现教学案例

当代作家王蒙先生在其自传中曾写道:"智慧的最高境界与忠诚密不可分,没有专心致志,没有始终如一,没有老实苦干,就只有小打小闹的阴谋诡计,不可能有真正的智慧。在年逾七旬以后,我还要说,智慧是魅力,是风度,是远见也是胸怀。我的初中几何老师王文溥是一个极其优秀的数学老师,他善于把一道几何题的做法,解决的过程说得栩栩如生,楚楚动人,诱人,他善于表达智慧的力量与快乐。"从中我们可以看出,教师身上所散发的教学魅力,看出学生在学习过程中所感受到的德育熏陶。

教育和教学本就是相辅相成的一件事情,不容分离。无论是融入传统文化的"培根"教育,还是培养大国情怀的"铸魂"教育,都体现着作为一名与时俱进的物理教师将德育教育有效融入课堂的尝试,其实践意义不容置疑。

我校物理组开展以物理创新实验渗透学科育人的工作已有多年时间,现以具体的教学案例进行详细介绍:

(一)渗透传统文化教育提升学生文化认同感和文化自信

东直门中学初中物理组发掘和开设了大量的优秀传统文化课程,将我国古代的欹器、虹桥、水龙、公道杯、被中香炉、铜壶滴漏、辘轳和桔槔等工具生动地展现在学生面前。学生从中能够了解古人的思维习惯、知晓古人对人与自然关系的认识、体验古人的科学研究精神。这种跨学科相互渗透的方式促进文理科融合,不仅可有效帮助学生更好地理解和掌握教学内容,也可使学生在生动有趣的文学氛围中激发探索科学的欲望,提升学生文化认同感和文化自信,达成物理学科核心素养的培养目标。下面以《铜壶滴漏》这节课为例,进行具体介绍:

铜壶滴漏是中国古代最重要的计时仪器之一,起源甚早,历史悠久。早在公元前三四千年的父系氏族时期,中华大地就已经出现了漏刻。在中国历史上,滴漏作为计时仪器被使用了几千年,直到1897年作为官方的计时仪器仍在使用。以"铜壶滴漏"为题材的试题多次出现,很多学生只知道它是由几个铁桶组合而成,但对它的用途知之甚少。为了不让已经出土的文物再次蒙上厚厚的灰尘,笔者设计了以历史脉络为主线、以物理思维为指导、以科学探究为主体的物理活动课程,帮助学生在实验中体会它的历史和科学价值。

1. 了解古代测量时间的仪器

课程开始,引导学生不能利用任何其他工具,仅凭借自己的感觉估测时间。游戏中,学生发现凭借自己的感觉估测时间不准确,需要找到一种更加客观的方法测量时间。

大部分学生提出古人是利用日晷、沙漏计时的,然而日晷计时会受到诸多限制。例如,当阴天或者夜晚,日晷便不能再靠日影计时。此时,人们需要思考其他的计时方式来解决这一问题。最迟在西汉,人们已经发现了利用滴水计时的滴漏。

2. 体验铜壶滴漏的发展历程

(1) 体验单级供水测时间

古人如何利用滴水测量时间是问题的关键。学生提出,可以测出一滴水下落的时间,然后再数出一段时间内的水滴数便可知晓精确的时间。按照这种方法,笔者设计了如图2-4-5所示的实验器材。

学生将0号壶放在下面,1号壶放在一级台阶上。打开1号壶橡胶塞,测量水位每

图2-4-5 单级供水测时间

上升一个格（壶身上的刻度）所用的时间，连续测量三次。

表 2-4-2　欹器探究实验数据记录表格

水位每上升一个格	第一次	第二次	第三次
学生 1 所用时间 t1/s	40	46	55
学生 2 所用时间 t2/s	37	44	57
学生 3 所用时间 t3/s	42	50	61

实验发现：随着供水壶（1号壶）水位的降低，水流越来越慢，受水壶（0号壶）水位每上升一个格用时越来越长。由此推断，利用单级供水测时间存在较大问题，必须要解决流量稳定的问题。学生提出可以在供水壶（1号壶）上再增加一个供水的壶（2号壶），这样就能保证1号壶的水位稳定。

考虑到古代没有透明的水壶，不方便直接观察水位的高度，学生提出可以在水面上放一个浮漂，这样就可以通过观察浮漂露出的高度来判断水位的高低。

图 2-4-6　二级供水测时间

（2）体验二级供水测时间

按照学生提出的方案，笔者设计了如图2-4-6所示的实验器材。学生将0号壶放在下面，1号壶放在一级台阶上，2号壶放在二级台阶上。打开1号和2号壶橡胶塞，测量水位每上升一个格所用的时间，连续测量三次。

表 2 – 4 – 3　敧器探究实验数据记录表格

水位每上升一个格	第一次	第二次	第三次
学生 1 所用时间 t1/s	40	41	42
学生 2 所用时间 t2/s	43	44	46
学生 3 所用时间 t3/s	42	42	43

实验发现：增加一级供水壶后，1 号壶的水位相对稳定，0 号壶的水位每上升一个格所用的时间接近。由此推断，利用二级供水测时间可以在一定程度上解决流量稳定的问题，但是由于 2 号壶的水位也在不断降低，因此会使时间的测量还存在一些问题。

有的学生提出可以在 2 号壶上再增加一个供水的壶，这样能够保证 2 号壶的水位稳定。此时，又有学生提出这样一来就需要不断地往壶里加水，太过麻烦。因此，找到一种既能减少加水次数又能保持流量稳定的方法成为问题的关键。

学生提出可以增加供水壶的底面积，这样一来当壶中减少相同的水时，水位下降较为缓慢，对流量的影响较小。

（3）体验多级供水测时间

按照学生提出的方案，笔者设计了如图 2 – 4 – 7 所示的实验器材。最下面的为受水壶，壶中放有标有刻度的浮尺。在上面有三级供水壶，每级供水壶的底面积逐渐增加，以减少流量不稳定对时间测量的影响。利用该装置测量时间，1 小时的时间误差在 30 秒以内。

如果想进一步增加计时的准确性，还可以对壶身和放置的外部环境进行改善。古人在一级供水壶身上部开一个小孔，将多余的水经过小孔溢出，经竹注筒流入分水壶，从而组成了一个漫流平水系统（参见图 2 – 4 – 8），使一级供水壶的水位能够始终基本保持稳定。

图 2-4-7 多级供水测时间

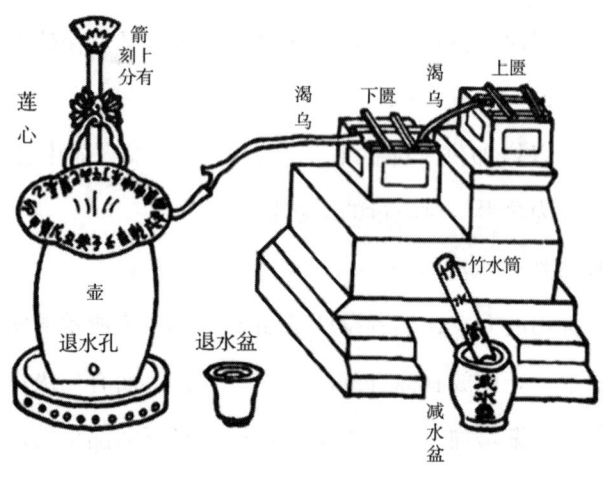

图 2-4-8 漫流平水壶

后来人们将多级供水系统和漫流平水系统相结合，制作了更加准确的铜壶滴漏。中国现存此类漏壶中最早的一套为元延祐铜漏壶。从 1316 年至 1906 年间，它一直为广州地区的人们计时，它的一日时间误差在 40 秒以内。

3. 领悟古人智慧

学生在实验中遇到的每一个问题以及提出的解决方案，与铜壶滴漏的发展史完全一致（参见图2-4-9）。我国现存最早的滴漏出自西汉（第一幅图），为单级漏壶，它解决了利用滴水测时间的问题。之后人们发明了田漏（第二幅图），增加了供水壶。为了让滴漏测量更准确，唐代吕才研制了多级漏壶（第三幅图）。再后来，人们将漫流平水系统和多级漏壶相结合，便是今天在博物馆所看到的元延祐铜漏壶。

我们知道人类无法穿越时空回到古代，但是文物却可以穿越千年与我们对话。从某种程度上讲，铜壶滴漏的课程设计正是实现了这种古今对话。首先，古人与我们对于计时的研究思想一脉相承。其次，如果学生能够在了解滴漏的工作原理后，愿意走进博物馆亲自看看它，观察它身上由于时间而沉淀下标记，便实现了古今第二次对话。最后，要是学生能够在参观滴漏的同时，再看看其他装置，感悟中国古代辉煌的科技成就，便实现了第三次对话。

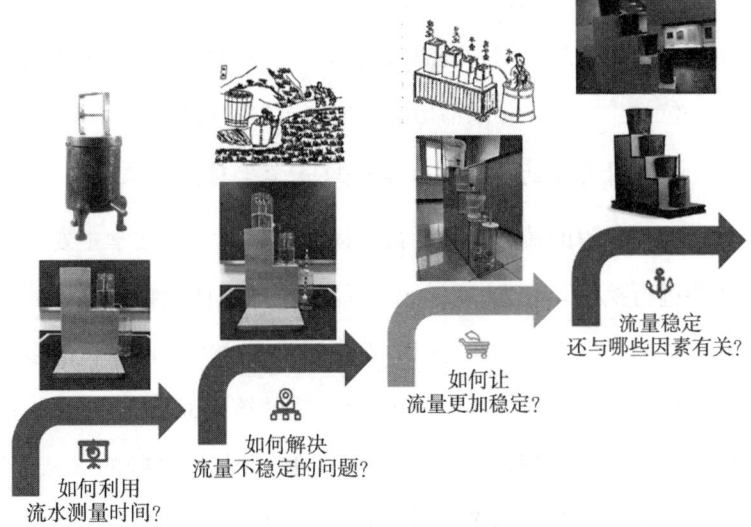

图2-4-9 课程流程与滴漏历史发展

4. 传承科学研究精神

提到古代物理学，我们不能"只懂得希腊，不懂得中国"，对中国自己文明的面目的了解"漆黑一团"。铜壶滴漏是中国古代最重要的计时仪器之一，从田间计时到天文观测，它的发展充分体现了中国古人对于高精度计时的执着追求和科学精神。希望学生能够将这份研究精神应用到现在的学习中，为祖国未来的发展贡献自己的力量。

将中国古代科学研究融入物理课堂，能够更好地辅助课堂教学。从学生的角度，一方面，本类课程的内容、授课形式符合初中阶段学生的特点；另一方面，本课程设计能够发展学生的动手能力、实验探索能力、科学探究能力。从文化的角度，本课程传播了中国古代辉煌的科技成就，让文物"活"起来，"穿越"千年实现古今对话。学习中，学生领悟到中国古人对于某项研究的执着追求和科学精神，增强民族自豪感。课程中启发学生传承中国古人的钻研精神，将这种精神应用到现在的学习中。从物理课程角度，本类课程不仅可以辅助常规课堂教学，帮助学生更好地理解课内知识，还拓展学科知识，启发新的思考。

以历史脉络为主线、以物理思维为指导、以科学探究为主体的实践课程感染每一位学生，这正是激活历史、传承悟理的过程。

（二）以教材为源的物理创新实验培养学生科学思维

教材是物理课程的核心教学材料，物理教师在日常教学中要注重对教材中的实验进行挖掘和改进，以便学生能够更好地体验物理知识的发展过程，培养学生的科学思维。东直门中学物理组在这方面也进行了多次成功的探索，例如张洛宁老师的《大气压强》、高梦笛老师的《二力平衡》、张立峰老师的《压强》、康静老师的《光的反射》、赵维老师的《液体压强》等。下面就《液体压强》这节课进行具体的介绍：

《液体压强》这节课是以学生为主体开展的课程，通过教师启发学生的生活经验，提供充分的小实验的器材，让学生在体验中了解未知世界，并在获得的实验成果中发现、提出新的可探究的科学问题，然后在动手探索的过程提升自身的科学探究素养。

课程开始之初，教师对学生的需要进行了分析：第一，学生对压强概念模糊，不严谨且不成体系；第二，学生对现象的观察不够仔细，忽略细节；第三，操作不规范，对老师的引导关注不够；第四，学生容易忽略对于不探究变量的控制。

探明了学习需求，制定体现物理核心素养的教学预设，明确了核心素养目标：

物理观念：（1）从物理学视角了解液体压强的存在；（2）深入学习液体压强概念，提炼、掌握液体压强的规律。

科学思维：（1）能够通过橡皮膜形变的现象构建容器底部"液片"模型；（2）对已有的阶段性结论、规律勇于提出质疑和见解；（3）能够通过实验现象进行科学推理与论证。

实验探究：（1）根据液体压强相关小实验，提出一系列科学问题；（2）在猜想与假设的基础上，设计、开展实验进行初步验证；（3）能够通过实验对压强规律进行探究，并做交流与评估。

科学态度与责任：（1）通过对微小压强计科学本质的探究、学习来树立正确、积极的科学态度；（2）能够用本节课的知识解释生活、指导工作与社会生产。

1. 体验液体压强的存在

通过和学生们一起回顾北京721大雨中涉及的液体压强知识以及生活中诸多与液体压强有关的生活实际，让学生对液体压强首先有一个初步的认知，而后，通过设计一个学生动手活动，来让他们切身体验液体压强的存在。首先教师启发他们，仿照固体压强的研究办法，利用转换法，把液体压强转换成橡皮膜的形变去探究，想要探究哪里的液体压强，就将橡皮膜绷在哪个位置上。教师为学生准备了各式各样的容器（如图2-4-10所示），放开手，充分发挥他们自身的能动性，对不同容器中的液体压强有一个体验和认识。

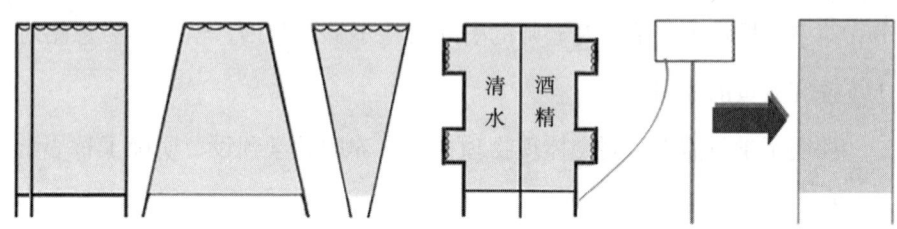

图2-4-10 不同形状的容器

2. 测量液体压强的大小

活动结束后，他们都跃跃欲试，纷纷说出了自己对于液体压强的体验。例如：液体对容器的底部都存在压强、液体对容器的侧壁有压强、液体内部存在压强、液体向各个方向都存在压强，学生将以上的发现互相交流。交流之余，教师适时地予以启发：橡皮膜的凸起程度都相同吗？你认为和哪些因素有关？结合自己观察、记录的现象，提出可探究的科学问题，并尝试说出猜想。学生们最终提出了一系列的科学问题，并进行了猜想。其中关于液体密度，不同组的同学提出了自己的质疑：有同学认为液体压强与密度无关，因为他们组分别装有水和酒精的侧壁开口容器两侧的橡皮膜凸起程度几乎相同。还有同学认为密度越小，压强越大，因为他们组装有水一侧的橡皮膜凸起反而小。面对一些同学提出的质疑，孩子们尝试着提出了自己的解释。例如有的同学就提出，橡皮膜被绷得很紧，很小的液体压强的差别无法显示，而且橡皮膜的绷紧程度不同，也会造成实验结果的不严谨。

探究实验开展到此时仿佛进入了困局，教师带领孩子们关注到实验设计的两个不足：橡皮膜的形状变化不易观察比较、对比两块橡皮膜的凸起程度来比较液体压强大小不够严谨。面对这样的不足，及时地改进探究仪器迫在眉睫。

这里教师为学生教授了老师改进实验仪器的一种设想（如图2-4-11所示），即：将比较两个容器的两块橡皮膜形变，从而比较它们的压强大小，通过拼插容器的方式，将橡皮膜合二为一，比较一块橡皮膜的形变大小。然后请了一组同学上来使用改进后的演示教具，来探究液体压强与液体重力是否有关。通过向一侧容器中注水、放水，橡皮膜随之发生的左凸和右凸，这组同学认为液体压强与液体重力有关。

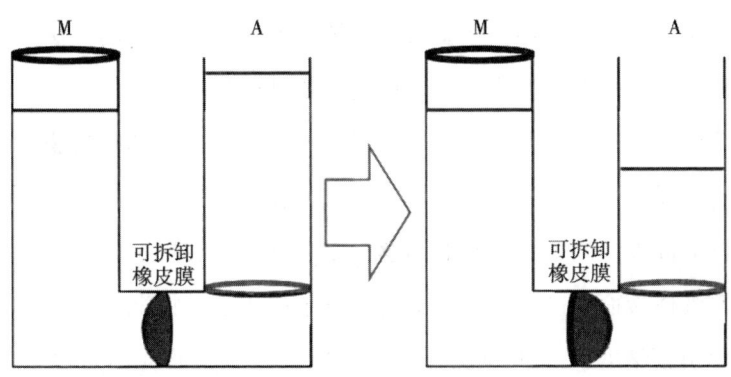

图2-4-11 实验器材的改进

对于这个观点，同学提出了质疑：刚才同学小组的实验应该控制液体高度不变，他们并没有控制变量。这位同时提出，可以只让容器的粗细不同，维持形状和液体的高度相同。在吸取了其他组同学的意见之后，刚才同学决定改进实验，选取细一些的容器，重新做一次。最终得到了如图2-4-12所示的效果，自己当初的猜想并没有得到验证。同理，就像刚才的实验那样，更换、拼插不同形状的容器，便可以探究出液体压强和盛液容器的形状无关。

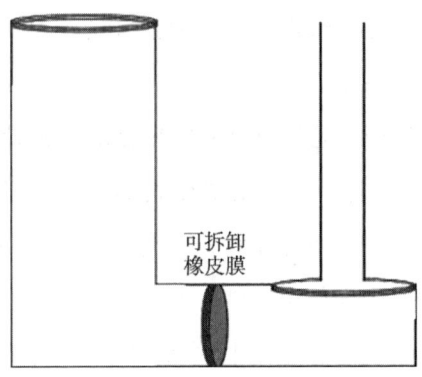

图 2-4-12 实验结果

课程推进到这里，通过橡皮膜形变体现液体压强变化的方法，并不有利于观察，教师引领学生观察除了橡皮膜之外的另一个效果，来反映液体压强的变化。通过将左侧容器盖上盖子密封，按压其上的橡皮膜，通过压缩空气，主动改变左侧容器中液体的压强，在橡皮膜形变的同时，提醒学生关注液面高度差的变化。有的同学提出质疑，该装置是教师用手按压产生的两侧液体液面高度差，这并不能探究水中压强的情况，面对这样的质疑，老师引领学生进一步地想办法，这里，学生能够提出将容器进行弯曲、伸入水中这样的观点，已经实属不易。

然后教师为学生介绍最终改进版的教师演示教具（如图 2-4-13 所示），通过一根可以自由弯曲的橡胶管，将感受压强的探头和容器相连，探头可以将自己感受到的压强随时传递给左侧容器，从而引起两侧液面差的变化。至此，本节课之初的实验设计的两个不足均得以解决，将教具进一步地改进，便得到了这节课学生们将要使用到的微小压强计。它们的原理和使用方法是相同的。

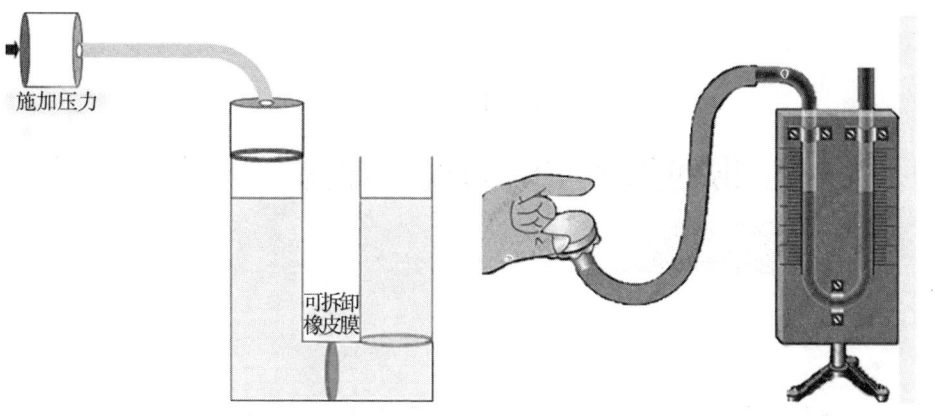

图 2-4-13 改进版的演示教具和微小压强计

《液体压强》这节课从学生实际出发，切实关注学生思维进程；准确分析学情，了解学生前概念与漏洞；制定详尽、有针对性的教学策略。从启发、探究、质疑、引导、升华五个方面渗透核心素养。课程从最初的生活实际入手，引入新课，让学生关注现实民生，从生活中思考物理问题。同时在课程的最后，赵老师带领学生认识、学习了液体压强的重要应用——三峡船闸。通过对三峡船闸的介绍，让学生了解到它是一个中国人在船闸建设方面举世瞩目的壮举，是中国人民坚毅的劳动精神的充分体现。

在课程中渗透学科育人是政策的要求；在课堂教学设计中融入学科育人是教师角色的使命；在物理学科素养中体现学科育人是物理教师不可回避的新课题；在物理创新实验中深挖学科育人素材，是每一个心中有学生的优秀物理教师不懈努力的目标。

从传统文化到教材中的物理规律、从科学思维到文化自信，东直门中学初中物理组在"物理创新实验对学科育人的价值体现"这一研究领域还在不断前进着。

撰稿：路海波 张洛宁 赵维 康静

第三章
物理创新实验的设计理念与方法

物理实验教学要能够更加充分地发挥作用，进行创新设计势在必行。所谓"创新"就是要将实验做到有别以往，突出实验某一方面的特质与特色，充分强调其新颖性以及解决难点问题的优势。这样才能为物理实验教学注入新鲜的血液，学生的学习才能更加具有活力，学生的思维在课堂中的提升才能够更加顺畅、自然。物理创新实验的设计，要能够直接促进学生的深度学习，能够积极发展学生的高阶思维，能够有效培育学生的核心素养。一言以蔽之，就是尊重学生的发展需求。

第一节 物理创新实验的设计理念

物理创新实验在设计时要充分关注学生学科核心素养的全方位发展，即：要丰富和完善学生的物理观念、培养和发展学生的思维、调动学生自主探究的意识和积极性以及让学生具备科学责任感。物理创新实验是一种具有学科特色的教学手段，尤其是在培养学生高阶思维能力方面以及强调学生自主深度学习方面，有着其独有的优势。

一、物理创新实验有利于学科核心素养的落实

基于学科核心素养的创新实验在设计之初，要关注物理创新实验的三个典型外显特征，一个是作为物理教学的学科知识定位，一个是作为实验教学的学习活动定位，一个是凸显教师主导作用的组织定位。抓住了这三个创新实验的外显特点，着手设计物理教学，其对核心素养的促进作用，不言而喻。下面就这三个方面做详尽展开。

（一）从创新实验的知识层面着眼，为学科核心素养的培育提供载体

在进行学科知识的学习中，一定要结合学科特点，引导学生逐渐形成具有学科特色的观察、思考问题的视角，善于发挥学科优势，用具有学科特色的思维方式去分析问题和解决问题。众所周知，科学是美丽的，作为科学领域的领军学科——物理，从多个角度体现着它的魅力与智慧。在学科学习的过程中，我们要让学生的思维得到培养、智慧得到提升。

谈到学科核心素养的具体落实，我们要在教学过程中，始终为学生渗透物理观念，即：学科大概念；明确学科结构特色，围绕"为什么教""教什么""怎么教"几个核心问题展开实验教学设计，立足学科结构，借助学科教学，渗透对学生核心素养的培养。我们还要把握好学科本质的内涵，从物理学科的教学价值、方法思想以及问题概念三个层面逐渐入手，为学生呈现一个真正立体的物理学科。

另外，物理学科还要重视学科情境的创设，让学生在一个科学的学习氛围中思考问题，在一个个真实的物理情境中去分析问题。

（二）从创新实验的活动层面着眼，为学科核心素养的培育提供载体

学科活动则是学科核心素养形成的主要途径，因而物理创新实验教学是培育物理学科核心素养的主阵地。因为能力只有在需要能力的活动中才

能得到培养，素养也只有在需要素养的活动中才能形成。而在核心素养导向下的课堂教学中，学科活动有自身固有的教学程序。这一系列的教学程序非常注重体现学科活动的特点，依托这些形形色色的教学活动机制（如注重学习实践、强调科学思维、突出自我发展等），使学生的素养得到培养。

（三）从教师引领教学层面着眼，为学科核心素养的培育提供保障

发挥物理教师的能力，为物理学科核心素养的形成创造条件，无论是学科知识的学习，还是学科活动的设计和组织，虽然都是以学生为主体，体现学生的自主性，但是倘若学科教师不存在，那么学生学科核心素养的形成就缺少了主要条件。因此，核心素养导向下的教学机制中，作为物理教师的我们承担着重要的职责——是物理学科核心素养形成的主要条件。作为物理教师我们要做到积极提升自我，尝试、努力开发创新实验丰富我们的物理课堂教学；做到深挖教材、钻研课标，为学生提供最精准的教学供给；做到尊重学生个性，因材施教，将物理实验的多样性与学生个性发展的多面性相结合，协调发展；做到鼓励学生思考，充分运用已学知识解决位置问题，真正提升自身的高阶思维能力。

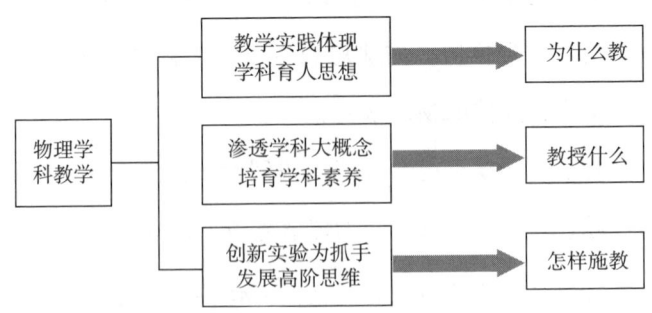

图3-1-1 初中物理创新实验的外显特征

以上结构图诠释了物理学科教学的开展脉络,即要回答:"为什么教""教授什么""怎样施教"的问题。"为什么教"实际上是指具体的教学实践在学科育人思想方面的体现,让我们明确为谁培养人,这样的人未来在社会生活中将扮演什么样的角色、起到什么样的作用。"教授什么"实际上是要我们的教学工作明确具体内容的方向,什么样的内容和知识是学生学习所需要具备的,在这里做了充分回答。"怎样施教"是要求教育者明确自己采用什么样的教学方式、教学手段,用以提升学生哪方面的能力与素养。

二、物理创新实验有利于学生高阶思维的发展

爱因斯坦曾说过:"一个美妙的实验,通常要比我们头脑中提取二十个公式更有价值。"在实验教学中培养学生实验的设计能力、问题的提出能力、数据的处理能力、组员之间的协同能力,正是学科核心素养对我们教师提出的迫切要求。物理创新实验对提升学生高阶思维能力有着得天独厚的学科优势和技术优势。它可以将隐性的物理规律转变为显性的实验结论;可以将抽象的物理概念转变为具象的客观事实;可以将表面的简单现象,汇总为具有深度的物理规律;可以将单个的现象个体,叠加成富有共同特征的普遍规律;可以将简单的记忆、理解、应用等低阶思维,提升为分析、评价、创新等高阶思维能力。

通过物理创新实验的开展和操作、学习,学生的探究能力、交流成果的能力都在不断地提高;反过来,随着物理创新实验的设计和开展,教师自身的思维框架搭建能力、发散思维问题的设计能力以及客观看待学生的评价能力也都在不断提高。

在物理创新实验的教学中,通过不断地利用创新实验教学培养学生的创新思维能力以及提升实验涉及能力,能使学生对实验仪器的用途和实验

原理的理解充分而完备，能从多个角度思考和解决实际问题。只有不断地运用发散思维的方法解决问题，才能摆脱惯性思维的束缚，才能拓展学生的思维范围，从而使学生的创新思维能力得到发展，使学生的实验能力得到全面提升，并最终促进物理学科核心素养的发展。

教师的创新实验设计，应该将物理问题和情景退回到原始问题上，把自己的思维起点降低，以适应学生的思维，并站在学生的出发点来设计物理实验，利用物理实验来创设合理情景，引入课程。

在教学实施中，尝试利用学生的思维去思考问题，把脉学生的思维，寻找其中可能存在的问题点、冲突点，然后刻意在这里设置"包袱"。引导学生思维的最好办法就是教师与学生一起思考。引导学生思维的方式有很多，可以是一个发人深省的问题，可以是一个引人入胜的魔术，可以是一个百思不得其解的方程，也可以是一个司空见惯的日常现象等。但物理学科有着它自身最大的学科特色——实验教学。由此可见，利用物理创新实验来引发、引导学生思维是最为合适的。

综上，高阶思维能力是指理解、评价、迁移、问题解决、创新能力等方面的思维能力，从中我们能够明显看出，物理创新实验的设计、总结与反思，恰恰能够有效地提升我们教师的高阶思维能力，反过来，这也是我们高级思维能力体现的落脚点。高阶思维能力的培养，可以在所有的学段实施，每个年龄层次的学生都有适合自己的提升高阶思维能力的方法与切入点。

三、物理创新实验有利于学生自主发展的培养

按照国家课程标准和各级教育部门所规定的教材要求，要开足实验探究活动课程，开展切合学生实际的小课题研究，要结合各个任教学科教师的自身学科优势，设计与自己原先所教学科教学特点相结合的科技创新教

学校本课程，创新性地实施课程，从而培养学生的小组合作探究学习能力，使学生初步掌握自主探索、自主创新实验的基本要领和做法，要鼓励学生学以致用，开展系列创新实验，让学生参与，逐步从综合角度完善学生各方面素养。例如：自主选定感兴趣的物理研究课题—自主开展探究并收集数据—自主汇报交流—学生自主完成评估—汇总展示心得体会。在以上这样完整的学习"闭环"中，学生才能逐步培养其独立自主的素质，其自主发展能力才能逐步得到提高。

作为物理实验的改进与创新，则可以提高实验的趣味性、严谨性、客观性，提高学生在实验教学中的参与程度，培养学生的发散思维、概括思维以及创造思维。学生在参与物理创新实验学习过程中，自身的实验仪器操作能力得到增强，实验报告的撰写技能得到发展，数据分析与概括的本领得到培养，自身学习的成功体验、自我效能感均得到大幅提高。

要实现学生实验学习的自主发展，必须进行评价多元化的研究。在以往的物理教学评价中，往往是以学生的一次次考试的成绩来评价每一个学生，在具有创新意识的实验教学过程中，评价方法也应该随之更新。新的评价方式需要做到客观、开放、全面、鼓励创新。与此同时，评价不但要有教师评价，还要有自我评价以及同学评价。新的评价观点不仅仅应该看到学生在操作实验中的熟练程度、准确程度，更应该重视实验中主动解决问题的能力以及主动发现、提出问题的能力。

第二节 物理创新实验的设计原则

初中物理创新实验是在教师指导下，学生能够围绕某个问题独自进行实验，更加直观地观察现象，更加精确地分析结果并从中发现科学概念或原理，以获得知识，从而自身高阶思维能力、学科核心素养得到培养的一种特色实验教学方法。初中物理创新实验最大的特点就是充分发挥学生主动探究、主体参与度，培养学生观察能力，发展学生的高阶思维能力及创造力。物理创新实验有利于培养学生创造性地运用知识解决实际问题的本领，在教学中，不是学生只按照教师设计好的步骤操作，而是引导他们独立思考，运用已有知识创造性地去获取新知识。好的物理创新实验的设计要有依据、有方法、有手段，教师从丰富的教学经验中，抽取有价值的、可以指导实验设计实践的方法，来开展自己的创新实验设计。

一、瞄准教学难点，发现真问题，明确设计初衷

解决以往常规物理实验所存在的问题，首先就是要让教学回归本真，营造课堂教学的原生态。物理实验教学的出发点应该充分尊重学生，从学生在日常学习中形成的"真实问题、认知冲突、理解难点"出发去设计创新实验，旨在破解学生的疑惑点，同时保证课堂形态的真实性。

初中生已经具备了一定的生活经验，虽然其无法利用物理知识解读有关现象，但在教师提出相应的物理知识之后，学生会主动将有关活动与物理原理结合起来，针对这一特点，教师可要求学生围绕生活常识选择实验材料，依靠学生所提供的器材发起实验教学活动。

初中物理教学最大的特点是承上启下，学生在小学科学课中已经学习了大量的初中物理课中的知识，但是缺乏体系，核心概念认知深度不够；学生在未来高中还要再次学习初中的相关知识，初中阶段不宜讲得过深、过难，而超过了该年龄段学生的认知水平，所以初中物理教学阶段，将学生在各章节可能存在的问题做搜集、整理、分析是相当必要的，是老师们在接下来物理创新实验设计时所必须要考量的。

表3-2-1　初中物理课内学习框架下学生主要疑难点

序号	疑难点	学生学段	教材章节
1	纸可以烧水吗？	八年级	《汽化和液化》
2	树枝可以做杠杆吗？	八年级	《杠杆》
3	压力和面积都不同，如何比较压力的作用效果？	八年级	《压强》
4	负压病房的工作原理是什么？	八年级	《压强》
5	人直接提升物体时，机械效率可以达到100%吗？	八年级	《机械效率》
6	为什么只有一条火线无法使电器正常工作？	九年级	《家庭电路》

表3-2-2　初中物理相关课外知识学生主要疑难点

序号	疑难点	学生学段	教材章节
1	空气的比热容比水大吗？	九年级	《比热容》
2	木头会熔化吗？	八年级	《熔化和凝固》
3	火是固体还是液体？	八年级	《物态变化》
4	电子流动速度是光速吗？	九年级	《电流和电路》
5	绳子与滑轮之间的摩擦力消失，滑轮更好用吗？	八年级	《滑轮》
6	空间中的磁场和电磁波相同吗？	九年级	《电与磁》

对学生学习的学情做好分析，才能让教师的实验设计更具针对性；做好学生问题的排查，才能让物理教学效果更好。例如：学生认为，树枝是弯曲的，无法作为杠杆使用。对此教师可以创设真实情境，为学生模拟自然中的地震灾害，在抗灾救援中，到底哪些工具、器具可以作为杠杆来救人，让学生在课堂上亲身体验，获得最直观的认识。再例如：学生还认为，每根树枝形状不同，使用不同的树枝去做杠杆研究，得出的结论会各不相同。对此教师可以采用"叠加"思维方法设计教具，让学生在课堂上进行小组合作，将不同小组的不同树枝做成的杠杆，挂在一个公共支点上（本案例后续会有展开），观察其力臂的共性，化解学生的认知错误。

物理创新实验设计的初衷就是为了学生的学科发展，破解学生学科学习中存在的疑难问题，教授给学生解决问题的办法、技能，培养学生自主的学习意识。

二、总结创新实验设计方法，破解认知障碍

物理创新实验设计方法体现了教师对于物理实验的深刻理解，体现了教师的思维方法与逻辑脉络。我在进行创新实验设计过程中，大量采用了"归纳""演绎""分类""对比""类比""外推""形象化"等更加上位的思维方法，它不同于渗透在每个物理实验中的物理方法，较之物理方法，思维方法更加抽象，所体现的概括性更强、逻辑性更强，思维深度更高，可适用性更加广泛。

本书中主要针对"叠加""转换""微元""对比""类比""迁移"六种思维方法的探索性设计做详尽展开。同时，在相关的小的子类别中也会做一定的展开，例如：可以通过模仿、模拟达到创新，对于已有的实验或现象，可以考虑有无与我们需要设计的实验相似的东西，诸如相似的目的、手段、过程、结果等，从而进行模仿、模拟等实现创新；比如：放大的思想、缩小的方法、对偶的运用；再例如通过"拼插"，每个实验都有自己的特点和局限性，如果采用"拼插"的方法，用其他实验中的优点取代该实验的不足；或将原来分步完成的实验装置组合一步完成，便于学生对比观察，从而实现创新。"拼插"的方式包括元件"拼插"、形状"拼插"、功能"拼插"、方法组合等。

无论采用哪种物理创新实验设计方法，都体现着作为设计者的我对学科育人政策的落实，对学生素养的培养，对学生自我发展的关注。不同方法体现的是对于所要解决问题的关注点的不同，旨在从多个侧面入手，多方位、多角度地去解决学生学习过程中所产生的种种问题，核心点即是要破解学生学习中所形成的认知障碍。

三、妥善兼顾物理创新实验教学与其他教学环节的关系

物理实验教学不是独立的、孤立的教学内容或手段，它可以贯穿在一节物理课的各个环节，针对教学中各个环节的作用、特征，发挥其独有优势。

（一）物理创新实验为引课环节注入活力

物理教学中的引课环节需要充分激发、调动学生的学习兴趣，学生往往并不缺乏求知欲，而是缺乏激励。如何在教学中激发学生学习兴趣，是一个摆在我们面前棘手的问题。在这里，应发挥物理实验这一学科特色，并结合物理实验的创新与改进设计，真正让实验辅助课堂，提高课堂效率，增强课堂教学有效性。

利用物理实验所产生的趣味物理现象，来激发学生的学习兴趣。兴趣是影响学习积极性的最直接的因素，那些新奇的、对生活有意义的知识和问题，能引起学生强烈的兴趣。与此同时，在观察这些物理实验现象时，教师要引导学生注意整个现象发生的过程、产生条件和特征等。

利用物理实验来产生认知冲突，从而调动学生的学习主动性。我们要根据学生的知识水平，从生活中提出新颖有趣的问题，发人深省的问题，会引起学生探新寻因的问题，将这些问题设计到我们的物理创新实验中去，并在课堂教学中呈现出来，从而激起学生的求知欲和积极的思维。

（二）物理创新实验为提出问题环节提供依据

提问是动脑的结果，是学生求知欲、好奇心的流露。这种求索的倾向，有力地推动学生不断地带着疑问去学习、去思考、去探究。物理创新实验为学生的提出问题提供依据。学生的思考需要内容，需要为思考注入信息的实验作为重要支撑。学生基于实验去思考，基于现象提出具有创造性的问题，通过提问让自己的思维真正活跃起来，让自己在对问题的探索

中逐步求索，逐步获得成就感。

（三）物理创新实验为思维提升环节提供载体

物理是一门以实验为基础的学生，物理创新实验为课堂思维提升环节提供载体，为学生解决自身存疑的问题提供解决工具。通过物理创新实验的积极参与，学生学习的积极性会得到提高，同时还可以培养自身的观察能力、分析问题的能力、小组合作交流能力以及客观、求实的科学态度。

课堂教学经历完引课环节后，通常会进入到思维提升的环节，在这个环节的学习中，学生需要对自己的疑问以及提出来的系列问题进行探究和学习。而推动该过程学习的方式众多，其中之一便是继续采用物理实验的方法，以实验的实践为载体，以实验现象的观测为依据，从而尝试解决自己的疑问，探究出所研究问题的规律。物理创新实验，不仅能够有效地帮助学生领会物理知识，更重要的是通过观察实验现象，分析和解决实验中的客观问题，培养学生的高阶思维能力。

人的思维活动是在感性的基础上产生的，感性材料是思维活动的源泉和依据。开展物理创新实验教学不仅能为学生提供丰富的感性认知，为思维加工提供大量的素材，而且能够为学生能力培养创造良好的条件，通过实验，学生学到的物理知识、培养出的实验技能更加深刻、牢固。

第三节 物理创新实验的设计方法

"叠加""迁移""转换"都是思维方法中运用率非常高的方法，在设计物理创新实验时，如果我们适当对已有教具、学具进行改良，或者重新设计一些运用思维方法的好实验，都是对物理实验创新的摸索与实践。因此，物理创新实验的设计着眼点很多，方式方法也非常多样，我们要根据学生学习的学情，去有的放矢地设计和改良物理实验。

实验创新不单是教具、学具的创新，更是学生思维历练的创新，是学生素养发展模式的创新，教师不仅要回答学习资源如何改良和创新，更要回答学习主体是如何在一个个创新实验中完成自我提升的。

我们可以从思维方法中找到灵感，另外，如果传统实验教具、学具误差较大或实验偶然性很高，我们也可以从提高准确度的角度去挖掘创新实验素材，改进、更新过往的实验方案，实现实验的精准要求；如果物理现象较为抽象，不利于学生消化吸收，我们可以从增强实验的直观性角度去着眼，设计直观、形象、易懂的物理小实验提供给学生；如果实验体积过于庞大，不利于实验进课堂，我们不妨从便捷性角度考虑，结合实验教具的"小型化"设计，来对原有实验方案进行重新设计，使实验易于操作、便于实施，以提供给每个孩子动手做实验的机会；如果原有实验过于单一、枯燥，我们可以从实验的趣味性入手，通过趣味手段引入物理课程，牢牢抓住学生的兴趣点，以促进其物理课的学习。

基于发展学生高阶思维的物理创新实验设计方法体现了教师对于物理实验的深刻理解，体现了教师的思维方法与逻辑脉络。我校教研组教师在进行创新实验设计过程中，大量采用了"归纳""演绎""分类""对比""类比""外推""形象化"等更加上位的思维方法，它不同于渗透在每个物理实验中的物理方法，较之物理方法，思维方法更加抽象，所体现的概括性更强、逻辑性更强，思维深度更高，可适用性更加广泛。

本书提及了"叠加""转换""微元""对比""类比""迁移"等思维方法，并做了探索性设计。无论采用哪种物理创新实验设计方法，都体现着作为设计者的教师对学科育人政策的落实，对学生高阶思维能力培养的关注。不同方法体现的是对于所要解决问题的关注点的不同，旨在从多个侧面入手，多方位、多角度地去解决学生学习过程中所产生的种种问题，核心点即是要破解学生学习中所形成的认知障碍。

一、"叠加"思维方法的探索性设计与应用

"叠加"这一物理创新实验设计思维方法，是东直门中学初中物理教研组在多年的实验教学经验总结的基础上逐步归纳出来的一种较为常用的、高效的课堂实验教学创新方法。"叠加"方法体现了思维方法中的"归纳""比较""分析""形象化"，通过将多组相同原理实验所得出的数据、现象、图像进行"形象化"叠加，从而归纳得出直观结论。

"叠加"思维方法最大的优势在于能够通过纷繁复杂的物理过程、物理现象、数据的叠加，从中寻找到形象的直观规律。

从空间的角度看，叠加方法可以将同一时刻下，相同物理量所体现的大小、方向等特征进行归纳，通过形象对比，将"藏匿"于复杂无序的物理现象（表象）中的共性规律找出来，并尝试归纳结论。

从时间的角度看，叠加方法可以将不同时刻下，相同物理量或物理现象进行现象叠加，进而仿佛看到了物体运动的"动态轨迹""动态形状"，通过一系列的"动态图像"来观察、归纳相关规律。

在课堂实验教学实践中，叠加方法可以有效地提高课堂效率。初中物理实验教学强调分组探究，通过分组教学，让学生能够体验到物理实验的乐趣以及实验带来的真实感。而在实验之后，大量学生分组数据的处理给课堂教学带来了较大的困扰，如果进行一一处理或讨论，会降低课堂效率，如果只选单一小组的数据进行分析，其所具有的代表性也存疑，不利于普遍规律的顺利得出。此时，叠加方法是一种非常简洁而高效的创新方法，它可以将大量学生分组数据进行统一处理，从叠加中观察其共性规律，通过严谨的分析、归纳最终引导学生得出正确结论。

下面为老师们列举三个采用了"叠加"思维方法的实例。在三个例子中,设计者巧妙地通过叠加的方法,解决了"杠杆中力臂的概念""凸透镜成像的变化规律""滑轮本质上是一个杠杆""匀速直线运动的简便判定"以及"漫反射的成因"等物理教学难点。学生在跟随老师进行物理实验的过程中,自身的低阶思维能力得到训练,高阶思维能力得到启发,而且具备了一定自主深度学习的意识,教学效果良好。

推荐老师们在实验课堂教学中,尝试采用"叠加"思维方法,构建高效物理实验课堂。

【"叠加法" 创新实验设计案例1】

通过"树枝叠加",深刻理解杠杆的力臂

·创新实验设计背景

学情方面:《探究杠杆平衡条件》这节课的内容与日常生活联系非常紧密,学生对于生活中杠杆的应用有着丰富的体验。学生了解力臂的概念,但与"支点到施力点的距离"还是区分不清,即对于力臂的概念认识并不深刻。在最初的实验实施中,我从学生的前概念出发,设置认知冲突,充分挖掘学生已有的经验,力争将新的知识与规律顺应到学生已有的知识体系中去。本部分实验的设计充分了解学生的不足与渴望,并制定相应的应对策略。通过引导学生进行简单易操作的物理小实验,在现象的观察与汇总中启发他们更多地联想,发现和提出更多的新的可探究的科学问题,并在之后的学习活动中进一步地进行探索。

·灵感来源(学生的真问题)

学生在学习《杠杆》第1课时中,曾提出:"像树枝这种弯曲的物体,可以作为杠杆使用吗?它们使用时力臂都弯曲了,该怎么测?"

学生的真问题是教师实施教学的"宝藏"，设计物理创新实验更是如此。针对学生提出的问题，我分析他们知识理解的片面性，从而就此入手，设计相关实验，力求破解学生的认知障碍。

· 创新实验的设计

首先在本创新教具设计时，我想到应该从学生的已有知识出发，为他们提供"笔直"的杠杆，尊重他们的前概念，让他们利用自己的前概念，先去解决一些自己容易解决的问题，获得成就感的同时，教师再适时地将之前学生的"真问题"提出来，引发大家的思考。

本实验我采用了"可插拔"杠杆的设计（如图3-3-1所示）。杠杆设计成可插拔的，放手让学生用各式各样的"杠杆"组装到实验学具上，便于学生更加全面地认识杠杆概念。插拔的理念在《液体压强》（后面有案例展开）、《家庭电路》等案例课中都有所体现。

本创新实验我让多个小组将他们实验中的杠杆，都架设在一个公共支点上（杠杆支点处打孔，用于穿轴）。通过将学生多组"不同悬挂"情况的杠杆进行叠加、对比，再配置以多媒体投影屏幕的实时监控，让学生能够直观地观察到"不同杠杆的共同力臂"，观察力臂的共同性，突破力臂的难点。

图3-3-1　可插拔杠杆设计

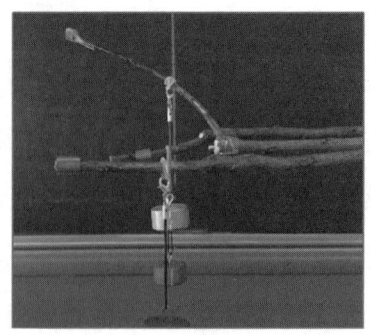
图3-3-2　公共支点叠加观察力臂

图 3-3-3 叠加观察力臂实操图

图 3-3-4 课堂实录

· 创新实验的实施效果

本创新实验设计让同学们通过多组杠杆同轴叠加的方式，发现了"共同力臂"，从而揭示了力臂的奥秘，回答了上课之初同学们心中的"真问题"，破解了认知障碍。

本创新实验的设计，从学生的学情出发，关注学生的思维进程，准确分析学生的前概念与漏洞，切实地做到有的放矢，实施效果良好。与此同时，教师有创意的教具设计也大大提高了课堂的效率与知识传授的有效性，针对性地实现了难点的突破。在利用实验器材进行创新实验学习的过程中，学生的错误前概念得到纠正。这样也让教学回归了学生本位，让学生学习的意义得到充分体现。

图 3-3-5　探究学具使用时的现场布置情况

【"叠加法" 创新实验设计案例 2】

凸透镜成像规律的"叠加"探究

· 灵感来源（教师的真反思）

在以往凸透镜成像规律的探究实验开展过程中，学生在教师的引导下展开实验，但学生在每一个凸透镜成像规律区间所得到的成像规律是孤立的，缺乏连贯性的，也不利于学生整体上认识凸透镜成像规律。

从过往的教学经验出发，我进行深刻反思，发现如果实验采取开放的态度，给予学生自由的实验操作任务，让他们充分打开思路，并在之后的交流、合作环节，逐步揭开凸透镜成像规律的面纱……

·创新实验设计

凸透镜成像规律实验中,在叠加透明胶片后(如图3-3-6所示),让学生在集体现象收集的基础之上来发现特殊光线,并且回扣本章第一节的知识,对于学生加深对于凸透镜成像规律理论的认识有很积极的促进作用。

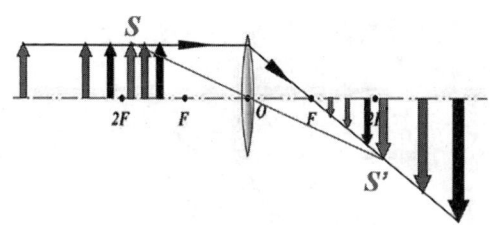

图3-3-6 叠加设计图

如图3-3-7所示,本节课在汇总学生凸透镜成像规律的时候,把若干组的实验所得,在白板上进行汇总和小结,学生自主总结实验结论,通过小组间收集到的实验数据,进行叠加、观察、合作来实现对于物理规律的探究。

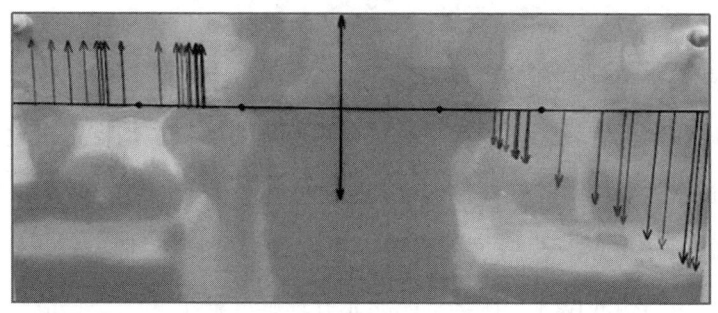

图3-3-7 叠加实物图

在教学过程中，我设计了方便易用的教具学具（如图3-3-8所示），安排了简洁明了的实验任务，利用任务驱动的方式推进课堂，让学生自主学习，亲自去观察、猜想、实验、推理并得出规律与结论。教师阶段性地就课程目标规范学生概念，注重学生思维梯度的合理安排，提倡学生互动、开展分组探究实验，注重对于知识方法形成过程的教学。

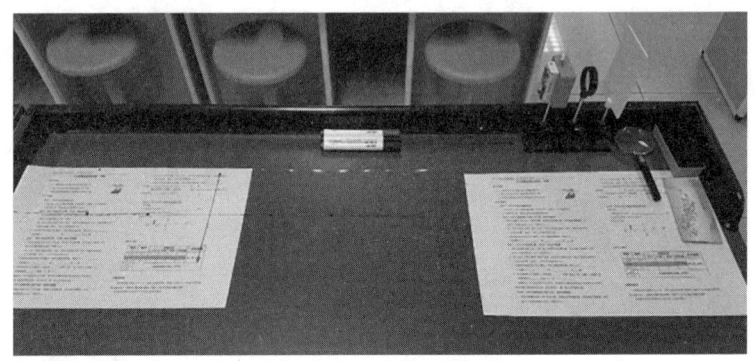

图3-3-8　上课器材实物

【"叠加法"创新实验设计案例3】

杠杆"巧变"滑轮

· 灵感来源（教师的真反思）

在以往的滑轮教学中，有一种对滑轮原理的解释，是将定滑轮或动滑轮的直径作为工作中的杠杆来理解，通过杠杆平衡条件（力矩平衡）来解释滑轮的工作特点。根据这种思维，我设计了可插拔杠杆的变形滑轮结构，通过该结构的设计，让学生能够充分理解杠杆平衡条件在滑轮工作过程中的各种应用。

· **教具创新：杠杆"插拔，叠加"变滑轮**（制作：张洛宁　张国瑞）

在杠杆插拔的中轴位置，我设计了一个亚克力圆环（如图3-3-9所示），在亚克力圆环的四周，均匀开8个孔，孔上可以自由插拔小木棍（如图3-3-10所示）。将亚克力圆环固定在一个转轴上，通过插拔可以形成等臂杠杆。当利用该等臂杠杆提升重物时，杠杆旋转后，再增加一组小木棍插上去，取代原来等臂杠杆的位置，逐次类推，逐步叠加，通过"旋转叠加"的方法，逐渐构建出一个类似轮形的装置（如图3-3-11所示），再通过教师的大型演示教具（其教具可插拔的杠杆更多，更加类似一个轮盘），让学生顺利地从杠杆模型过渡到滑轮实体（如图3-3-12所示）。

图3-3-9　杠杆插拔实物图

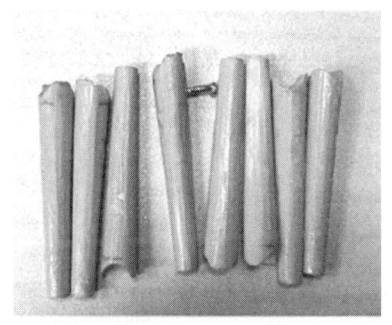
图3-3-10　充当杠杆的小木棍

图3-3-11　杠杆插拔实操图

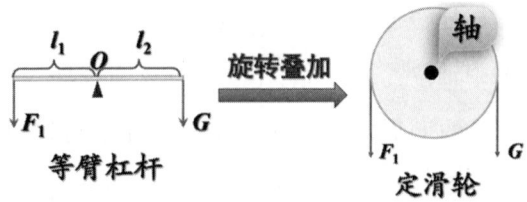

图 3-3-12 等臂杠杆巧变定滑轮

除了定滑轮，动滑轮的原理演示也可以借用杠杆"旋转叠加"的巧妙方式（如图 3-3-13 所示）。通过不同位置、不同角度的杠杆，逐次叠加，形成一个类似于动滑轮的轮盘，逐步交替完成提升工作，让学生直观、易懂地学习动滑轮的工作特点。

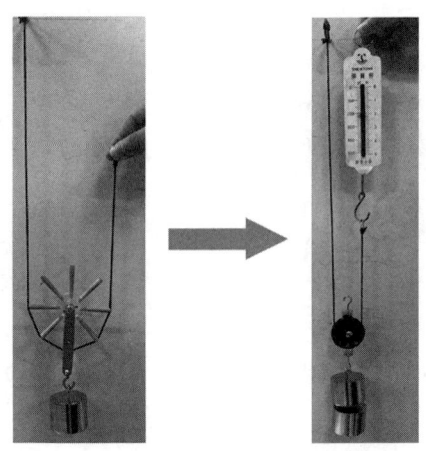

图 3-3-13 省力杠杆巧变动滑轮实物

图 3-3-14 省力杠杆巧变动滑轮

【创新实验设计案例4】

频闪"叠加"判断物体运动状态

· **灵感来源（教师的真反思）**

在以往的实验教学中，关于物体运动状态的界定，多数是由教师直接给出，没有一个让学生信服的手段，进行课堂现场界定，经常是老师说怎样就是怎样，缺乏对于学生主体的关注，没有做到实事求是，以实证作为物理实验的基础。

例如，有些老师在教学中直接指出"匀速直线运动状态和静止状态是等效态，所以静止状态下的二力平衡条件也适用于匀速直线运动状态"，此处这样处理，缺乏可信度，阻碍了学生思维的发展。

初中物理组的老师们对此进行了深刻的反思，发现利用八年级上册《机械运动》这一章中所提及的"频闪照相技术"可以较为直观而便捷地解决这个问题，于是设计了相关方案，用以辅助教师的教学。案例如下：

· **案例应用精析**——《探究二力平衡条件》（制作：高梦笛　张国瑞）

在高老师的这节课中，我建议使用手机 App 中的频闪照片软件，对运动的物体的运动状态进行判断。原理示意图以及实物图，如图 3 - 3 - 15 所示：

利用手机软件及时拍摄频闪照片，根据频闪照片分析判断小车的运动情况，简单高效并且锻炼了从照片中提取位置信息和时间信息的能力。为物理实验的真实性提供了保障，为接下来的进一步实验探究打下了坚实的基础。

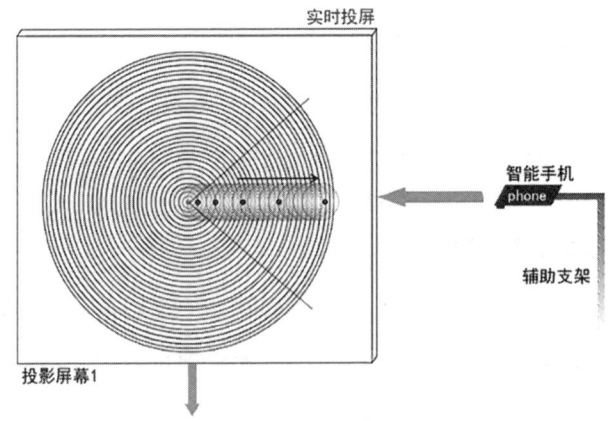

图3-3-15 频闪数据采集原理图

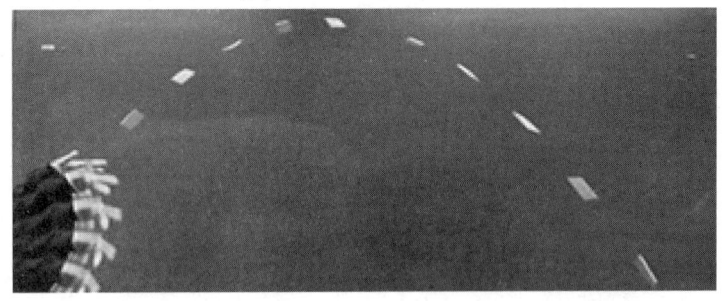

图3-3-16 手机频闪App拍摄的斜抛橡皮

图3-3-17 手机频闪App拍摄的斜抛投篮

图 3-3-18 手机频闪 App 拍摄的跑步的同学

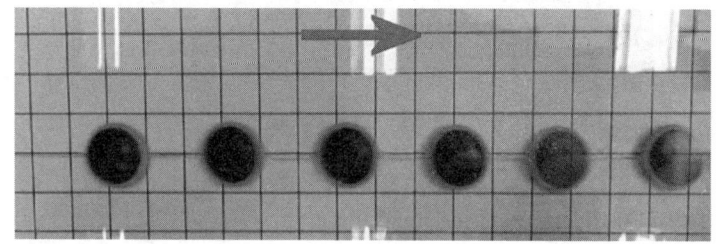

图 3-3-19 手机频闪 App 拍摄的运动的悬浮小车

【创新实验设计案例 5】

多个镜面反射"叠加"出漫反射

·**灵感来源与设计理念**（制作：康静 张国瑞 郭笑）

在漫反射和镜面反射的过往教学中，教师们经常直接为学生提供两种反射的实验装置，让学生直接观察现象，学生对于镜面反射的理解没有难度，而对于漫反射的理解比较困难，很多时候还需要老师进行相关讲解，才能明白漫反射的根本原理。

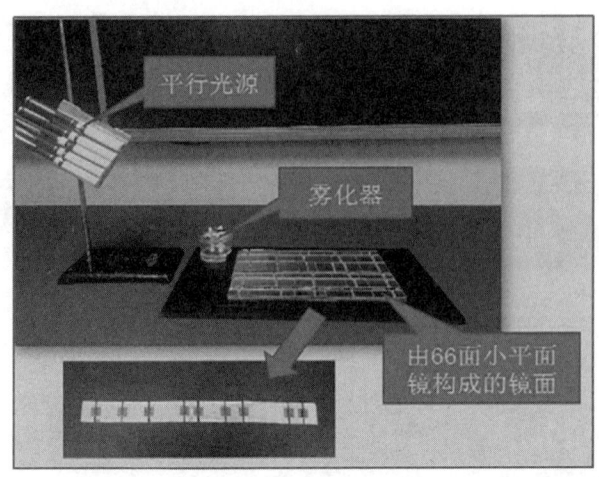

图3-3-20 多个镜面反射"叠加"出漫反射

在这里我利用"叠加""微元"思维方法,进行了创新实验设计。首先让学生利用小镜子,呈现镜面反射的情况,然后多个小组将自己的小镜子统一放到老师讲台的平整台面上,在暗室中观察激光的轨迹特点。

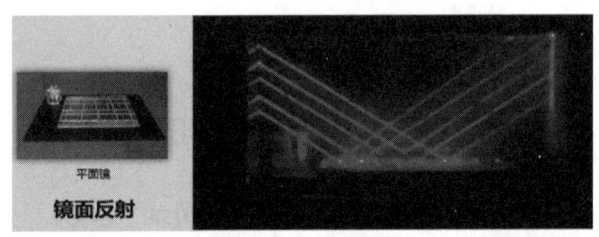

图3-3-21 学生小镜子叠加在平整表面

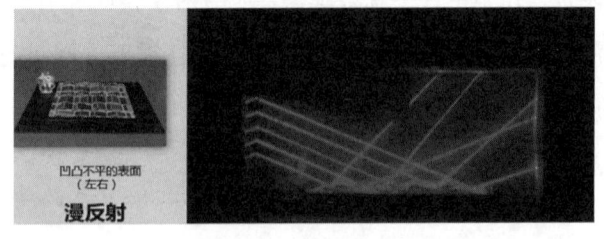

图3-3-22 学生小镜子叠加在凹凸不平表面

小组间的多支激光笔并排摆放，模拟一束束平行光线，通过不同角度的小镜子将光线射向四面八方，让学生感受漫反射的原理。发生漫反射的每一个微小面积，相当于学生的一个小镜面，在每个独立的镜面上，激光都遵循自身的反射定律（这里同样渗透了"微元"思想的设计方法）。产生漫反射现象只不过是由多个摆放方向不同的小镜子所叠加形成的最终效果。通过这里的创新实验设计，加深了学生的知识理解，完善了学生的物理观念。

二、"转换"思维方法的探索性设计与应用

"转换"方法是物理方法中较为常用的一种方法，其最大特点是形象直观，将所研究的不易观测的物理量，通过其所产生的作用或相关规律，转换为另一个易观测的物理量。"转换"方法涉及了思维方法中的"比较""想象""图示""形象化"。将"转换"方法运用到物理创新实验中也是进行创新实验设计经常采用的手段。

将"转换"思维方法与"大型化""小型化"等设计手段相结合，可以设计出效果非常好的创新实验，通过这些实验的运用和推广，可以为教师课堂教学带来极大的帮助。

在初中物理教学中，相对于学生的认知，有很多物理量较为抽象，由于初中生知识广度、深度有限，物理量又不可测算，所以使用"转换"方法是一个高效、科学严谨的选择。例如在自制气压计中将外部大气压转换为细玻璃管中液柱的高低，将液体压强的大小转换成橡皮膜的形变程度，将电流产生热量的多少转换成电热小瓶中细管中煤油液面的高度变化等。

"转换"思维方法是教师设计物理实验、学生开展物理实验过程中必备的方法，它体现着学生探究意识的完善程度，是学生之前所学物理知识在新的阶段学习中的体现，是学生探究实验学习中高阶思维能力得到提升的重要载体。

下面列举两个案例,我们来看一看"转换"思维方法在教学中的具体运用。一个是利用转换方法解决了"液体压强的定性研究"问题,另一个是利用巧妙的转换方法解决"电流释放热量的定性测量"。还有更多的物理实验体现着、使用着"转换"思维方法,希望在日后的教学中,老师们能够受此启发,设计更多的创新实验设计,调动学生的学习积极性,启发他们的思维。

【创新实验设计案例6】

橡皮膜模拟理想液片

· 灵感来源(教师的真反思)

液体压强的授课一直以来老师们习惯使用"微小压强计"(如图3-3-23所示),学生在进行物理实验时,只是机械性地使用它来探究液体中的压强与哪些因素有关,对于其原理没有一个深刻的认识。作为物理教师,将物理问题的实质进行剖析,以学生能够理解的水平呈现出来,是职责使然。而且,通过对于本节课核心测量器材的原理学习,学生能够更加深刻地理解液体压强。

长久以来,在液体压强教学中我们会提及一个物理模型——理想液片,即在分析连通器原理的时候,在下段连通的导管中央模拟有一个液片(如图3-3-24所示),当液片稳定不动时,连通器两侧液体压强相等,再由液体压强公式可推得两侧同种液体的液柱高度相同。

我在设计本节课创新实验教具的时候,考虑到学生实际,并没有直接给出连通器(学生在学习第一课时还不知道连通器),而是从液体压强的一般体验入手,为学生准备各种形状的小容器,让学生体验利用"橡皮膜

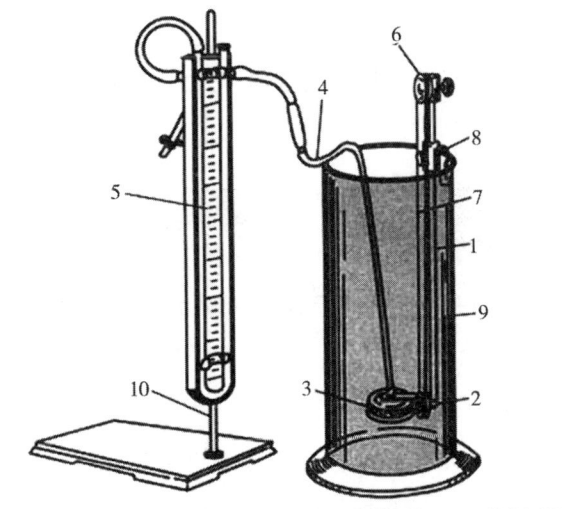

注：1.金属杆　2.轴套　3.金属盒　4.橡皮管　5.微小压强计
6.微动轮和轴　7.线　8.弹簧夹　9.玻璃容器　10.支架

图 3-3-23　微小压强计套装

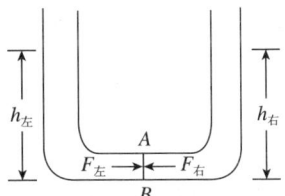

图 3-3-24　理想液片

凸起程度"可以定性观察其所受液体压强的情况，尊重了学生的前概念，激发了学生的学习兴趣，调动了他们的动手能力，增强了他们的实验体验。

而后，再通过循序渐进的教具插拔，逐步呈现一个清晰的物理模型，并将其在课堂上"现实化"，增强学生对该物理模型的直观认知，配置以教师的启发性问题，最终提升学生的高阶思维。

· **案例设计精析**

创新设计 1——设计各种形状的容器，充分体验液体压强的存在

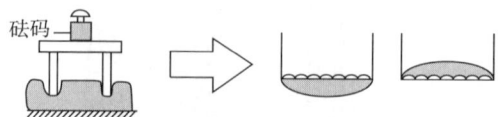

图 3-3-25　橡皮膜凸起与凹陷显示压力作用效果

本处的创新实验设计，旨在丰富学生的实验体验。从学生耳熟能详的固体压强的探究方案，形象过渡到液体压强可能采取的探究手段上来，同时转换思想，应用在不同的物理问题上。这里我为学生设计了形式多样的可以体验液体压强存在及其特点的创新实验教具、学具（如图 3-3-26、图 3-3-27 所示），为课程的深入展开做好了充分的准备。

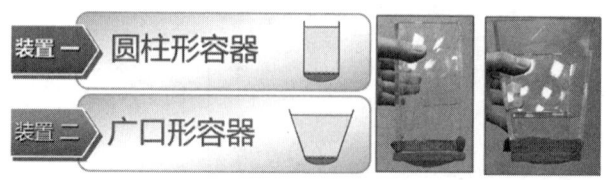

图 3-3-26　形状多样的创新自制教具（设计图与实物图）

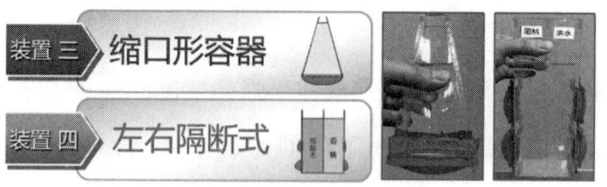

图 3-3-27　形状多样的创新自制教具（设计图与实物图）

如图 3-3-28 所示"体验液压探头"这个设计，早在十多年前北京市创新教具设计大赛中就出现过，早期朝阳的杨雄生老师也曾在北京的录像示

范课中使用过该教具，这里我使用了更为简洁的废旧饮料瓶的瓶嘴，覆盖橡皮膜制作了一下，效果良好，橡皮膜向小盒内部凹，说明液体内部有压强，探头还可以自由旋转，让学生体验更多现象，操作简单易行，推荐给大家。

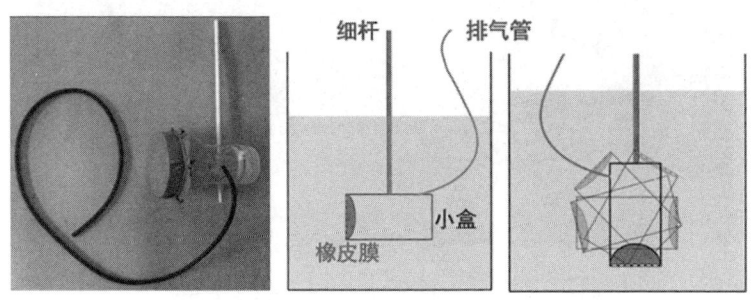

图3-3-28 体验液压探头

如图3-3-29所示实物，是我在制作创新教具过程中根据右图设计的尝试，当时设想将橡皮膜直接固定在亚克力水槽两侧的圆形开孔上，用强力胶、502胶、万用胶等固定，效果一般，漏水情况不易解决。在后期的亚克力定做过程中，我设计成了方形凸起（一般市面上，亚克力切割工艺主要以方形为主，圆形很少而且要求工艺较高，费用也很贵），罩以橡皮膜覆盖，并用皮筋和玻璃胶水配合进行密封，效果很好，最终制成了如图3-3-26与图3-3-27所示的实物图的形式。

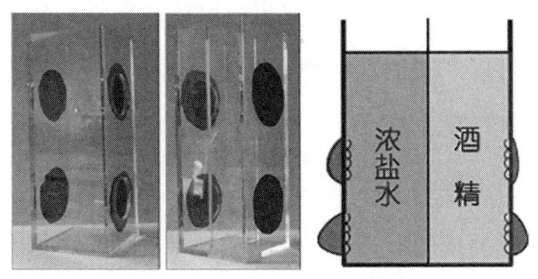

图3-3-29 侧面固定橡皮膜的设计

图 3-3-30　学生上课用创新实验学具实物

创新设计 2——"微小压强计的演变创新实验的设计"

前文提到，要为学生呈现"微小压强计的演变"过程，从而让学生深刻理解液体压强及其相关知识，在创新教具的逐步演变和发展中，逐步树立学生的物理观念。

在学生进行本物理创新实验之前，首先为学生呈现一个清晰的逻辑，即：比较容器某处的液体压强，可以利用"转换"思想，将其转换成比较该处橡皮膜的形变（如图 3-3-31 所示）。与学生达成共识之后，再将思维提升，从"比较两个橡皮膜的形变"推演到"比较同一个橡皮膜的形变情况"。该处的实验教学，需要创新实验设计的保障，需要教师将两个独立的容器设计成可以"拼插"的创新设计，从而将理想模型的分析落地到现实器具上的物理现象，符合了学生学习的学情。同时，为了讲解容器形状与所装液体重力不影响液体压强这一难点，我将一侧的"L"形容器也设计成可以被任意插拔的形式。在课堂教学中，学生可以和教师一起，针对所提出的疑难问题，通过创新教具的使用，创新实验的学习，将自己的疑惑点破除，提升自己的高阶思维能力（如图 3-3-32 所示）。

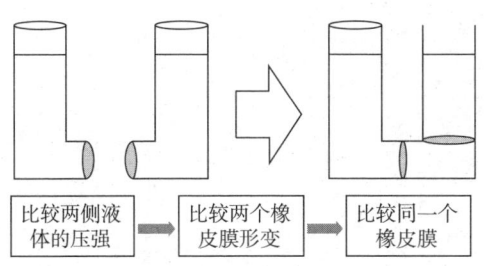

图 3-3-31　侧面固定橡皮膜的设计

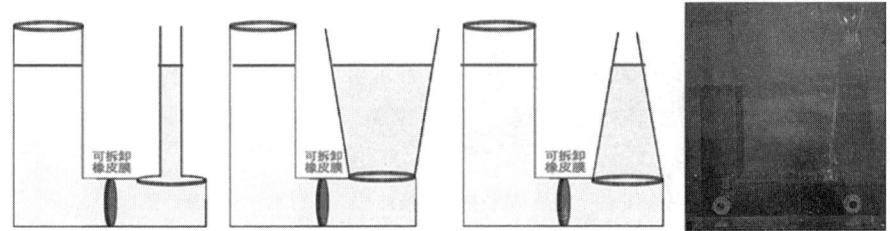

图 3-3-32　可插拔液体压强创新教具设计图与实物

液体压强创新实验设计实物装置图：

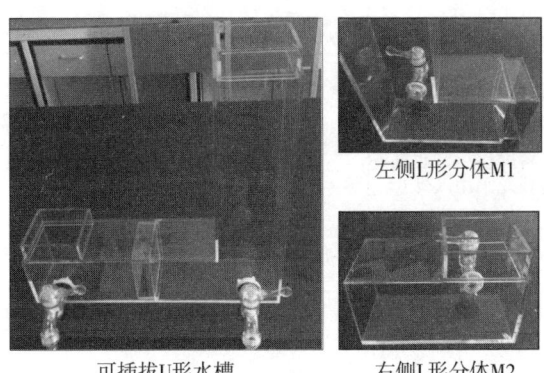

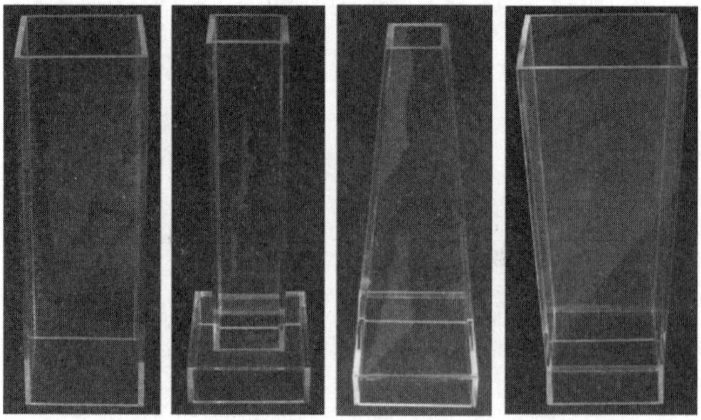

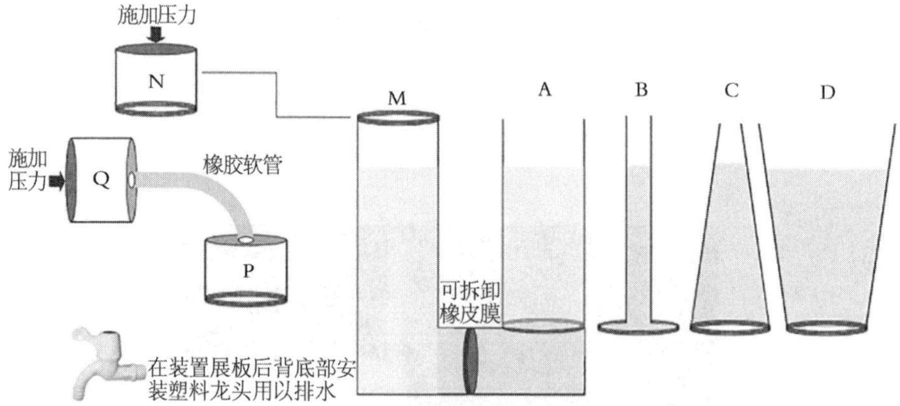

图 3-3-33 微小压强计演变，创新实验设计图

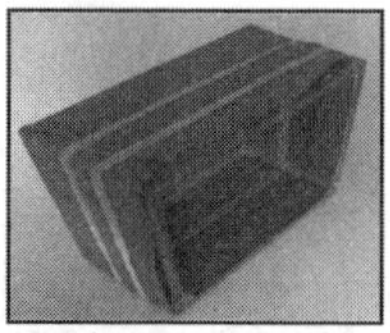

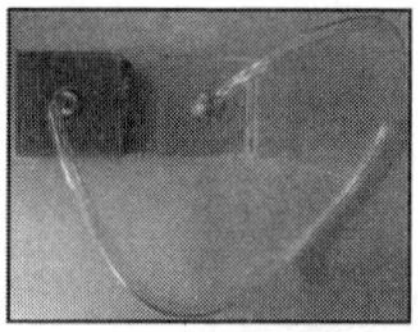

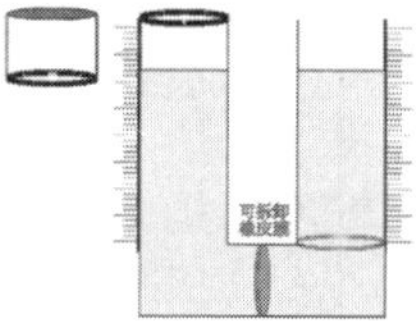

【创新实验设计案例7】

巧妙地探究焦耳定律电热小瓶

· **在课程设计整体构架中，教师的思考**

《电与热》这节课我在设计的时候，想更加注重、加强学生对于物理实验的亲身体验，并在课程设计中按照学生自己的思维矛盾、认知冲突去研究电热与电阻的关系。《电与热》这节课运用了大量的教师发问来引导课堂的推进，每一个重要环节的过渡都通过教师精心设计的问题来引导、启发。

在本课的重点——"电热与电阻的关系的探究与讲授"上，我设计了"形象直观的电热小瓶自制教具"（如图3-3-34所示），学生通过该教具，可以简便而直观地探究电热与电阻的定性关系。而对于电热与电流、时间的定量关系没有在课堂实操上过分展开，从而使得本课的实验活动有主有次、层次分明、难易明晰。

图3-3-34 低成本小煤油瓶

·本创新教具设计制作方法

【材料】小玻璃瓶（成本0.2元/个）、橡胶塞（成本0.05元/个）、镍铬合金丝、细导线、煤油、空水笔芯、双面胶、硬纸板、502胶水、针管与针头（调节小瓶内外气压使用）、刻度尺、电池与电池盒、透明胶条、水笔。

【制作方法】用针管抽取煤油固定体积（如5ml）注入到玻璃瓶内，用打孔器在胶塞上打孔，将擦拭干净的空笔芯插入其中，截取适当长度导线与5匝（10匝）的镍铬合金丝连接好，一同放入煤油中，使合金丝位于煤油底部。将502胶水涂抹于胶塞内侧，盖于玻璃瓶口上，压实、按牢，将笔芯向下深入，直至适当位置，用针头插入胶塞到玻璃瓶内部，抽取空气，条件气压，使笔芯内的煤油页面与外液面相平，以便过后的液柱高度测量。再用透明胶条将瓶外的导线固定在硬纸板上，用水笔标记好电阻大小。制作完毕。

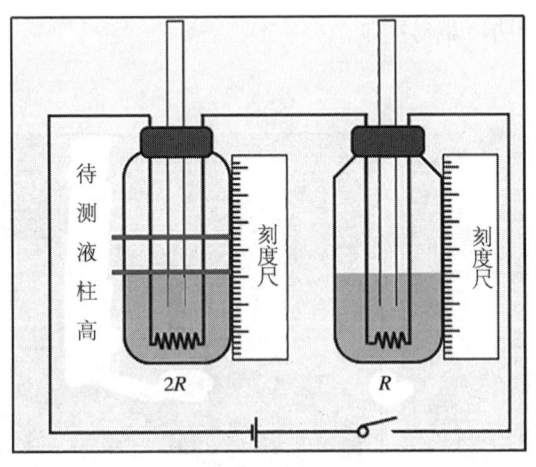

图3-3-35 低成本小煤油瓶实验设计图

· 学生实验学案设计（利用"转换法"）

观察并简单记录，当电流 I、时间 t 一定时，电热 Q 与电阻 R 的关系；简单观察 Q 与 R 关系实验记录表格：

电阻	R	$2R$
电热/cm		

请再记录一组：

电阻	R	$2R$
电热/cm		

根据你的观察，你认为，当 I、t 一定时，Q 与 R _____。（填"有关"或"无关"）如果可以进行多次实验，并准确测出不同电阻值下液柱升高的高度，请你大胆进行猜想，当 I、t 一定时，Q 与 R 的关系如何？_____。

· 改进与反思

煤油在笔芯中上升的过程中，小瓶中的煤油液面会随之降低，对测量结果产生影响。所以改进措施可以从两个思路展开：a. 使用更细的圆珠笔笔芯，让煤油在笔芯中的上升量几乎不会影响到小瓶中煤油的液面；b. 使用稍大一些的小玻璃瓶，增加电池的电压，提高电阻丝产生的热量，这样大一些的小玻璃瓶内的煤油液面基本不会受到笔芯中煤油液面上升的影响。

实验中笔芯中煤油液面需要用到刻度尺进行测量，这给实验带来了一定的不便，实验操作时间上也占用得比较多，改进后的笔芯上应该标刻有一些等宽的小格，方便学生快速读取液面上升的格数。

图3-3-36 学生正在使用焦耳定律"电热小瓶"完成探究实验

三、"微元"思维方法的探索性设计与应用

"微元"思维方法在设计利用时有一点"微分"的意味，众所周知，微分的中心思想是无穷分割。如果我们在物理实验的设计中，融入"微元"的思维方法，将所研究的问题或所涉及的对象进行无穷分割，分析其在单位物理量上所产生的变化，然后再推演到宏观，将会非常有利于学生的相关概念的学习。

"微元"思维方法在初中物理创新实验的设计中，运用到了"比值定义"的物理方法，体现了"归纳""演绎""假设""图示""反正"等思维方法。在实际应用中要做好灵活多变，尊重学生的发展。

例如，在"法线"的讲解中，通过对于曲面上的反射点所在位置进行无穷分割，即：微小曲面≈微小平面，来让学生理解建立法线的现实意义。再例如，初中"比值定义法"的应用与讲解中，密度与压强概念的渗透和理解，如果合理地用好"微元"思维方法，可以起到很好的辅助理解作用。又例如，将不同物体上的不同压力，均分摊到相同大小的微小单位面积上去进行比较，判断其压力作用效果；将不同质量不同体积的物体，都统一到一个微小的单位体积上去比较质量，判断该条件下质量的多少，等等。

"微元"思维方法在运用"比值定义法"所定义的概念的新课教学中应用非常广泛，推荐老师们使用"微元"思维方法开展自己的创新实验设计，尝试借用微分的理念，引导学生思维，从而不断优化我们的实验教学效果。

以下列举两个使用到了"微元"思维方法的案例，一个是在密度概念的教学中，将分析对象逐渐细分，直到细分到一个单位个体去讨论问题、比较大小。另一个是在光的反射规律教学中，将发生反射的曲面进行无限取小，直到在一个微小平面上进行问题的分析，而垂直于这个微小平面的参考线——法线，是能够形容入射光线与反射光线位置关系的最好参照物。

【创新实验设计案例8】

"微元"思维方法在课例《密度》中的探索性应用

实验一：液体分层小实验

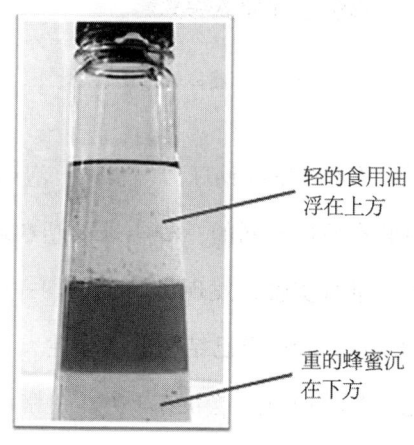

图3-3-37　液体分层实验

实验器材：蜂蜜、染有色素的清水、食用油、螺丝母、瓶盖、容器瓶等。

实验实践：学生按照任意顺序将教师提供的几种液体倒入瓶中，发现液体都会呈现相同的分层顺序。

学生尝试进行猜想："重的物体，会沉在下方。"

实验二：分层小球实验 1

图 3-3-38　液体分层实验

实验器材：塑料罐、直径 15mm 钢球、塑料球、泡沫球、电子秤。

实验实践：学生将装有质量不同的三种小球的塑料罐反复摇动，直到这些小球发生分层。反复进行实验，发现实验现象均一致。让学生利用电子秤，称量一下小球的质量，验证自己结论的正确性。

学生得到初步结论："质量大的，会沉在下方。"（错误观点，埋下伏笔）

实验三：分层小球实验 2

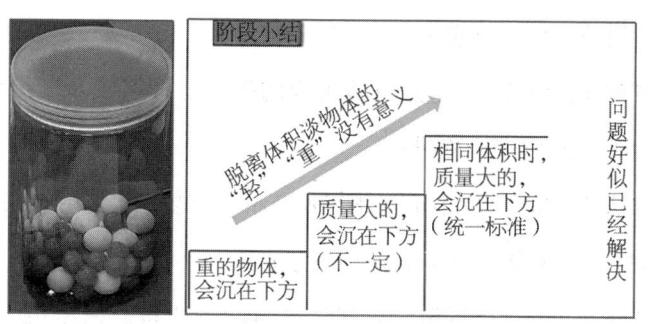

图 3-3-39　液体分层实验与本课阶段分析

实验器材：塑料罐、直径 20mm 木球、直径 15mm 塑料球、电子秤。

实验步骤：学生将木球与塑料球装入塑料罐，反复进行摇动，直到这两种小球发生分层。反复进行实验，确定实验现象稳定且一致。而后让学生利用电子秤，称量一下小球的质量，证伪之前阶段性结论的正确性。

结论证伪："质量大的球不一定沉在下方。"

交流讨论：脱离体积谈物体的"轻""重"是没有意义的。

实验四：比较磁块的材质的"轻重"

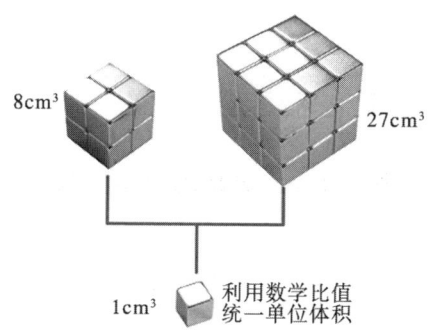

图 3-3-40　将分析对象体积细分到单位体积

实验器材：一个由 8 个 1cm 边长小正方体组成的磁块，一个由 27 个 1cm 边长的小正方体组成的磁块，电子秤、刻度尺。

思考、讨论、尝试实验：

实验方法 1：将 27 个小正方体组成的磁块，拆解成 8 个组成的大小，做到体积相等，然后进行称量；

实验方法 2：从 27 个小正方体与 8 个小正方体组成的磁块中，各取下 1 个小正方体，做到体积相等，然后称量；

实验方法 3：不进行拆解，直接用各自的总质量除以组成个数（即总体积）得到每一个 $1cm^3$ 体积对应的质量。

实验五：探究小木块的质量和体积的关系

实验器材：6 个体积大小不同、质量不同的同种木块，电子秤、刻度尺。

实验实践：学生利用电子秤与刻度尺分别测量 6 个不同大小，同种材质的木块的体积、质量，并记录到实验表格，尝试绘制实验图线，总结实验结论。

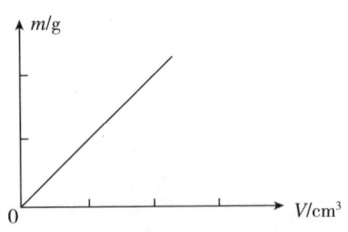

图 3-3-41　质量与体积关系图像

学生得出结论：同种物质，质量与体积的比值是一个定值，即质量与体积成正比。

实验拓展：物质鉴别小竞赛。

实验器材：6 种不同种类的正方体、电子秤、刻度尺。

竞赛过程：学生分别测量 6 个标号物体对应的质量和体积，并利用密度公式，计算其密度大小，对照密度表，鉴别对应序号物质的种类，奖励第一名的小组，并交流结果。

本案例中"微元"思维方法的教学应用反思

①比值定义法一直是初中学生学习的"盲区"，学生不能深刻理解其含义，本节课中同学通过教师安排的学生活动，逐步展开学习，层层递进，在回答问题的过程中逐步理解比值定义法的深层意义。

②本节课在设计之初，并没有像传统的密度实验课，直接让学生关注质量与体积的比值问题，而是首先设置了认知冲突，让学生思考为什么有了质量的概念，物理学中还要增设密度的概念。通过认知冲突的设置、体验、讨论、改进、重新实验，加深学生对此的认识。

③在磁铁实验中，教师选用了大小颜色不同的磁铁，问学生如何比较相同体积下，不同磁铁的轻重？学生通过统一单位体积的操作，对"微元"设计思想有了充分的认知，对密度的概念也有了较为深刻的理解。此处"微元"处理后的体积——单位体积，它是学习密度概念不可能绕过去的理解障碍，利用创新实验破解认知障碍，效果始终很好，值得推荐。

④开展本节课的创新实验教学，首先要进行创新实验的设计，做好学情分析、教情分析，对本节课要破解的一系列问题，首先教师自己应该有一个充分的认识，做好预设工作，即：教师首先要问自己的问题：

➢ 学生的脑瓜中有哪些有用的前概念？

➢ 如何通过实验启发学生的这些前概念？

➢ 如何设置认知冲突，发现他们前概念的局限性？

➢ 如何根据其局限性，引入新的物理量（概念）？

➢ 如何利用所学，重新描述旧有的前概念？

➢ 如何探究本节课的新知？让学生深入理解新知？

➢ 如何在新知的基础上，再度引发新问题？

本节课教学后，反问学生下列问题：

➢ 重的物体会沉在下方吗？

➢ 质量大的物体一定会沉在下方吗？

➢ 在怎样的条件下，质量大的物体会沉在下方？

➢ 比较不同物质的"轻""重"有哪些方法？

➢ 为何数学比值的方法是最优的？

➢ 同种物质组成的物体其质量与体积关系如何？

➢ 体积相同，质量不同，如何辨别物质的密度？

➢ 为何要建立密度这个物理量，它的意义是什么？

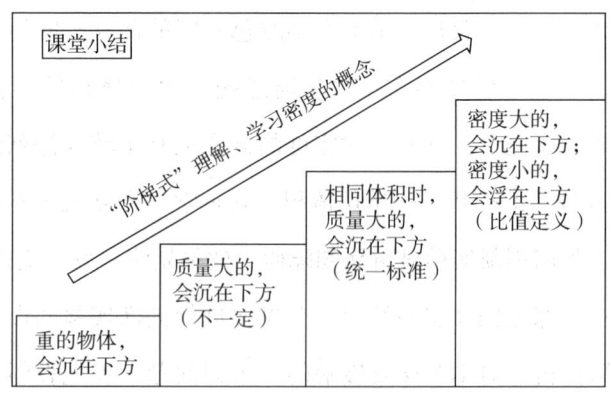

图 3-3-42 《密度概念课》思维提升图

图 3-3-43　《密度概念课》学生分组器材

器材总览：电子秤（称量200g，感量0.02g）1个，学生用刻度尺2把，电子计算器1个，1cm³体积强力磁铁块每组35个，食用油1/3瓶，蜂蜜1/3瓶，染有食用色素的水1/3瓶，塑料空瓶4个，材质相同体积不同的6个干松木块，不同材质体积相同的铅块、铜块、铝块、铁块、木块、泡沫块各一个，15mm直径的小钢球、塑料球、泡沫球若干，20mm直径的小木球若干，大塑料桶2个，学生用学案6张。

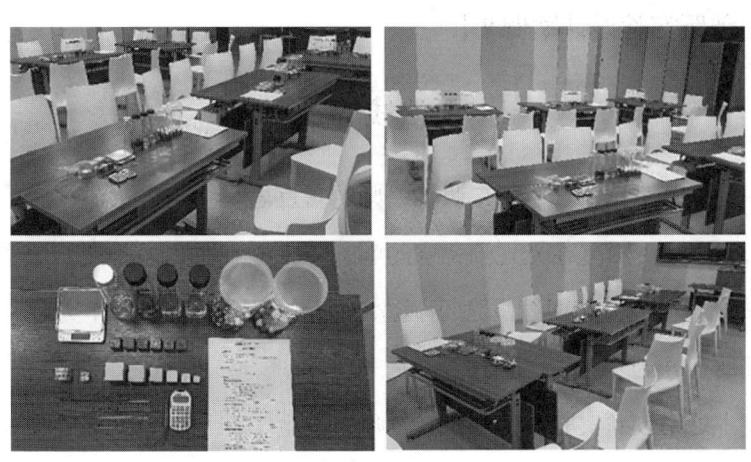

图3-3-44 《密度概念课》实验器材总览与上课场地安排

【创新实验设计案例9】

曲面法线的建立

·问题的引出，灵感的来源（教师的真反思）

长久以来，学生在光现象一章的学习中，法线的概念都是一个学习难点。学生不理解为何要建立法线概念，为什么反射面不能作为定义入射角、反射角度的参考标准。

在本处的创新实验设计之初，教师为学生安排了一个基础的实验（如图3-3-45所示），即让学生通过半圆板、玻璃板反射面，来观察、总结、归纳反射规律，反射光线和镜面所成的角度，总是等于入射光线与镜面所成角度。

有些小组的同学还想到（如图3-3-46所示），假设有一面垂直于入射面的镜子，那么镜子两边的反射光线和入射光线总是对称的（相对位置相同），教师对这个方案做深度解读：反射光线和入射光线所成的角度，总被这条垂直于反射面的线平分——法线的雏形。

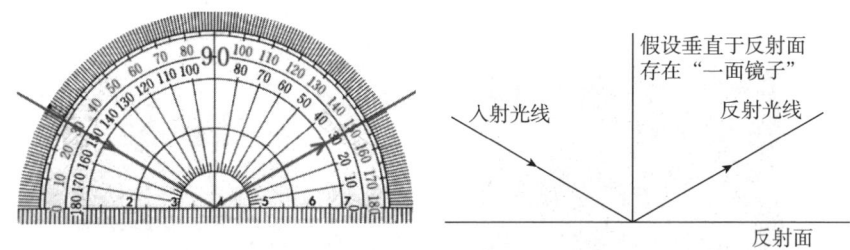

图3-3-45 反射规律探究方案一　　　图3-3-46 反射规律探究方案二

以上两种方案都很好地解决了老师布置的问题，第一个方案中如果要很好地描述反射光线和入射光线的关系，需要发生反射的表面是一个很平的平面（如图3-3-47所示），如果表面不平呢？不妨带领学生一起将反射面弯曲试试看（如图3-3-48所示）。

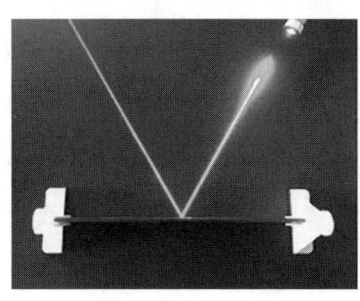 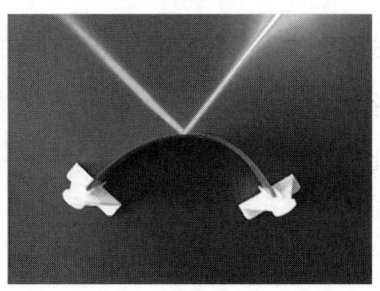

图3-3-47 方案一　　　　　　图3-3-48 方案二

我们发现了第一个方案的局限性，此时我们甚至无法准确地找到反射光和入射光线与镜面所成的夹角。那么，在此背景（曲面反射面）下，同学们的第二个方案是否仍然能够沿用呢？我们发现，如果采用"微元"的设计思想，将发生反射的曲面的位置放大很多倍（如图3-3-49所示），便可以近似地将这个微小曲面看作一个平面，此时再做出这个微小平面的垂线，我们发现，刚才第二个方案，仍然成立。

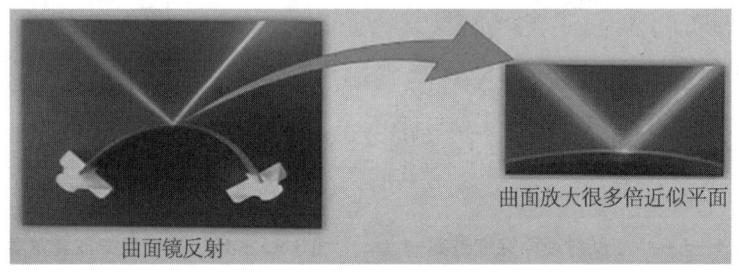

图3-3-49　微元设计思想

其实在物理学中，我们就是这样来研究反射光线与入射光线关系的，即：在一个曲面上发生反射的位置做出该位置的切线（即：发生反射的微小平面），然后再做出这个切线的垂线就可以了。在数学几何中，垂直于切线的，正是这个微小曲面所在圆形的半径（如图3-3-50所示）。生活中，大多数发生反射的物体表面都是曲面，在曲面上建立法线也是采用这种思维。在二维平面上为学生打好基础，更有利于学生未来对三位曲面上（如图3-3-51所示）光发生反射的规律的理解，有利于学生完整的物理观念的形成。

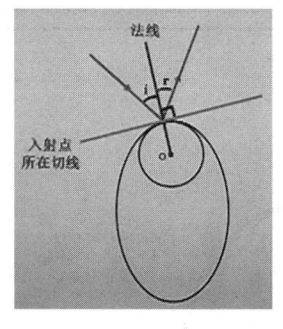 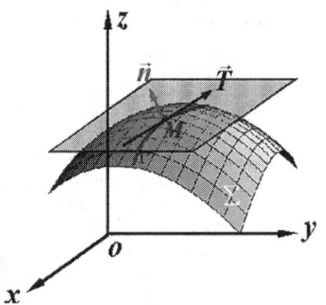

图 3-3-50　微元设计思想　　图 3-3-51　曲面上法线的建立

为了学生进一步深入学习,我设计了"基于曲面法线辅助的光的反射规律探究创新教具"(设计图如图 3-3-52 与图 3-3-53 所示,实物装置图如图 3-3-54 所示),着力破解法线这一教学难点。

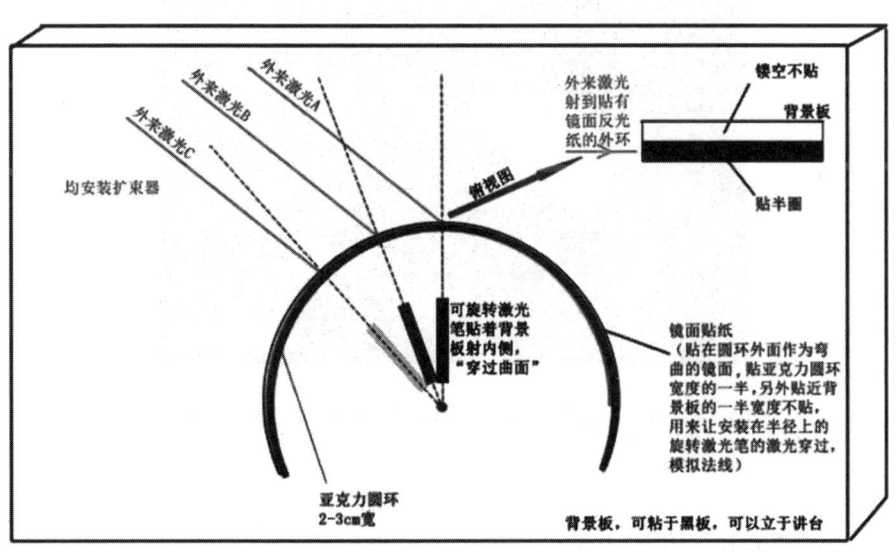

图 3-3-52　"曲面法线"创新教具设计图

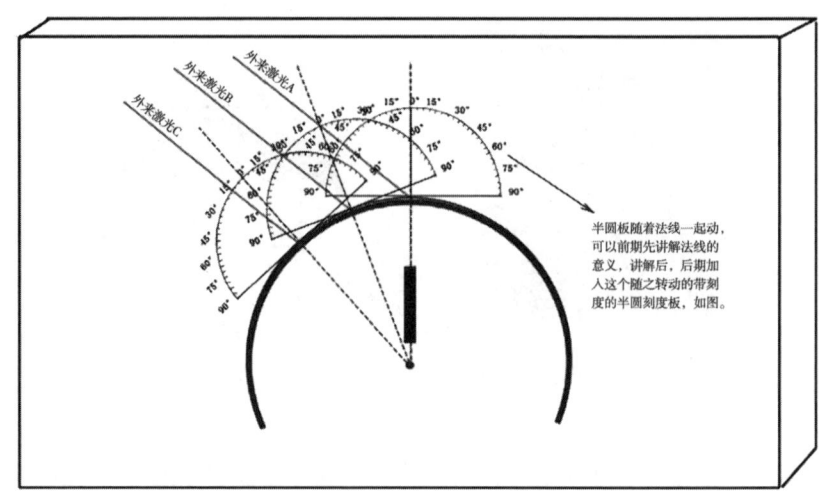

图3-3-53 "曲面法线"创新教具设计图（配量角器）

图3-3-54 "曲面法线"创新教具实物装置（制作：康静）

四、"对比"思维方法的探索性设计与应用

"对比"思维方法在物理创新实验的探索性设计中也能够发挥很大的积极作用。本文中所涉及的"对比"思维方法源自思维方法中的"对比"，它是通过对两种相近或是相反事物（或物理现象）进行对比，寻找事物的异

同、本质与特性。在物理实验教学中，要对事物进行定性或定量分析，从而揭示知识、现象、原理或规律之间的联系，鉴别理论是否与实际相结合。

"对比"思维方法在运用时通常有横比和纵比两种思维。横比关注空间，纵比关注时间（在前文"叠加"思维方法的设计中有较充分的应用）。例如在《阿基米德原理创新验证》这个实验中，便运用到了相同时刻，空间上的横向比较，即：通过将物体受到浮力的情况和溢水杯排水的情况进行直观对比，让学生实时地观测到浮力与排液重力的大小关系，形象、深刻地理解阿基米德原理。再例如《望远镜》这节课中的创新实验，通过将屏幕一分为二，分别观测目视物体以及望远镜观测物体的成像效果，直观了解望远镜中的"望远"二字的意义。

运用"对比"思维方法应关注以下几点：

①比较前要确定"标准物"与"研究对象"，即：通过研究对象所反映出的物理现象或规律与研究前就已经确定的"标准物"（已有规律或共识）进行对比，来对"研究对象"进行判断，从而得出新的规律或认知。

②比较中要注意分析与综合。比较是在分析与综合的基础上进行的，只有把事物的差异性、联系或关系加以分析，才能进行比较；同时，也只有把相同点与不同点联合（综合）起来，才能实现比较。

③比较过程中，既要看到共同，又要抓住差异。比较之初我们会抓住事物或现象间的相同点，从共性出发，达成基本共识，而后再引导学生关注差异，通过差异性的学习引出新的教学问题，将课程推进。总的来说，创新实验设计中，运用"对比"思维方法要关注"异中之同或同中之异"。

下面列举三个实例，在每个案例中都直观地用到了"对比"的方法。在阿基米德原理验证的改进实验中，通过两个圆盘测力计，将浮力与排液重力直观地进行了直观对比，学生能够直接观察和比较浮力与排液重力的大小关系，非常说明问题。在探究光的折射规律中，通过布置在水中的摄像头,捕获水中观察水外的视角,再将其与正常视角进行对比,学生能够直观地观察到折射成像的规律。最后,在望远镜成像的观察实验中,学生借用实验教具,分别用两只眼睛观察物体成像特点,进而归纳望远镜成像规律。

【创新实验设计案例10】

阿基米德原理创新验证实验

· 灵感来源(教学过往教学的真反思)

阿基米德原理是对于浸在液体中的物体所受浮力与其排开液体所受重力之间的关系,经典的验证阿基米德原理的方案如图3-3-55所示,该方案需要通过做差的方式,分别得到物体所受浮力,以及其排开液体所受重力,学生理解起来比较困难。而且浮力与排液重力之间的对比不够直观、易懂。

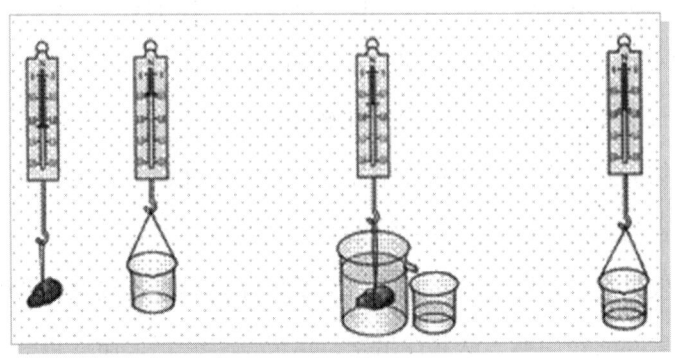

图3-3-55 经典验证阿基米德原理实验

我组赵维老师从学情出发,想到使用圆盘测力计(如图3-3-56所示)。圆盘测力计的优点在于,不但可以定量显示拉力,还可以定量显示其所受到的压力,换到浮力问题中,即物体受到的液体竖直向上托(压)的力,该力的大小等于浮力。(实验前将测量对象固定在圆盘测力计的下方,对仪器进行调零,

这样圆盘测力计感受到的力直接可以反映物体所受浮力的大小）

图 3-3-56 圆盘测力计（可测压力）

· 创新实验用具的设计与制作

1. 圆盘测力计的改装（如图 3-3-57 所示），该圆盘测力计的使用，主要用在杠杆平衡条件以及力矩平衡等知识的探究，本处借用过来，旨在能够直观反映物体所受浮力的大小。圆盘测力计在使用时需要利用强磁铁粘贴到黑板上，所以需要在其背部设计相关磁铁装置，让其能够较为牢固地固定在黑板上。

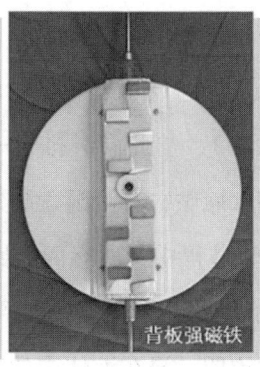

图 3-3-57 圆盘测力计的改装过程

2. 整体实验的组装。本创新实验中，需要在黑板上固定两个圆盘测力计，左侧圆盘测力计负责测量物体所受浮力的大小，右侧圆盘测力计主要负责测量排开液体所受重力的大小。在黑板左侧用粘有磁铁的"书挡"来固定溢水杯，实验前在溢水杯中装满水至溢水口。在右侧圆盘测力计下挂一个轻质的矿泉水空瓶（在连接圆盘测力计情况下已调零）来承接溢水杯中溢出的水（如图 3-3-58 所示）。

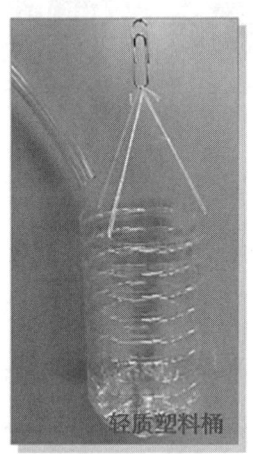

图 3-3-58　溢水杯与轻质塑料桶的设计

实验：【验证阿基米德原理——改进实验】对比法、归纳法

· 创新实验的实施与反馈

1. 将研究物体逐步浸没到左侧溢水杯中的同时，左侧圆盘测力计开始显示示数（即为浮力的大小），与此同时排出来的水，通过溢水口处的透明导管，流到右侧空矿泉水瓶中，右侧圆盘测力计开始显示数据（即为排开液体重力的大小），实验过程中，所有两个圆盘测力计的指针几乎同时向两个不同方向开始转动（该现象恰恰说明浮力与重力方向相反），并总会转动相同的角度，由此说明，浸在液体中的物体所受浮力大小总等于其排开液体所受到的重力，如图 3-3-59 所示。

图 3-3-59　阿基米德原理创新验证实验装置的组装

2. 实验实施过程中，学生能够非常直观地观察到浮力和重力的方向关系、大小关系，对阿基米德原理有了一个较为深刻而直观的认识。该创新实验的设计很好地辅助了学生在浮力知识方面物理观念的形成。

· **教师的真反思**

在物理创新实验设计之前，教师需要根据过往的教学经验，从中发现学生在本处知识学习过程中经常遇到的问题是什么，学生们的学习难点是什么，教师教学过程中又在哪里经常捉襟见肘。日常教学实际的积累和汇总，为教师开展物理创新实验的设计奠定了基础。在进行教学实施之后，我们可以根据孩子在课堂上的表现，课堂中回答问题的情况，课后作业落实的情况，总结物理创新实验所起到的作用，做好数据收集、经验积累、教法总结，为之后的创新实验设计方法的设计与应用做好充足的准备。

【创新实验设计案例 11】

水面折射后的虚像"在这里"

· **灵感来源（教师教学的真反思）**

在以往的光的折射教学中，教师经常使用如图 3-3-60 所示的光路图进行教学，甚至带领学生开展相关验证性实验。该经典实验的问题在于，学生虽然观察到折射之后的小鱼的虚像，但是缺乏直观对比，无论是对于鱼的虚像的成像位置或是成像特征，都不够直观。因而，设计一个具有对比效果，实验现象直观易于观察的创新实验，非常必要。

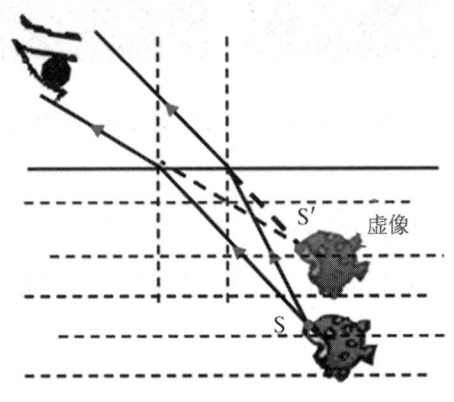

图 3 - 3 - 60　光的折射光路

· 创新实验设计

为了加强实验的对比效果，同时解决由水下看向水面的问题这一难点，我将观察物体放到了水面以外，通过在半圆形容器下方放置摄像头的方式进行观察。摄像头的朝向刚好与半圆形容器半径方向一致，从而排除掉光线从容器射入空气时所引起的折射影响（如图 3 - 3 - 61 所示）。

· 创新实验实施效果与反思

从水下观察水外的小树，我们会有怎样的感觉？为什么会感觉小树变高了？实际小树的位置在哪里呢？通过创新实验的设计，教师在课堂上让学生直观地看到了实验的对比现象，加深了对于折射规律的理解。

本创新实验突出"对比"的思维方法，即：通过巧妙的实验设计，将物体折射后的虚像与真实物体自身进行直观对比，从而让学生能够直观描述所看到的物理现象（如图 3-3-62 所示）。

图 3-3-61 光的折射创新教具摆放
（制作：康静、张国瑞）

图 3-3-62 光的折射创新实验现象图

大量的物理观察实验都需要对所观察到的实验现象进行归纳、总结、描述，而描述的基础就是和原物体（现象）进行对比。最常用的办法就是将原来的物理现象进行拍照记录、数据记录，而后再将实验后的现象的照片和数据与原来数据进行对比。

本实验中将折射后的虚像所反映出的特征和原物体进行直观对比，其效果具有震撼力，更加直观易懂。教师借助该现象在课堂上进行相关现象、规律的教学，势必会达到事半功倍的效果。

【创新实验设计案例12】

学习望远镜，首先理解"望远"

望远镜这节课是人教版八年级物理上册，第五章凸透镜成像规律第5节显微镜望远镜的章节内容，本节课选取了望远镜作为教学的重点。传统的望远镜教学主要是学生直接体验，通过教师准备的教学资源，直接利用望远镜来观察、总结、实验。学生在传统的教学模式下，自身缺乏思考，自己的思维也有待提高。

·灵感来源

学生生活中虽然对于望远镜非常熟悉，但是什么叫"望远"，望远镜在观测物体上，起到了哪种作用？学生对于这些问题并不是很熟悉。所以教师需要进行情境创设，通过问题的提出、体验、观察、总结，来让学生逐步发现望远镜的特点。

·创新实验的设计

这里物理组教师设计了一个创新实验（如图3-3-63所示），该实验采用"对比"的思维方法展开设计，实验采用的方式比较独特，它需要同时调动学生的两只眼睛，分别去观察两张相同的松树照片。其中一只眼睛通过望远镜的一个镜筒观察黑板上的松树照片成像，另一只眼睛直接观察

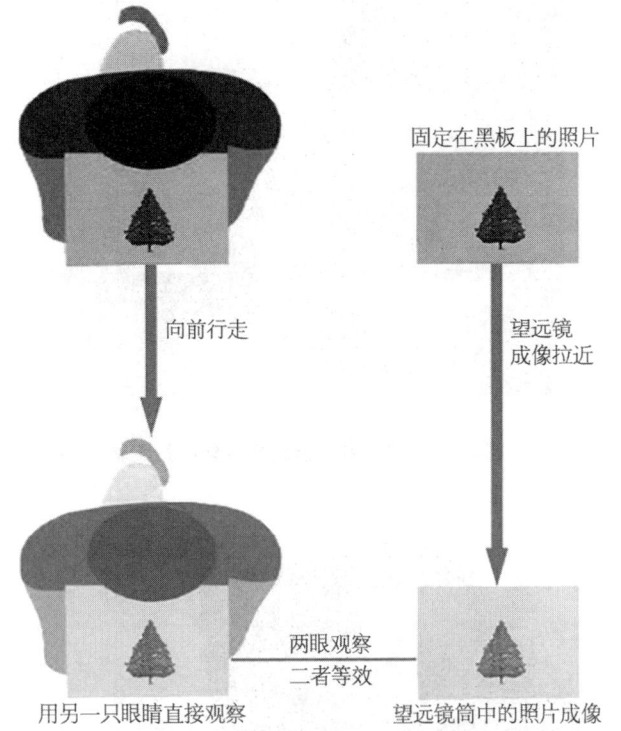

图 3-3-63　望远镜成像效果创新对比实验

学生手中手持的松树照片，该同学匀速向前靠近观测者，当观测者在同一个视野中双眼分别观察到的松树照片成像大小相等的时候，嘴中喊停，说明此时"通过望远镜观察到的物体所成像的特点，相当于把物体拉近而产生的成像效果"。

通过这个实验的体验和进行，学生深刻理解了为什么望远镜被称为"望远镜"，真正体验到了望远镜将被观测物体进行拉近的"望远"效果。如图 3-3-65 为望远镜学生分组学具实物图。

该创新实验丰富了学生学习的情境，拓宽了学生实验的思路和设想，加深了学生的知识理解，完善了学生的物理观念。

图 3-3-64 望远镜成像效果创新实验

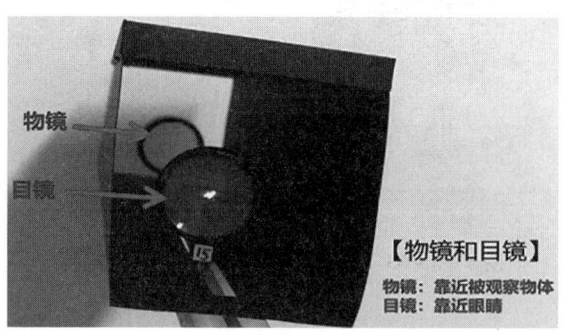

图 3-3-65 望远镜学生分组学具实物

五、"类比"思维方法的探索性设计与应用

"类比"（Making Analogies）思维方法是对比思维方法的细分。类比方法更加强调事物或现象在运行过程中所体现出的运行模式的相似性，更加关注不同物理量以及规律下其相似的发展、演变逻辑。在物理学中，知识分属不同的体系，物理量的量纲也不尽相同，但从大的物理观念的角度看，很多跨知识体系的物理现象、规律，却呈现着惊人的相似性。运用好"类比"思维方法，会为教师的概念教学增效，为学生的新课学习铺设台阶。

德国哲学家黑格尔曾评价:"类比的方法应在经验科学中占很高的地位,而且科学家也曾按照这种推论方法获得很重要的结果。"由此可见,对于初中生感到抽象、难理解的物理概念,我们应该寻找他们熟悉的事例来打比方,这样更符合学生的认知特点和认知规律。"类比"思维方法在初中物理创新实验的设计过程中,多用于概念的阐释、新课的引入、现象的比喻、难点的剖析等环节,大多通过直观易懂的信息,调动学生的前概念,通过对前概念的回顾、梳理、迁移,逐步完成对于新课概念的过渡。

模拟思维方法与类比方法很近似,模拟法是在物理实验设计时出于某被研究现象或对象所具有的特点,设计并制作出相似的模型,通过模型的运转和实验,体现出与原型规律类似、原理相近的效果的方法。模拟方法和类比方法,通常在研究中会涉及量纲的转换。

例如:在孙婧涵老师的《玩转电流表》一课中,孙老师巧妙地利用地理课的比例尺概念,类比了物理中的电表改装问题,直观地帮助学生理解了电学中的这个学习难点。在张立峰老师的《电压》一课中,我们使用红色塑料小球模拟定向移动的电子,使用透明水管模拟电路导线等,该实验中的一系列类比法的使用,将学生丰富的前概念和本节课大量的新课知识之间搭设了桥梁,建立了联系。另外,在赵维老师的《探究通电螺线管周围磁场特点》一课的创新教具设计中,使用带状 LED 灯的定向闪烁来类比电流的定向流动方向,直观、形象的现象看上去简单明了,利于学生理解。

【创新实验设计案例 13】

玩转电流表——"类比"法在电表改装中的应用

· 灵感来源与内容分析

本实验的设计是基于人教版九年级全一册第十七章第 4 节的拓展内容。

它是对串、并联电路中的电流、电压规律以及欧姆定律的"高阶版"应用。本实验在常规教授的静态电路分析基础上，加入了对电流表、电压表内部结构及工作原理的初探，旨在提高学生对表头、电压表和电流表本质的认识，加强电路分析的能力。同时，通过与地理课中学习的"疏浚河道"和"比例尺"的知识相结合，尝试进行文理间跨学科的融合，给学生以全新的体验。

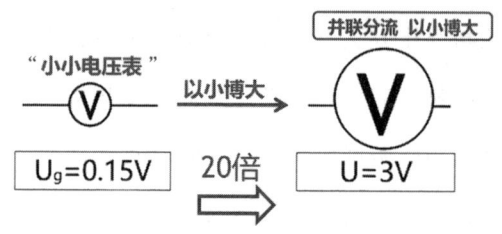

图3-3-66 改装电表，即调整测量的"比例尺"

· 物理实验的设计——从"疏浚河道"认识"分流思想"

学生将水流和电流进行类比，根据在主河道旁再挖河道来缓解洪水险情的地理知识，解决灵敏电流计无法承受较大电流的电学问题。再结合地理老师讲解"疏浚河道"，分析灵敏电流计和电阻的结合方式，并计算电阻的大小。结合"比例尺"，分析灵敏电流计所在支路电流与干路电流的倍数关系。学生将地理中的"比例尺"和电学中的"比例尺"进行类比，找到灵敏电流计所在支路电流与干路电流的倍数关系。

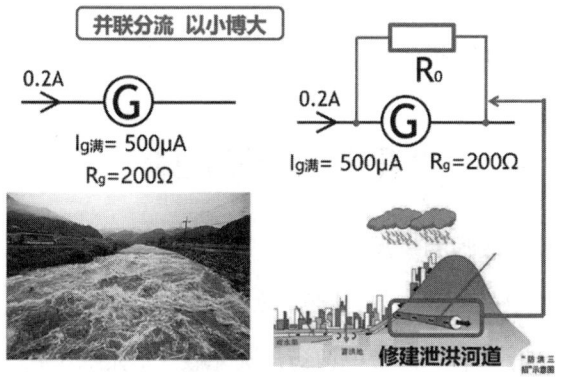

图 3-3-67 以"疏浚河道"类比"并联分流"思想

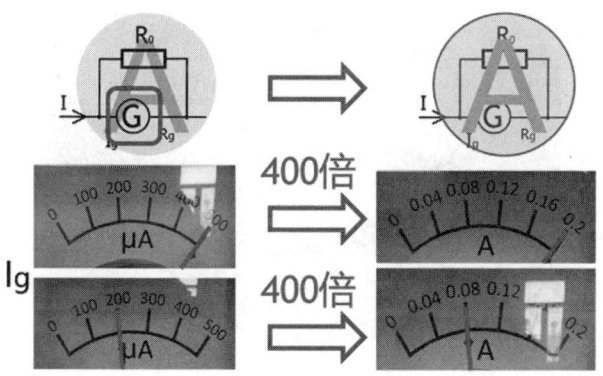

图 3-3-68 通过计算,体验分流方法的"比例尺"放大作用

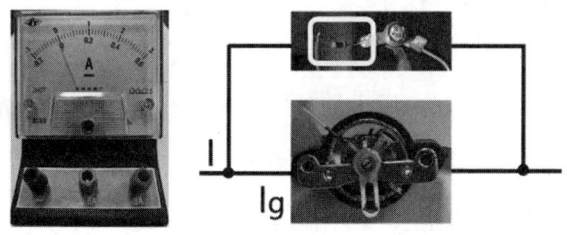

图 3-3-69 电流表分流设计的"实物图片"

【创新实验设计案例 14】

"看见"流动的电荷

· 灵感来源（教师的真反思）

电荷在导体中的流动比较抽象，如果用水流进行模拟，可视性又有限。在这里，我设计了"模拟电荷运动演示仪"（如图 3-3-70 所示）帮助学生认识电压的作用是使电荷定向移动形成电流。

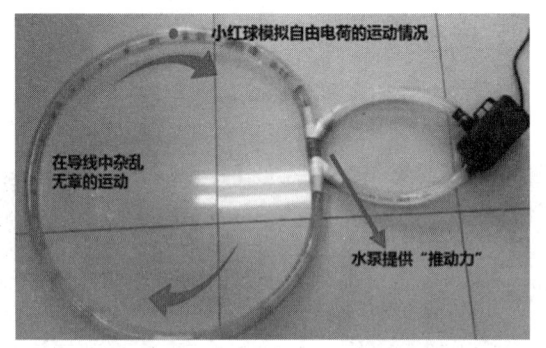

图 3-3-70 模拟电荷运动演示仪

· 物理创新实验的设计

物理创新实验——"模拟电荷运动演示仪"，用塑料软管模拟一根导线，其中装入一些小红球，用小红球来模拟自由电荷的运动情况，未通电前，它们已经存在，在导线中杂乱无章地运动。一旦打开水泵开关，它们就会在水泵提供的"推动力"的作用下同时定向地移动起来。

本设计采用了类比（模拟）的思维方法，通过合理的类比与模拟，为学生还原了微观粒子抽象的运动过程，有利于初中学生基本概念的形成。另外，本创新实验的设计还纠正了学生错误的前概念，即：错误地认为电流形成有先后顺序，让学生正确认识电流的形成。此外，类比水泵提供"推动力"也为学生在高中阶段认识"电场力"做了铺垫。

【创新实验设计案例 15】

"探究通电螺线管外部磁场的方向" 创新实验

· **灵感来源（学生的真问题）**

在以往的通电螺线管外部磁场方向与电流方向关系的探究中，学生都是通过电源的正负极，判断出电流方向，而后标记出电流方向，再通过磁场中小磁针的指向来确定：通电螺线管外部磁场方向与电流方向的关系。整个实验过程很抽象，对学生的抽象思维要求较高，不够直观易懂。

· **物理创新实验的设计**

结合学生提出的问题以及遇到的困难，赵维老师运用了"类比（模拟）"的思维方法，将螺线管中电流的流动，用 LED 小灯泡的轮动闪烁来模拟出来，然后再利用大型磁针在螺线管周围，演示磁针的受力情况。实验装置如图 3-3-71 所示。

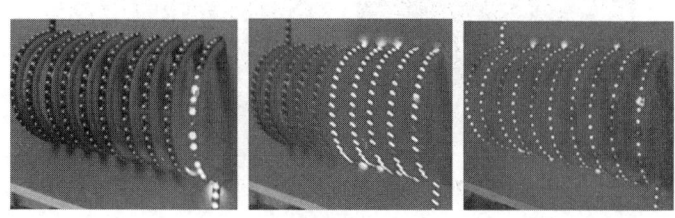

图 3-3-71　模拟通电螺线管中电流的流动

· **物理创新实验的实施**

教师在一个木制大展板上面固定一个很大的螺线管，教师可以手持大磁针，放置于螺线管周围的任意位置，从而探究螺线管周围磁场的方向。

教师接通电源，学生看到了交替闪烁的 LED 彩灯。在螺线管上装饰的这些红色的彩灯可以为学生模拟电流流动的方向。如图 3-3-72 所示，展板左上端是螺线管的负极，右下端是螺线管的正极。在这里要注意提示学生，导体中电子的流动是同时的，并不像我们这里看到的逐渐流动起来，教师这里这样设计小彩灯的流动，也是为了同学们能够更形象地观察电流流动的方向。接通电源，彩灯亮起后，敲一敲板面，以便于小磁针在竖直方向上能够自由地转动，我们可以看到此时小磁针为我们指示了通电螺线管外部磁场的方向。在灯光的映衬下，为了更清楚地看到螺线管的磁极情况，教师手中手持一个大磁针，明显地指示螺线管的磁极。学生观察到，老师手中大磁针的 N 极被螺线管的左端吸引了，说明此处是通电螺线管的 S 极，而右端便是 N 极。演示后，教师还可以让电流反向流动，即：调换磁极，按动反向按钮，使电流反向流动起来，通电螺线管的正负极发生交换。因为可以看到，小磁针的指向也发生了反转。

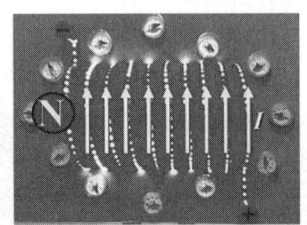

图 3-3-72　探究通电螺线管周围磁场方向

六、"迁移"思维方法的探索性设计与应用

"迁移"思维方法也是一个物理创新实验设计中常用到的方法。众所周知，迁移是一种学习对另一种学习的影响，放在物理创新实验的设计上，便可理解为一个优秀案例所蕴含的优秀方法与先进理念在另一项设计

工作中所产生的影响。

"迁移"思维方法的设计通常开始于老师们对于一节课的设计之初，通常我们要对学情做详尽分析，对教情做细致分析，对实验的硬件条件做深入调研，然后因地制宜地设计符合具体教学实际的创新实验改进方案。很多时候，我们会总结过往，从教研组以往的成功案例中汲取营养，总结成功经验，给我们当前的工作以启发。

成功的"迁移"通常要做到以下几点：

①对自身以往的成功的创新自制教具设计经验做系统梳理，能够回答最核心问题，即：实验设计的初衷是什么？设计方法与步骤的优势是什么？课堂实施、反馈与效果评价如何？并从中归纳出可以为之后教学工作所借鉴的成功模式和有效方法。

②对所要研究的问题有深刻认识，了解该项实验教学工作的难点在哪里，创新实验设计的障碍在哪里，才能为后续工作做好铺垫。常言道，知己知彼百战不殆。只有做好充分的学情分析、教情分析才能锁定实验设计工作的重点，才能做到有的放矢。

③将成功经验、有效方法和教学难点、设计障碍之间，尝试建立联系，积极交流讨论。尝试通过小组合作，教研组交流，头脑风暴，教师之间互相提点子、补充经验，补助完善自己的设计思路，逐步明确创新实验的设计理念。

【创新实验设计案例 16】

创新"气垫圆盘"在二力平衡实验中的应用

·灵感来源（学生的真问题）

学生提出：二力平衡条件的验证为什么不能用木块？二力平衡实验中

所采用的不同方案("木块""小车""硬纸片""气垫导轨上的滑块")有何不同?

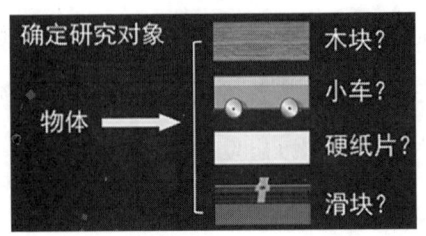

从以上研究对象的对比我们不难发现,从木块到气垫导轨滑块演变的过程中,其受到水平面的摩擦越来越小,实验中的系统误差在逐步缩小,这个递进、渐进的方案过渡,不妨给学生呈现出来,让他们的思维有一个逐步提升的过程。

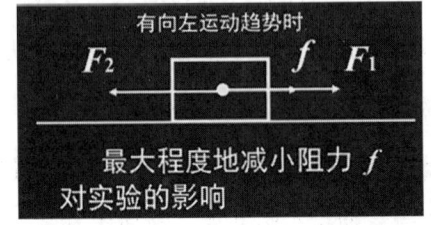

另外,对于"二力平衡条件的验证为什么不能用木块?"这个问题,我们不能给予绝对的否定,当物体两侧拉力远远大于滑块在水平面上的滑动摩擦力时,即:相对误差较小时,该方案也是可行的,这要给学生讲清楚。

· 实验创新改进(教师的真反思)

传统的气垫导轨验证二力平衡条件实验的设计有其弊端,气垫导轨直线运动轨迹限制了学生的思维,不利于学生的思维发散。这里我们不妨把气垫导轨的优势与特点进行迁移，迁移到新的创新教具的设计中。由此，我设计了"气垫圆盘"创新教具（可以从细孔中向上喷出高压气体的扁圆盘），着力解决传统二力平衡条件实验中的诸多弊端，设计原理如图3-3-73所示。

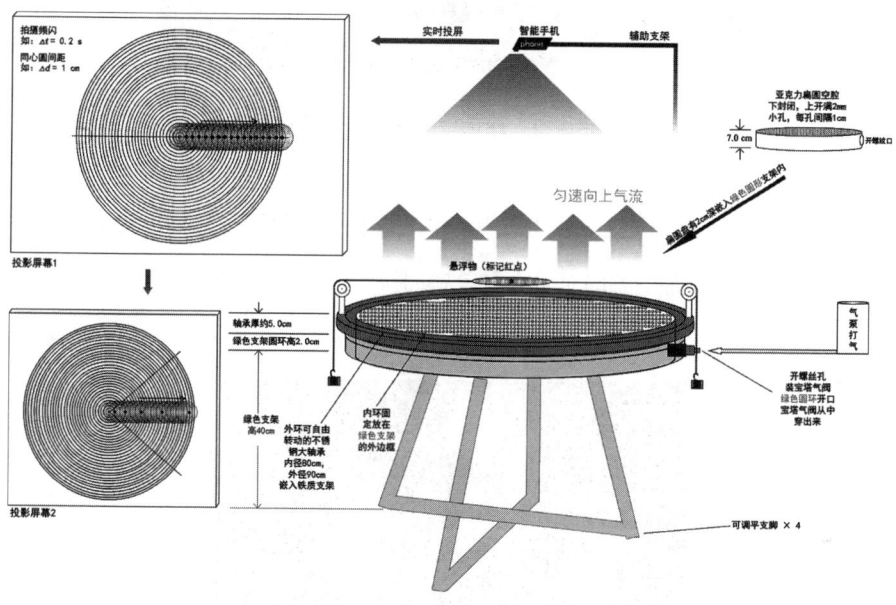

图3-3-73　气垫圆盘原理设计图

创新设计1：在气垫圆盘的上表面，采用了"同心圆"桌面设计，本设计打开了学生的思维，让学生的研究视野不会局限在一维的轨道上，而是二维的平面中。画有等距同心圆的圆盘中，打有密集的小孔，用以通气，高压气流从这些小孔中向上喷出，轻质泡沫圆盘便可悬浮起来。

在圆盘桌面的上方架设有手机，运用手机中的频闪App对物体进行运动拍摄，采集其运动轨迹，判断物体的运动状态，既严谨又方便。课堂实践中，研究对象运动情况采集图像，如图3-3-74所示。

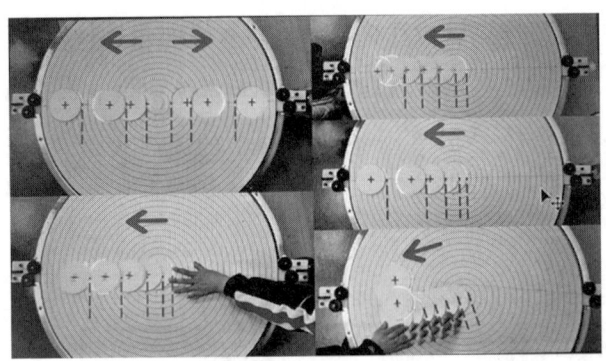

图3-3-74 物体运动情况频闪采集图

创新设计2：在圆盘的外侧采用的可旋转轨道的设计（外环可自由转动），保证学生可以沿着各个方向对研究对象施加拉力。如图3-3-75所示。

图3-3-75 外环可以自由转动的圆轨

创新设计3：在圆盘的外侧的滑轮设计上，赵维老师做了改进，由于传统实验在一维木板上进行，所以轴线方向基本不变。本实验中，既然物体可以在二维平面上运动，其一侧细线上的拉力方向随时都在改变，而固定不动的滑轮已经无法满足要求。该如何才能将各个方向的拉力，都变到一个不变的方向上呢？显然，这里应该把定滑轮的特点，即："不改变力的大小，只改变力的方向"迁移过来，用在本实验的滑轮单元的创新设计当中。考虑到拉力方向可能在滑轮的两侧变化，所以才用了一对横向放置的定滑轮，与传统方案的竖放的定滑轮一起，支撑了一个由三个定滑轮组成的单元结构，很好地解决了这个问题。设计如图3-3-76所示。

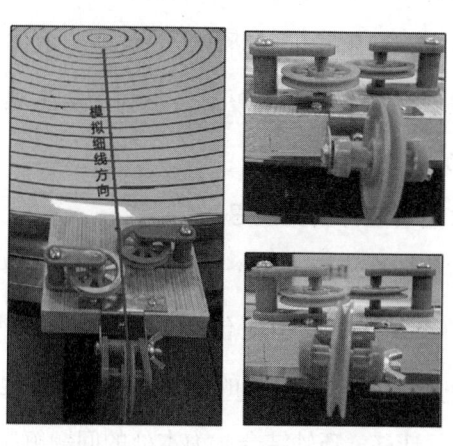

图3-3-76　三定滑轮组设计图

"迁移"思维方法的探索性应用应该是开放的，既可以是物理各章节知识之间的迁移，也可以是教具设计方法的彼此参考，抑或是实验创新设计理念之间的彼此借鉴。深层次的迁移，其实就是一种融通，跨越知识、技能、方法、理念各种形式的一种高效融合。我们在进行物理实验创新设计时，不妨多一些思考，多一些迁移。

【创新实验设计案例17】

利用浮沉子验证液体可以传声

· 灵感来源（学生的真问题）

在液体能够传声的学习过程中，学生时常提出一个问题：用细线吊在水中的发声体，难道不会通过细线（固体）将声音传出来吗？

一直以来，证明声音在液体中传播这个实验就不是很好做，甚至有些习题中出现"要求学生用小刀切割泡沫，从而实现悬浮"的做法，这种做法听起来简单，做起来可操作性很低。另外还有一种常见做法，将手机放入防水袋里，播放持续音乐，将其从一个装有水的高筒上方释放，手机在水中缓缓下沉过程中，音乐并未间断，于是证明：液体可以传声。这个设计的问题在于实验现象发生过程很短暂，不利于学生观察、思考，甚至教师要重复实验多次，很不方便。

- **实验创新改进（教师的真反思）**

如何实现发声体的悬浮成了一个棘手的问题。在物理小实验中，有一个老师们很熟悉的小制作，其中便包含着悬浮状态，那就是——"浮沉子"。<u>在这里我们可以运用"迁移"的思维方法，合理地将其他章节的物理知识和物理实验进行迁移、巧妙结合，为本处的问题解决提供帮助</u>。浮沉子在本实验中的运用有着明显优势，其原理设计图与实物照片如图3-3-77、图3-3-78所示。老师们在实验时，可以通过自己的手，来控制声源（将高分贝"防丢报警蜂鸣器"放到防水塑料袋中再放置到小瓶中作为浮沉子的一部分，实验前调整好浮沉子中的水量）的位置，使其完美悬浮，进而向学生发问，与学生互动，教学效果很好。

物理创新实验的设计理念与方法是东直门中学初中物理组近些年在创新物理实验方面的宝贵经验与实践总结。创新物理实验在设计之初，要求教师对教学政策、理论背景、教学环境、教学内容等元素有较为深刻的理解和把控，才能设计出适合学生发展的创新实验设计理念。

东直门中学初中物理组在进行物理创新实验设计时，充分关注了学生物理学科核心素养的培养，突出强调了对于学生高阶思维能力的提升与发展，力求促进学生自主深度学习意识的形成。正是这一创新实验设计理念

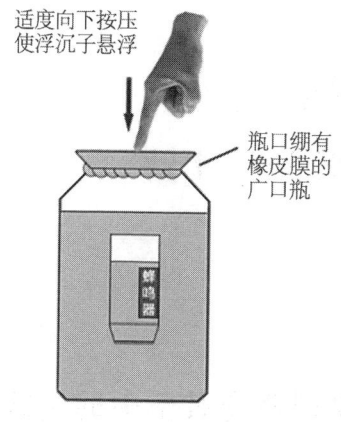 

图 3-3-77　原理设计图　　　图 3-3-78　实物照片

的指引，才有了物理教研组在各项工作中所取得的成绩，才有了教师的成长与发展，才有了学生的进步与发展。在初中物理教研组内，已经达成一种共识，即：创新物理实验是一种具备学科特色的教学手段，更是一个初中物理人在进行物理教学、培养学生过程中所秉持的信念。

物理创新实验的设计理念在付诸实践的过程中，需要合理、巧妙而高效的方法的支撑。在本章所涉及的案例中，我们可以看到"叠加方法""转换方法""微元方法""对比方法""类比方法""迁移方法"共六种方法在创新实验设计中的应用。每种方法都有自己的优势与特点，都对应解决了物理教学实践中的不同难点问题。这既是教师对于这类难点问题的总结与归类，也是学生思维能够得到提升的思维源泉。对每种方法进行深刻理解并进行实践推广，是日后初中物理组老师们需要进一步开展的工作和努力的方向。

撰稿：赵维

第四章
物理创新实验教学实践

第一节 创新实验在物理概念教学中的实践

物理概念教学是整个物理学知识的重点，是学习物理其他知识的基础，学生学习物理的过程也是建立物理概念的过程，是掌握物理知识的基础。纵观科学家们发现自然规律的全部过程，大多都是从身边的自然现象开始引出猜想，然后设计实验并进行探究验证，通过观察和分析实验现象总结出其中蕴含的自然规律。初中物理实验教学活动的创新既有利于满足新课程标准的实际要求，又能够达得提升教学效果和提高学生学习效率的目标。同时，激发学生参与物理实验教学活动，有利用进一步提升他们学习的积极性和主动性。

在初中物理概念教学过程中，对于抽象概念的理解和应用往往是课程的重难点，例如对"密度""压强"等物理概念的学习。因此在教学过程中加入创新实验，有利于对物理概念的引入、建立和应用。物理创新实验突出强调学生开展实验过程中的"真实情境创设""理性思考与质疑""探究和解决问题""归纳与反思"，经历实验探究过程有效地促进学生核心素养的落实。东直门中学初中物理教研组一直发挥自己"创新实验"的优势，把握每一个物理概念的建立，重视、解决学生存在的"真问题"，不断在实践与反思中为学生物理思维、科学探究能力的提升保驾护航。

一、初中物理概念教学的重要性

物理概念是客观事物关于物理的共同属性和本质特征在人们头脑中的反映，是客观事物的抽象。它是物理学的一个重要组成部分，如果学生对物理概念理解不透，就难以进行判断、推理，更无法正确地应用其来解决实际问题，故物理概念在物理教学中具有重要的地位。

（一）物理概念是物理学最重要的基石

物理概念是反映物理现象、物理过程本质属性的一种抽象，是在大量观察、实验的基础上，运用逻辑思维的方法，把一些事物本质的、共同的特征集中起来加以概括而形成的。正如爱因斯坦在《物理学的进化》中所述："科学必须创造自己的语言和自身的概念。供它本身使用，科学的概念最初总是日常生活中的普通概念，但是经过发展就完全不同。它们已经变换过了，并失去了普通语音中所带有的含糊性质，从而获得了严格的定义，这样它们就应用于科学的思维。"

（二）学生掌握物理概念是建构物理知识的关键

物理概念是基础物理教学中的重点和难点，掌握牢固的、正确的物理概念是学好物理学的前提和重要保障。要想让学生了解和掌握一门学科的基本特征，就要从重点的概念入手，才能逐渐了解学科中对于事物之间的关联。因此，我们说物理概念不易教也不易学，教师容易陷入让学生通过练习记住概念而忽视概念的形成过程；而学生容易只注重背定义、记公式而忽视对概念的理解。

从学生学习物理规律的过程来看，物理概念是最终认识物理规律的基础，只有在打下了坚实的基础之后，后续的知识迁移以及构建才能真正落实。例如，如果学生没有对电流、电压、电阻等一系列基础电学概念的正确认识，就不能形成对欧姆定律乃至整个电学规律更深层的认识。

二、物理概念教学中创新实验的必要性

作为揭示自然规律的重要方法，创新实验不仅是初中物理教学的重要部分，也是物理概念建立的坚实基础。初中生正处于兴趣的发展时期，怀有强烈的好奇心。对物理实验有着特别的兴趣，物理教学如若离开了观察和实验，就成了无源之水，纸上谈兵。可见，创新实验在物理概念教学中有着重要的意义和作用。

（一）创新实验为物理概念教学提供科学方法和发展思维的条件

学生从概念的理解到掌握是一个十分复杂的过程，需要从感性上升到理性的认识，而最终要认清概念，需要学生自我调节思维，分析、整合信息，进而比较归纳，从而建立起对研究对象正确的、清晰的表象。

在过去物理概念的教学中，教师多把侧重点放在了知识的传授上，着重关注概念的内涵、外延和相关概念的联系、区别，这使得学生很难去体验、探索知识的形成和发展过程，尤其是物理学家们在研究过程中的思路、方法及其认知的升华。通过物理创新实验，学生不仅能够体验最基本的实验操作，还能够从实验的创新设计中，感受思维的跃迁和能力的提升。

例如在《电压》这节概念课的教学中，就有效地利用了创新实验，突破了学生以往在电压学习中所经常遇到的难题。

九年级的初中学生，在日常生活中知道电压的存在，能够在电源电器等铭牌上找到相应"电压"的信息，并且对电压单位和常见电压值有一定的认识，这些认识与科学界定没有冲突，有益于课上对电压的进一步理解。学生对水压、气压等作用都有一定的认知，对类比电压的作用提供一

定的帮助。

因此，在设计物理创新实验、制作创新教具的过程中，通过类比和模拟的方法，充分发挥学生对电压已有的正确认知，实现把新的物理概念顺应到学生的已有认知体系中。在这里，我组教师设计并制作了"水压类比电压演示仪"自制教具（如图4-1-1所示），通过类比实验，辅助学生思考，启发学生思维，教学效果良好。

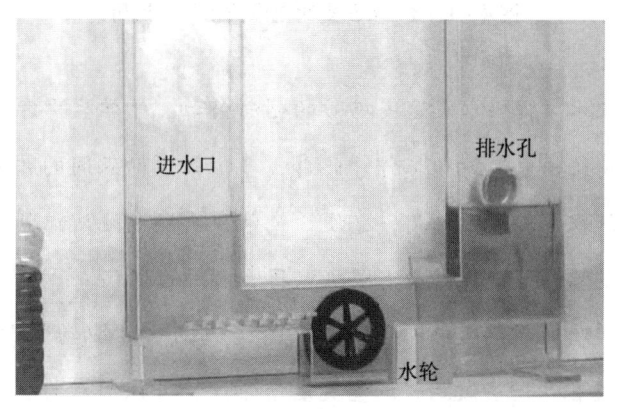

图4-1-1 水压类比电压演示仪

通过创新实验，引领学生通过类比气压使空气流动形成风、血压使血管中血液流动等现象，结合观察到的水压使水流动带动水轮转动，启发学生思考电压的作用。通过循序渐进的问题链设计，给学生以思维导向。

例如我们可以引导学生思考：如何让水轮持续转动？引出水泵的作用，学生观察到水轮在水泵的作用下持续转动。进一步引导学生分析水泵在其中的作用：为水轮左右两点持续提供水位差，使其在恒定水压的作用下持续转动，如图4-1-2所示。类比到电池在正负极两点间也存在某种差值，提供的恒定电压才能使得电路中用电器正常工作。

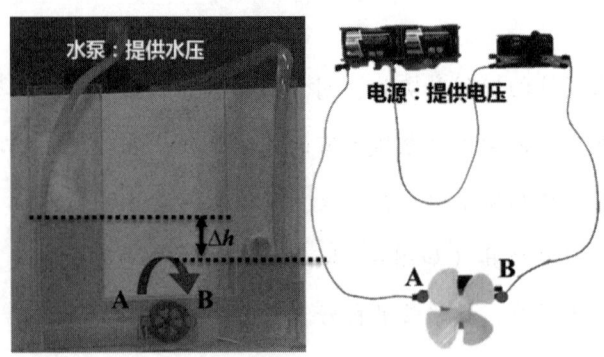

图 4-1-2　水压类比电压演示仪的运用

通过类比水泵提供水压这一巧妙的创新设计，使学生更容易理解电源提供的电压使得用电器持续工作。此外，多次强调两点间的才有电压，是为学生高中认识电势差做铺垫，也便于让学生更顺利地认识到需要把电压表并联在用电器两端进行测量，解决电压表使用的难点。

本创新实验活动开展中，经历"启发""引导""驱动""探究""自主实施"等过程，切实做到将课堂交还给学生，并以问题为驱动，激发学生解决问题的意识和创新意识，培养学生善于提问、敢于质疑、勇于质疑的意识。小组合作经历完整的实验探究过程，使抽象的物理概念在学生头脑中得以提炼、升华，提升学生科学探究能力的同时，体现物理学科的本质。

学生在学习过程中，其认知发展是一个不断生成、螺旋式上升的思维进阶过程。根据学生的认知发展水平，以具体的创新实验为载体，沿着学生思维进阶的关键节点，创设真实问题情境和问题链，层层设问，精心设计展现思维过程的教学活动。在物理概念课中借助创新实验，从直观的实验现象出发，由浅及深，由具体到抽象，引导学生进行深层次思考，通过不断促进学生对知识的整体认知与理解，使学生把新的物理知识顺应到自己已有的知识体系中，由此催生学生的思维向更高阶跃进。

(二) 创新实验让物理概念的含义和特点更加明确

物理概念是从大量的物理现象和过程中抽象得来的，它深刻地反映了事物的共同属性和本质特征，是浓缩了的物理知识。

初中物理教科书上的知识，是科学家们思维活动的结晶，是静态呈现出的研究成果，如表4-1-1所示，是初中物理课程中涉及的物理概念，按照物理量、运动形式等归纳。物理概念是表示研究对象具有的物理属性的一种思维方式，其表达方式必须符合学生的认知水平，在学生的不同认知阶段，建立的概念有不同程度的片面性和表现性，但一定具有科学性。如电学中的"电压"的概念，初中只能简易通过作用来描述，而高中则明确定义为电势差。

表4-1-1 初中物理课程中的物理概念

物理量	运动形式	物理模型	物理现象	物理性质	研究工具
速度、温度、物距、焦距、像距、力、压强、功、功率、动能、势能、热量、比热容、电流、电压、电阻	匀速直线运动、热运动、电磁波、链式反应	焦点重心	熔化、凝固、汽化、液化、光的反射、折射、电流的热效应、电流的磁效应、电磁感应	弹性惯性	光线、法线、磁感线

初中生在认识物理概念时，重在明确和理解概念的内涵，即：反映物理现象和过程的本质属性，它说明概念反映的对象是什么样的。例如"比热容"这个概念，就必须要懂得相同质量的不同物质，吸收相同热量时温度升高不同或升高相同温度时，吸热多少是不同的；而一定质量的某种物质，在温度升高时吸收的热量与它的质量和升高的温度乘积的比值是不变的。只有从这两方面来分析，才能使学生明白：比热容是反映物质自身性质的物理量，是物质的某一种本质属性，不同的物质，比热容一般不同。

物理概念的内涵，除了用语言文字把它所反映的本质属性定性地表达以外，还由定性分析进入定量分析，获得它的定义式，用数学公式定义物理量最严密、最精确、最概括。

创新物理实验在辅助学生深刻理解物理概念的内涵方面，有着独特的优势，通过教师的创新设计，让学生对物理概念的理解起到事半功倍的效果。

例如在压强概念教学实践中，学生在学习中不免会提出一个问题：为什么不能用压力表示压力的作用效果？为何有时压力大时所产生的作用效果比压力小时所产生的作用效果更小？

面对这样的疑问，教师重新对原有实验进行创新设计与改良。进行压强概念教学时，最好的方式就是引入"压力分散"的概念，让学生通过身边器材，切身体验相同压力下，逐步将该压力进行分散，每个单位面积上分担的压力逐步减小的过程（如图4-1-3所示）。通过小实验的参与，实验现象的观察，获得对于陌生物理概念最直观的认识。

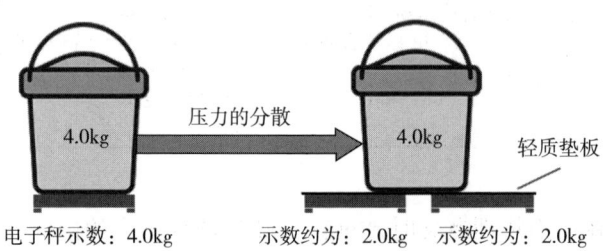

图4-1-3 压力分散学生活动设计

在创新实验设计中，如果适当加入悬念，设计一些小魔术（如图4-1-4所示），引入问题之前先"卖个关子"，让学生对于所要研究的问题有一个略微模糊的认识，同时伴随一些认知上的冲突，然后再通过本节课一系列的探究教学活动，逐步揭开其"神秘的面纱"，这样教学效果自然会更好。

图 4-1-4　压力分散的教学魔术

本处的小魔术使用了普通量程为 10kg 的电子秤,将 12 块这样的电子秤藏在一块坚硬程度足够大的亚克力板下,用黑布遮盖好,前面只露出一块电子秤的显示屏。实验前,老师把标准砝码放在电子秤上,以示电子秤是完好且准确的,然后把电子秤放在黑布下适当位置,缓慢地走上亚克力台面,双脚踩到黑布上后,让学生观察读数,老师的体重居然是 4.188kg,由此激发学生的认知冲突,启发学生思考。

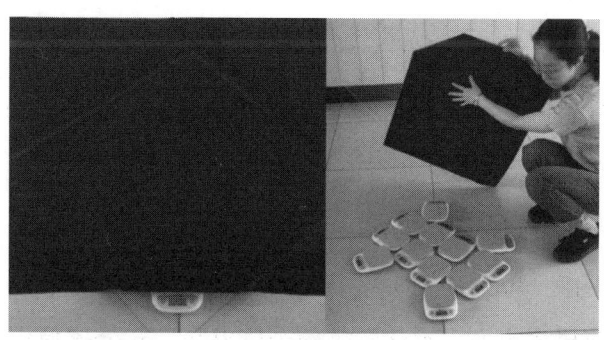

图 4-1-5　压力分散的教学魔术揭秘

在压强概念教学的最后,教师为学生揭秘,验证学生的合理猜想。这样既满足了学生的好奇心,又增强了他们学习的成就感,还增加了课堂的趣味性。

该创新实验的设计在本节课的教学过程中，不仅制造悬念，提高了学生的学习兴趣，还通过直观的实验现象展示了"压力和压强"概念的不同。相同的压力大小，分摊总压力的电子秤越多，分摊到一个电子秤上的压力就越小，电子秤上压力作用的效果就越弱，这一个个小的电子秤蕴含着单位面积的思想。学生在充分理解单位面积的基础上，再去理解压强的概念和物理意义就容易多了。

认识物理概念的基础是掌握概念的来源、定义，理解内涵、外延，以及应用，在帮助学生理解物理概念的过程中，教学逻辑要求学生不仅要关注结论是什么，还一定要关注为什么，不能让学生只是进行概念的记忆或者碎片化的学习和应用，特别是对初学者的引导。因此，借助物理创新实验进行推进，能够"诱发"学生进行深层次思考，了解引出或探究此概念的原因，并弄清如何探究以及它的物理意义和应用。否则，学生容易只掌握物理概念的表面特征，而不能明晰来龙去脉，造成学生在现象上打转，而不能深入到本质。

（三）创新实验有助于解决学生存在的"真问题"

初中阶段的物理知识与日常生活联系非常紧密，学生在学习物理知识之前并非对知识一无所知，而是在生活中对大部分知识都有一定的体验。因此，了解学生对知识的掌握程度，对学情进行准确的分析，是教师课前首先要做的工作。知晓学生的真问题，有针对性地进行解决，在教学过程中从学生的前概念出发，承认学生的个体差异，充分挖掘学生已有的经验，才能更好地将新的知识与规律顺应到学生已有的知识体系中去。

1. 有助于学生避免日常中形成的不科学观念的干扰

学生在日常生活中积累了一定的生活经验，已经对一些物理问题形成了一定的认知。在这些认知中，大部分比较正确，但往往有一定的片面性和表面性，这些先入为主的错误观念对学生正确理解物理概念往往有着严重的干扰。例如学生有"力是维持物体匀速直线运动状态的原因""物体运动得越快则惯性越大""密度大的物体一定沉底"等错误观念,这给学生在学习相应物理概念时带来很大的困惑。因此有针对性地收集学生这类错误的前概念,并针对相关问题设计创新物理实验,让学生通过实验来认识自身的错误前概念,可谓事半功倍,是一种很奏效的教学方式。

例如,在学生认识浮力的过程中有着大量的生活经验,即使学习过浮力的影响因素,但是一些固有的错误的观念仍然影响着他们对浮力的正确理解,这时就可以通过一些小的实验帮助学生理解:拿来一块铝箔纸,折成规则的一小块长方体,问这会在水中处于什么状态?学生经过分析,都能猜出它会沉底,因为密度大于水的密度。那么铝箔纸在水中一定沉底吗?教师再将一块一样大的铝箔纸团成一团,放入水中,观察到这个铝箔团漂在水面上了,如图4-1-6所示。再进一步让学生分析,之前他们的想法是否正确?如何进行修正。

图4-1-6 物态变化示意图

如此,一个小的实验就胜过教师的许多解释,并顺利地引导学生进行自主分析,形成对物体浮沉条件的正确认知。

2. 促使学生对物理概念进行深层理解

初中学生经常只停留在"大概"了解一些物理概念,但是没有关注并理解其中的一些深层含义,学生对概念一知半解。这就要求教师在教学过程中,找准学生"真问题"所在,有针对性地进行设问、实验等,促使学生进行必要的思考。

例如:在升华的概念教学中,学生很容易就能从大量的生活实例中总结得出升华的过程:物质从固态变成气态,并且从教师的演示实验中观察到了相应的现象：碘锤中密封的固态碘颗粒，加热后变成了紫色的碘蒸汽，学生就会确认这就是升华现象，认为自己已经完整地掌握了该物理概念。

但是升华的物理概念完整的表述为：物质从固态直接变成气态的过程。是否"直接"变成的，不是肉眼可以判断出来的，需要引导学生通过理论分析进行思维加工。因此，在实验过程中，可以提出质疑"固体的碘一定是直接升华为气态的碘吗？有没有可能是先熔化再汽化形成的呢？"引导学生进行思考，再提供相应的数据：碘的熔点是113.7℃，酒精灯火焰的温度可以达到500℃，学生可由分析得出，碘确实有条件熔化。

那碘到底会不会升华呢？进一步引导学生找到新的验证方式，即不用酒精灯对其加热，选用热水，因为热水的温度不足以达到碘的熔点。但将碘锤放入热水中，也能观察到气态碘蒸汽出现，才能确保此时固态碘"直接"升华成了气态，由此，才能让学生真正理解升华的概念。

因此，在认识物理概念的过程中，找准学生容易忽视的问题，教师有针对性地对其进行质疑、设问和引导，"迫使"学生不得不解决老师的疑问，能够更好地帮助学生对物理概念有更深入的认识和了解。

3. 帮助理解更为抽象的物理概念

初中学生心理发展正处于思维发展的转折期，开始由经验型的形象思维向理论型的抽象思维转化。但是这个转化在初中阶段，一般来说还不能完成。因此学生往往会从经验出发，想当然地看问题，用事实的现象代替本质，用外部联系代替内部的联系。在解释物理现象时，就事论事，不习惯运用物理概念进行分析、说理和表述。如果实验现象不能把现象与现象之间的联系鲜明地展示出来，或者用学生日常生活中所熟悉的、有过亲身经历的事实做基础，势必会造成学生学习上的困难。

例如，学习电学知识时，学生观察不到其中的内容结构，很难理解电压是电路中的电荷发生定向移动形成电流，甚至还会从自己的经验出发，对比水会从高的地方开始流向低的地方，错误地认为电荷也是从正极出发流向负极，有一定的先后顺序，电路中的用电器是依次开始工作的。

4. 有助于区分本质不同、但表面相似的物理概念

例如对相互作用力和平衡力；电动机和发电机；重力和压力；温度、热量、内能等，常会发生混淆。这会导致很多学生以为课上听懂了，课后却不会具体地分析问题。因此在学习相应的物理概念后，就需要把这些物理概念单提出来，对比认识其中的相同点、不同点，帮助学生找到快速区分它们的方法。如表4-1-2所示为重力和压力的分析对比。

表4-1-2 重力和压力的分析对比

区别	重力	压力
定义	由于地球吸引而使物体受到的力	垂直作用在物体表面上的力
产生原因	由于地球吸引而产生	由于物体对物体的挤压而产生
方向	总是竖直向下	垂直于受压面且指向被压物体
作用点	物体的重心	在被压物体的表面
施力物体	地球	对受力物体产生挤压作用的物体
联系	在通常情况下，静止在水平地面上的物体，其重力大小等于物体对地面的压力	
注意	压力不一定是由于物体受到的重力而引起的	

物理概念教学过程中往往出现过于重视理论知识的传授、忽视调动和激发学生学习的主动性的教学模式，其出现往往就是没有真正了解学生学习物理概念的困难之处。为此，概念教学过程中应立足于初中生的实际水平，在传授物理知识和学科技能的同时，以创新物理实验为抓手，鼓励学生自主探究，构建开放、高效的物理堂，发展初中生的物理核心素养。

三、遵循物理概念教学基本规律的实验创新基本思路

人的认识是由具体到抽象，再经抽象上升为具体，历经两次飞跃过程才能够完成的。因此基于创新物理实验的物理概念教学应着力将学生就某个问题的认识的形成过程和运用过程呈现出来，让学生在实验体验的过程中，重历前人的思维过程，才能对所学概念进行正确消化和理解。为此，我们可以采取如图4-1-7所示的教学模式。

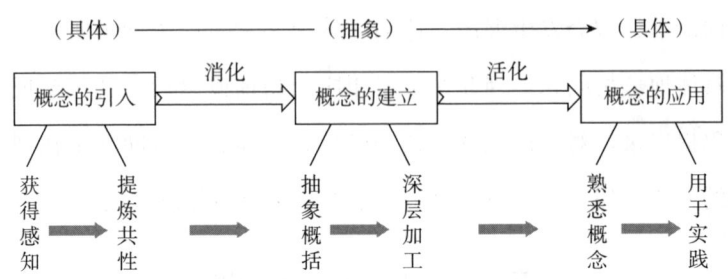

图4-1-7 物理概念基础教学模式

物理概念教学的基本思路分为概念的引入、建立和应用3个过程，第一个环节是概念的引入，引入是为了学生能更好地从一些具体物理问题中，获得相应感知，提炼共性。接下来是概念的建立环节，把具体的问题进行抽象概括，深层加工，将具体问题进行"消化"处理，抽象建立起新的物理概念。最后一个环节就是进一步熟悉概念，用于实践，真正将概念"活学活用"，再次回归到具体的物理情景中。因此，认识物理概念的基本思路就是经历"具体—抽象—具体"的过程，使学生的头脑中建立一套完整的物理概念知识体系。

（一）概念引入——获得感知，提炼共性

引入概念，让学生快速融入到学习环境中，凸显事物关于物理学科的"共同属性"和"本质特征"。在引入过程中，学生更能获得直观的感知，并从大量的现象中方便提炼出共性特征。其形式有多种，如：

1. 通过大量生活实例引入概念

例如，在建立"力"创设的不同情境中，首先结合学生的生活实际，创设多个生活中要用力的情境，如图4-1-8所示，手压握力计，人用了力，握力计受到了力；手揉面团，人用了力，面团受到了力。人可以对物体施力，其他物体也可以对别的物体施力。压路机压路面时，压路机对路面施力；球杆推动球时，球杆对球施力；磁铁吸引铁钉时，磁铁对铁钉施力。

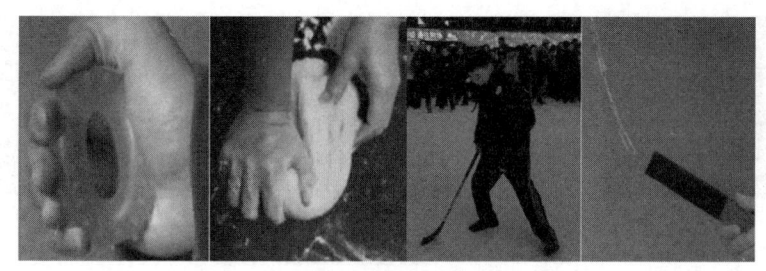

图4-1-8　生活中施加力的情景

为了更好地描述这种用力的情况，接下来引导学生分析这些情境中的共性，将其罗列出来，就能够清晰地反映出其中的共同属性，如图4-1-9所示。通过提炼可以总结出，要想描述生活中用力的情境，需要两个物体，并且物理学中常常把生活中所说的"推""拉""吸引"等概括为作用。这样，学生就可以更轻松地根据提炼出的共性总结出：力是物体对物体的作用。在此基础上补充介绍，发生作用的两个物体，一个是施力物体，另一个是受力物体。

2. 运用实验引入物理概念

带领学生认识"压强"这一概念时，也选取了学生方便操作的实验器材进行分析体验，如图4-1-10所示。饮料瓶压在海绵上，海绵被压得凹

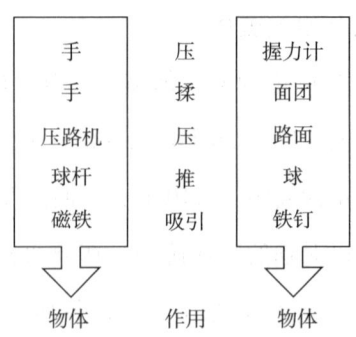

图 4-1-9 提炼共性属性

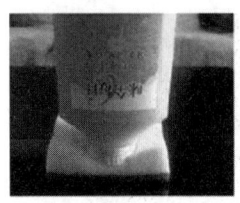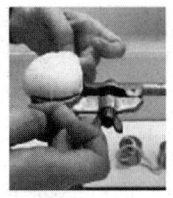

图 4-1-10 实验感知压强的存在

陷下去;磁铁放在有弹性的薄膜上,薄膜也发生了明显的形变,并且放得磁铁越多,薄膜最终发生破裂;用细线切鸡蛋时,也可以观察到鸡蛋被勒出很深的印痕;以及人从沙滩上走过,沙滩上留下了明显的脚印痕迹,这些都是学生熟悉的压力的作用效果。

  提炼出其中的共性特征,就能反映出压强的概念:压强是压力所产生的效果,其体现在材料压缩形变的大小,压强大则压缩形变大。当压强增大到一定程度时,材料就被破坏了。可见,学生在经历观察和感受物体在压力作用下所产生的压缩形变的大小或压力对物体的破坏程度后,更加能够从大量的生活具体实例中抽象感知压力的作用效果。

3. 介绍生动有趣的物理史实或故事引入概念

例如在学习电流磁效应时，介绍奥斯特发现该效应时的故事：1820年4月的一个晚上，作为大学物理教授的奥斯特举办了一次讲座。讲座快结束时，他抱着试试看的心态做了一个演示实验。他把一根很细的铂丝放在一个被玻璃罩罩着的小指南针的上方。接通电流的一瞬间，他惊奇地发现，指南针转动了一下。再例如认识电压时，介绍伏特发明"伏打电堆"的故事。这些有趣的故事可以让学生认识人类探索和逐步认识物理世界的历程，体会探索者的艰辛与悲欢。

4. 利用多媒体把学生不易观察的现象引入概念

例如在介绍匀速直线运动和变速直线运动时，可以用手机的频闪方法，先展示出身边物体的两种运动状态，学生可以直观地观察到每个相同的时间间隔时物体所处的位置，如图4-1-11所示，再结合坐标轴中物体路程和时间的关系，就能使"匀速直线运动"这个物理概念在学生的头脑中更丰满。

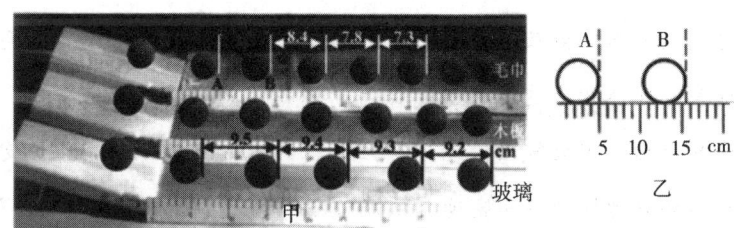

图4-1-11　不同运动状态下物体的频闪图像

物理概念引入是学生了解概念的首个关键环节，其目的在于通过具体的物理情境，给学生提供丰富的感性认知，真实情境最能凸显事物关于物理学科的"共同属性"和"本质特征"，只有完善引入工作，才能够在初始环节激活学生参与学习的主观能动性，提炼出共性问题，自主揭示概念的本质属性。

(二) 概念的建立——抽象概括，深层加工

物理概念是对物理现象、过程等感性材料进行科学抽象的产物。在概念教学中，若只向学生提供形成概念的感性材料，而不同时让学生参与思维加工活动，尽管清楚地表述出概念的内容，但对学生来说，表面联系和内在联系、感性认识和理性认识、生活经验和科学概念仍处在分离的状态。在学生有了明显的感性认知后，围绕着从情境中总结概括出的"共同属性"，和抽象出"本质特征"进行思维加工。通过概括找到事物"共同属性"，通过抽象抓住事物"本质特征"，从而使他们形成概念。在此基础上，用精练的语句表示出概念的内涵。

例如，密度作为初中物理引入最早、抽象程度最高的概念，一直以来都是传统教学的重点和难点。在建立密度概念中，直接给出探究物质质量与体积关系的命题，会取代很多学生的思维过程。针对学生们往往会有"质量大的，会沉在下方"这个错误的认识，给学生创设相应物理情境，在塑料罐中准备塑料球和木球，其中木球的质量更大，学生们通过实验发现：质量更大的木球会在质量小的塑料球下方。在此认知冲突中，再次引导学生观察两球体积后达成共识：脱离开体积谈物体的"轻""重"没有意义。由此得出利用数学比值统一单位体积的方式，最终利用比值定义的思想定义新的物理概念——密度，从而修正学生之前的错误认知，得出密度大的球，会沉在下方；密度小的球，会浮在上方。如此，做到每一个教学环节和行为都有整体研究设计。这样学生才能厘清比值定义法与密度之间的逻辑关系。否则，学生只能掌握密度的表面特征，而不能明晰来龙去脉，造成学生在现象上打转，而不能深入到本质。

建立物理概念的过程，就是通过精细化实验活动的设计，让学生围绕着概括"共同属性"、抽象"本质特征"，进行思维加工，让学生在亲自实验、感知中，亲自提炼、生成物理概念。

（三）概念的应用——熟悉概念，用于实践

在物理教学中，"学以致用"是教学目的之一。当学生形成相应的物理概念后，要及时给他们提供学以致用的机会，引导学生把抽象的物理概念"活化"，再返回到具体的生活实践中，使学生进一步巩固对物理概念的理解。通过基础性练习以加深对概念的理解，才能更好地将所学知识应用于实践中。同时，特别要注意逐步教给学生正确运用概念去分析、处理和解决物理问题的思路及方法，引导他们在运用已有的概念去面对新的物理现象时，勇于提出问题，勤于思考，扩大认识范围，逐步提高他们分析、解决物理问题的实际能力。所以，运用是使学生把学到的知识转化为能力的关键。

例如，学了"惯性"和"摩擦"以后，向学生提问：如果站在地铁上为了避免摔倒，站立时有什么诀窍？原因是什么？让学生运用学过的"惯性""摩擦"等知识解决这一简单的实际问题，并分析、说明它的道理。

又如，认识完功率的概念后，就可以让学生体会1W有多大。要想解释1W的具体含义，就需要回顾功率的概念，功率描述物体做功快慢，等于做功多少比做功用的时间，$P=W/t$，而单位关系$1W=1J/s$，功率是1W说明物体在1s的时间内做功1J，而1J的功是多少，学生得继续回顾功的物理概念，功是力和沿力的方向移动距离的乘积，$W=FS$，单位$1J=1N·m$，也就是给物体提供1N的力，使物体在1s的时间内沿力的方向上升1m。所以，学生自然而然能联系起生活中常见的物体重2个鸡蛋大约是1N重，因此1W的功率，描述的就是手托两个鸡蛋，在1s的时间内将其抬高1m，这时人做功的功率就是1瓦特。通过设置一些具有典型性、启发性、灵活性的问题，针对学生的易错点，可以加强学生对基础物理概念的认识，有利于对概念的深入理解和掌握，同时也使学生受到运用概念去解决物理问题的训练。

学生在刚刚接触到物理概念时，经常处于掌握模糊且不深刻的状态，也经常容易将新知识和已经学过的知识进行混淆。这就需要教师有针对性地设置一些与概念相关的问题来启发、强化学生新学的物理概念，达到活化、理解、应用的目的。

物理概念教学的最终目标是学生熟练掌握，并通过概念的形成、发展和应用，逐步完善思维能力、培养创新意识，促进学生深入学习物理。学生对物理核心概念的学习过程实际上是螺旋上升式的，逐步建立起核心概念之间的相互联系，从而建构出系统、连贯的知识网络。因此对于学生而言，物理概念需要在真实情境中去提炼，需要在物理实验中激发认知冲突，不断抽象概括，不断整合，不断升华实践，从而实现从模糊认识到科学认知状态的转变，而不是教师将结论直接告知学生。

四、利用创新物理实验优化物理概念教学的具体策略

初中阶段的物理知识与日常生活联系非常紧密，学生在学习物理知识之前并非对知识一无所知，而是在生活中对大部分知识都有一定的体验。因此，了解学生对知识的掌握程度，对学情进行准确的分析，是教师课前首先要做的工作。知晓学生的真问题，有针对性地进行解决，首先就应从学生对于知识的前概念出发，发扬其中正确的前概念，将其顺应到新知识中。重点找出错误的前概念，这一般为课程的重难点，着重进行突破。在教学过程中从学生的前概念出发，承认学生的个体差异，充分挖掘学生已有的经验，力争将新的知识与规律顺应到学生已有的知识体系中去。现阶段，学生普遍感觉物理学习很难，对于概念的理解和掌握也常常仅停留在记忆层面上，对于概念的应用不够灵活。因此，教师的角色是要帮助学生将物理的概念放置在整个物理学知识体系学习过程中，让学生以概念为中心构建认知体系和结构，才能更好地学好物理。

(一) 尊重学生的认知规律开展物理概念教学

一些教师在开展概念教学时为了让学生尽快记住物理概念的内容，习惯单刀直入地切入概念中进行分析讲解，虽然这种教学方法具有一定的直接性，但是处于初中阶段的学生其逻辑思维能力还不是很成熟，仍然需要教师不断地进行引导。因此，教师要尊重学生的认知规律和特点，通过层层递进的方式得出概念，让学生了解概念是如何被推理出来的，并且要让学生积累一定的感性认识，这样才能促成理性认知的形成。

例如，教师在进行杠杆知识教学中，给出的生活中的杠杆，大多是直的，或接近笔直的，让学生头脑中形成了错误的前概念。这导致了学生分析生活中实际的杠杆工具时，不能够很好地找到对应力臂，也增大了学生对力臂定义的理解，不能很好地区分"力到作用点的距离"和"力到作用线的距离"。因此在分析使用"直"的杠杆的基础上，加入"不规则"杠杆的设计，从最基础简单的直杠杆到生活中形状不规则的树枝，首先认可学生对于简单杠杆的分析，再在这个基础上引导学生分析生活中更为普遍的"弯曲杠杆"，逐渐丰满学生的逻辑思维，这样更符合学生的认知水平，便于学生更加全面地认识杠杆概念。

再例如，"探究串联电路中电压规律"的实验中，为避免直接给出探究题目进行实验，设计了解老式调光台灯工作原理的生活情景，使学生有所需求地开展探究实验。为满足学生的实验操作欲望，设计了与调光台灯原理类似的自制学具——亮度调节器，把小的电位器固定在底座上，方便学生连入电路中，并且用改装过的小螺丝刀方便快速地进行调节，将其与小灯泡串联在一起，就可以通过拧动调节器的螺丝，改变灯的亮度，能够让学生更直观地观察到调光台灯的工作过程。

在学生成功实现利用调节器调节灯泡的亮暗后，展开问题："无论亮暗，灯两端电压都小于电源电压，其他电压去哪儿了？"找到合理的解决过程,即只要用电压表测量电路中每邻近两点间的电压,如图4-1-12所示,就可以进行验证,而完成任务的过程实际就是研究串联电路中电压规律的过程。此外,每个小组只需测量一组数据,汇集多个小组的测量数据就可以总结出规律。如此,以"寻找少了的电压"为任务逐步展开,让学生有目的进行探究,更加关注学生知识规律的形成过程,从而提升学生的物理核心素养。

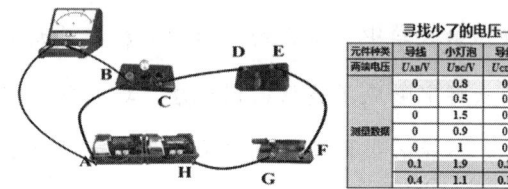

图4-1-12 "寻找少了的电压"实验原理、实验数据

两个实验中,看似把探究的问题"复杂化"了,探究杠杆平衡时没有用实验室现有的"直杠杆",非要用弯曲的;探究串联电路中电压特点时,没有直接测量结论中的用电器两端,非要每两点间都要测量。但只有经历这些"绕远"的实验探究,学生的思维才不会发生跳跃,否则就会出现只会解决实验中出现的"唯一"问题,情景一旦发生变化,学生就不能顺利地利用所学去解决,出现老师讲的都会、一做题都不对的现象。

因此,在物理概念教学中,提高教学有效性的关键在于对学生认知规律的掌握、研究。教师只有深入分析了解学情,根据学生现有的认知规律和特点,采用有针对性的教学策略,才能在引导学生破除错误的前概念的同时,实现科学的物理概念的自主建构。

(二) 教学中注重概念的形成过程

新的物理概念在学生头脑中形成过程,首先是揭示和建立新旧知识内在联系使学生得到知识，然后是能够应用基本知识解决问题的进程。但是，如果在教学过程中过分压缩学生获取知识的过程，不仅不能把新的知识顺应到学生的知识体系中，而且也不利于高效课堂的建立。

因此，在教学过程中，就需要我们及时地捕捉学生在认识新概念过程中的疑问，找到学生的"真问题"，顺利解决这些问题，才能真正帮助学生建立好相应的概念，形成系统的知识框架。比如我们经常会听到学生抱怨："为什么非要把反射角、入射角定义为与法线的夹角？两条光线与镜面的夹角不是照样相等吗？""为什么要定义力臂这个东西，就为了得出杠杆平衡条件吗？""电压表到底是个什么东西，一会儿是大电阻，一会儿又相等于断路，到底断没断"等等，这就需要我们教师及时记录捕捉，解决这些问题的过程，就是概念建立的过程。

例如，在研究光现象过程中，我们需要引入一个辅助研究的工具——"法线"，介绍这个概念时很多教师都是直接给出法线的建立过程，但是没有解释为什么要引入法线，如果没有法线会出现什么问题，这样就不利于学生认识法线的作用和必要性，不利于发展学生的科学思维。

为解决这个问题，在原来的实验基础上，我们可以将传统的反射平面改进为如图4-1-13所示的实验装置，将软尺贴上反光贴纸，这面镜子既可以作为平面镜使用，也可以作为曲面镜使用。学生利用教师提供的实验

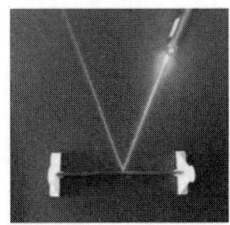 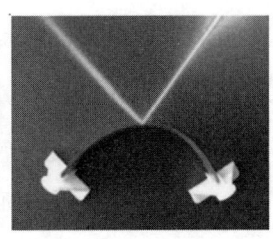 

图4-1-13　平面镜与曲面镜反射教具

器材完成反射实验,再去探究"如何描述反射光线与入射光线之间的关系",就能够避免使用传统实验器材的盲区。想要很好地描述反射光线和入射光线的关系,如果只关注镜面与光线的夹角,需要发生反射的表面是一个很平的平面。当尺子弯曲时,再使用激光笔照射曲面,会发现反射光线与入射光线与镜面所成夹角发生了变化,之前得出的规律与说法不确切。而利用曲面反射镜,将曲面放大很多倍,即一个微小的单元曲面近似平面,再做出这个微小平面的垂线,即借助法线再描述光线间的关系适用于所有情况。通过平面镜与曲面的对比,让学生直观了解平面镜和曲面的区别。通过放大曲面近似平面,初步体验微元法在物理学中的应用,发展了学生的科学思维。

再例如,介绍"动滑轮"的实质时,传统的做法是将其直接拆解成一个省力杠杆,让学生接受其抽象形成的杠杆模型,找到杠杆相应的要素,分析出何为省力杠杆,这样做,学生虽然能认同动滑轮为省力工具,但是为何要研制这个工具?尤其是它工作过程中的支点是个动支点,学生不易理解,久而久之就把动滑轮的实质忘了,只记住了它省力的结论。

为了让学生体会其演变的过程,我们应从实际问题出发,使用杠杆提升重物时,要想省力,就需要动力臂大于阻力臂,也就是拉力那端要远离支点,如图4-1-14a所示,但是此时发现一个弊端,就是手虽然上移了一大段距离H,但是物体只上移了一小段距离h,且上升空间有限,不能完成任务。在此基础上,需要继续加入一根杠杆"接力"工作,如图4-1-14b所示,在原来上升一段的距离基础上,继续用新杠杆再次提升一小段距离,依次类推加入第三根、第四根……这样,一个滑轮的模型就逐渐显现出来了。如此逐一增加杠杆,逐步提高支点的位置,即让支点随着杠杆、物体一起上升,随着杠杆个数逐渐增加,学生就能够顺利理解多个这样的省力杠杆即可组成一个滑轮,让滑轮随着物体动起来,一起上升,就可以在省力的同时,不断把物体提高,而这就是动滑轮的实质。

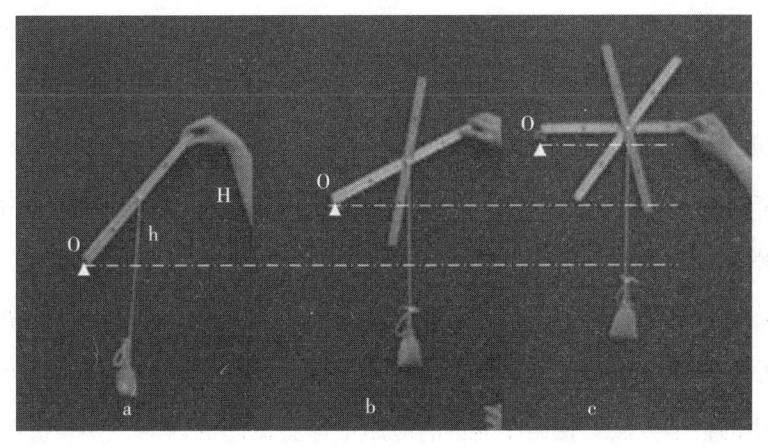

图 4-1-14 动滑轮的实质原理

上面两个教学实例中，直接告诉学生反射角与入射角定义的关系和动滑轮的实质，表面上看很节约课堂时间，学生要记的东西也简单，就背两句话，但久而久之，会发现学生做题会反复出错、遇到稍微变化的问题就不会用学过的知识解决，这就源于学生没有实际掌握这些物理知识的形成过程，把知识得出的过程与结论拆成了两个独立的个体。

我们知道，物理教学进程大体可以分为知识发生和应用这两个进程，前者指揭示和建立新旧知识的内在联系，是学生学得知识的进程，后者指课堂上应用基本知识解决问题的进程。但是，在物理教学中仍普遍地存在学生获取知识的进程被过多地压缩，而应用知识解题却过分膨胀的现象，这种"轻进程""重知识"的现象明显有违物理教学规律，不仅不能构建高效课堂，也不利于学生认识物理概念、提高教学质量。因此，只有"放慢"知识，向学生逐一"展示"这些物理概念建立起来的过程，才能更好地让学生真正"认识"这些概念、提升学生的思维能力。

（三）激发认知冲突，认清概念的实质

认知冲突是指学习者在认知发展过程中原有的概念或认知结构与现实

情景不相符，是在心理上产生的矛盾或冲突。该理论由费斯廷格于1957年在《认知失调论》一书中提出，认知冲突理论属于心理学范畴。初中学生在建立物理概念的过程中，会不可避免地大量运用自己在生活中积累的一些生活经验和认识，但是一旦这些认识是错误的，就会很大程度上增大学生理解物理概念的难度。

因此，教师在教学中要善于激发学生的认知冲突，针对学生的错误认知，引导学生全面参与物理概念建立的过程，并且让学生在概念学习中体会其中的科学方法，在循序渐进的应用中体会概念的内涵，要知道学生的知识学习并不是简单的知识累加，而是知识结构的重组与完善。想要达到认知冲突的效果，在课堂上需要老师在合适的时机制造认知冲突，也就是破坏学生原有的认知结构。

例如，在学生认识浮力的过程中，就可以针对学生难点通过提问的方式，激发学生的认知冲突，引导学生不断思考。首先，在感知到漂在水面上的物体受到浮力后，提问："沉在水底的物体是否受到浮力呢？"由于学生使用的普通测力计无法进行实验，以往教师通常将这个知识点挪到学习浮力的影响因素后，再进行理论证明，但这极大扰乱了学生思维的连贯性。为此，需要引导学生思考解决策略"如果把处于静止状态的物体从桌面上缓慢提起，需要拉力和重力是什么关系"，学生们认可方案：如果把该物体沉在水底，也缓慢提升，若观察到拉力小于重力，则证明受浮力，如图4-1-15所示。接下来提供新型电子测力计，满足学生的探究需求，让学生真正记录捕捉到相应最大拉力值小于重力，当看到相应的结果后，学生才能真正地"相信"这一结论的真实性。

之后，针对学生"在水中的物体一定会受到浮力的作用"的错误认识，演示"奇怪的蜡块"对比实验：将蜡块两端削平压在空烧杯底部，缓慢加水，蜡块没有上浮（如图4-1-16甲所示）；将蜡块压在装有水的烧

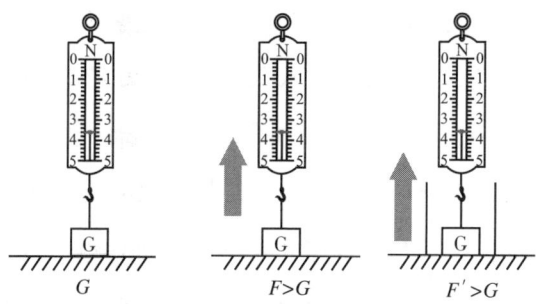

图 4-1-15 证明沉底物体受浮力分析图

　　　　甲　　　　　　　　　　　　　乙

图 4-1-16 "奇怪的蜡块"对比实验

杯底部，松手，蜡块上浮（如图 4-1-16 乙所示），引发学生认知冲突，思考浮力的产生原因，以此来纠正错误前概念，培养学生观察分析问题的能力，形成猜想。这样不断打破学生的错误认知后，再不断帮助学生自己主动建构浮力的相关知识，通过新旧知识之间的双向反复活动，通过原有知识和经验对新知识经验进行填充，从而建构自己对浮力的理解，真正掌握物理的概念。

　　再例如，为了让学生更好地体会"压力"和"压强"两个概念的不同，课程开始，就通过实验来直接打破学生的已有认知，先让学生体会能不能用一根管子吹气，把一摞书"吹起来"？学生尝试半天发现实现不了，但是经教师提供"神器"——大的气囊后，不仅能一口气吹起一摞书，还能直接用吹气的方式把一名同学托起来，如图4-1-17甲所示，由此让学生体会到相同的力，产生的效果却大大不同，自然而然地，学生会自发地对比两次实验的不同之处，经讨论分析，猜想是否由于增加了气体与物体的受力面积。

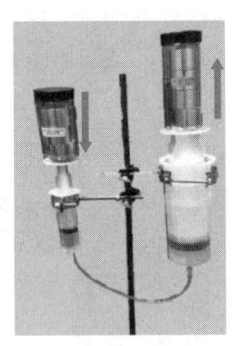

甲　　　　　　　　　　乙

图4-1-17　学生体验帕斯卡原理

为了满足学生的探究欲望，教师提供了简易的"帕斯卡原理演示仪"，如图4-1-17乙所示，左右两个大小不同针筒中装有一定质量的水，中间用一根细管连接，左边针筒面积更小，但当左侧上方放上重力更小的重物时，竟然把右侧的更重的物块托起来了。如此，验证学生猜想的同时，也能让学生顺利地感知两个物理概念的区别，相同的压力作用在不同的受力面积上，会产生大小明显不同的效果，即压强大小也会不同。

在学生原有经验和常识的基础上，创设相应的物理情境，让学生在情境中发现新的问题，在认知上出现冲突或矛盾，再加以教师正确的引导和启发，才能更好地帮助学生将新的知识与原有概念建立关系，并激发学生对新知识和原有认知进行思维重构，重新建入原有的知识结构中，学习就发生了，随着学生接触新知识的不断增多，不断解决认知冲突，思维建构认知，周而复始，这就是真正的学习。著名诺贝尔物理奖获得者杨振宁先生曾指出：直觉与知识冲突时是学习的最好时机。因此，在新的物理概念建构过程中，为学生创设适当的认知冲突是激发学生探索未知事物的启动点，是保持学习者持续学习意愿和热情的动力。

（四）把握好概念教学中的循序渐进

人对任何事物的认识，包括物理概念在内，都有一个过程，是有阶段性的。因此，物理概念教学也有它的阶段性，这不光是学生认知能力发展规律的要求，而且这是由物理概念本质性质决定的，许多物理概念需要逐步建构完成，不能一开始就企图讲深讲透，那样效果反会适得其反。真正重要的是应该做到既使每个阶段具有十分明确的适度的要求，又使各个阶段相互联系，逐步加深扩展，切不要使之僵化。

布鲁纳的"发现学习理论"认为，"认识是一个过程，而不是一种产品"。学生不是被动、消极的知识接受者，而是应该成为主动、积极的知识探索者。因此，物理概念课教学过程中，我们教师需要做的就是揭开教材严谨抽象的面纱，积极引导学生去亲历整个知识的形成过程，在再现过程中体会物理学家们独特的思路、精巧的方法和不懈的探索过程。由于人的认知规律是呈现螺旋式提升的，所以，如果只是一蹴而就地开展教学，很难得到理想的效果。

例如，对于力的概念的深入理解就是一个渐进的过程。初中阶段我们重点是让学生认识：力的作用是相互的，与运动的关系中认识到力是改变物体运动状态的原因，并且着重介绍3种性质的力：重力、弹力和摩擦力。而高中阶段力的概念在原有基础上进行加深加宽，高中阶段进一步把力与物体运动状态的变化联系起来，更强调变化，指出力是使物体产生"加速度"的原因。并且，强调了力的矢量性，由重力、弹力到摩擦力，进而到万有引力，由物体直接接触产生的力，到物体与物体不直接接触，而通过场发生相互作用产生的力。那么对于力的概念的理解，我们必须要依据学生的认知规律逐步加深。如果试图在学生刚接触力的知识时，就过早地要求学生对力的概念有全面透彻的理解，就会违反循序渐进的原则，导致事倍功半，欲速则不达。

再比如针对一个具体的物理问题"通电导体在磁场中受力运动"的现象，在初中课本上的实验器材，只构建了一种模型，即磁场方向与通电导体的电流方向垂直放置，如图4-1-18甲所示。因为此时是学生首次了解磁场对电流有力的作用，实验中更注重现象的直接发生，让学生明显看到通电导体在磁场中可以受到力的作用。

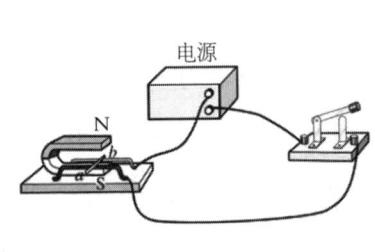
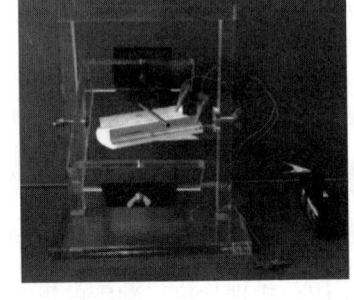

甲　　　　　　　　　　　乙

图4-1-18　电磁感应创新实验教具

但随着学生对该现象的熟知，潜意识往往会形成一个错误认知——"通电导体在磁场中一定受力"。为此在学生掌握已有知识后，我组教师在原有器材的基础上进行了创新，如图4-1-18乙所示，该器材的磁场可以在竖直方向上360°旋转，导轨可以在水平方向上360°旋转，因此可以任意改变通电导体和磁场的相对位置，让学生能够进一步观察到：电流方向与磁场方向平行时，通电导体不受力。

改进后的学具为学生的实验探究提供了更多的可能，使学生的思维不受到局限，做到学生思维的真正开放，让学生在了解通电导体在磁场中可以受力运动的同时，亲自体验磁体也可以受力运动，既夯实了学生的基础知识，提高了实验操作能力，更培养了学生克服困难不断尝试的精神。解决了一直以来学生在这部分内容上"吃不饱""学不懂"的情况。我们知道，到了高中，学生在认识该物理现象时，会继续探究新的问题，即产生的力的大小与磁场强弱、电流大小有什么具体关系，实验器材又需进一步改进。

在不同的阶段解决不同的问题，才能让学生更好地建构物理知识。若一开始就追求让学生全面了解某一概念的全部内容，面面俱到，会导致学生还没来得及建构知识，就把注意力转移到其他细枝末节中，"地基"就会建得不牢固。而学生有一定的认知后，若没有继续拓展，会导致学生的知识面越来越窄，有一定的局限性，不利于后续继续扩充。因此，我们的教学过程中要有一定的系统性，让学生注重概念建立的主要矛盾，解决好重点与难点的教学，按照学生的认知顺序，由浅入深、由易到难地进行教学。

综上所述，概念教学是初中物理教学的重要环节之一，而在理论教学的基础上融入创新实验，能够让学生更好地理解、体会知识的形成过程，从感性入手到理性辨析理解，最终构建一个完整物理概念。让学生在整个过程中形成自己的物理认知体系，从认知、理解到应用，环环相扣，从而掌握物理概念的学习方法。

第二节 物理实验教学中的创新实践

实验课教学在整个物理教学中有着独特的魅力，对提升物理学科核心素养有着重要地位，在教育部2022年4月发布的新一版义务教育课程标准中提出："教师应根据课程理念、课程目标和课程内容等，结合教学的实际情况，创造性地开展物理教学，将培养学生核心素养贯穿物理教学活动的全过程。""'实验探究'主题涉及学生必做的实验，对培养学生核心素养具有独特价值。"新课标中最大变化就是将"实验探究"纳入了一级主题，可见实验探究的重要地位。那么如何利用实验探究教学落实核心素养？如何在实验课教学中落实新课标提出的要求呢？这也是我组教师一直在思考研究的问题。

为了发展学生核心素养，培养学生适应未来发展的正确价值观、必备品格和关键能力，引导学生明确人生发展方向，成长为德智体美劳全面发展的社会主义建设者和接班人，我组教师总结了现阶段实验教学存在的一些不足之处，整合教材、分析学情、分析现阶段初中学生在物理实验教学中遇到的问题，在实验教学中不断创新突破，总结出了改进策略与方法。

一、实验课教学对提升物理学科的核心素养有着重要地位

物理学是一门以实验为基础的自然科学，物理实验是研究物理学的重要方法和手段，许多的物理规律都是建立在实验的基础上。实验课教学的创新给学生的不仅是有用的知识与规律，更多的是使学生感受到物理学科的惯用研究方法。通过丰富而合理的教学活动安排，不仅使学生的知识技

能得到落实，使学生在学习过程与方法上获得体验，更重要的是使学生通过实验课的学习充分感受物理的学科本质，从而得到更全面的发展。

在新的物理课程理念中倡导"一切为了学生的发展"，强调物理学科的核心素养的落实。为了更好地树立和落实这样的教育思想，我组物理教师重点关注实验探究的教学。在探究实验教学的过程中，学生通过教师的指导和演示，会对具体物理概念的形成与总结有自身的初步理解。再通过自身亲自操作实验，对相关物理现象在自己手中的变化有了较为清晰的观察与了解，这帮助学生进一步理解物理知识概念与演变过程，并形成自己的理解能力，为学生以后的物理知识学习打下了物理观念的基础。通过实验的过程学生还可以更加真实准确地发现问题并予以解决，有利于科学思维的养成和科学探究能力的提高。学生科学探究的学习体验，还能加强与学生生活、科学、技术和社会的联系，培养学生科学态度与责任，从而培养适应社会需要的人才。

二、目前实验教学存在的问题

自从国家实行了"双减"政策后，对初中物理实验教学质量要求更高，需要教师加强对学生综合能力的培养。但是在具体教学开展中，受到多重因素影响，导致初中物理实验教学存在部分问题。

（一）实验教学偏重验证实验，不利于学生科学思维的培养

一些传统的实验课教学由于时间受限，教师不得不以实验讲授为主，而忽略了学生的思考过程。在探究实验教学过程中，有时是教师做，学生看或听，偶尔也有让一两位同学帮忙一起完成实验，有时教师会提前将实验的原理先讲一遍，有时甚至会直接将实验步骤告诉学生，学生就按部就班地做实验，在整个实验过程中，学生没有经过积极充分的思考而只是被动地进行简单操作，无法深入进行探究，这样就限制了学生，使他们失去

了主动创新精神，阻碍了学生科学思维的发展。

（二）实验教学采用灌输式教学，学生没有经历科学探究过程

一些传统实验课教学条件有限，无法开展实验探究的过程，不利于培养学生的科学思维和科学探究能力。我组教师通过问卷调查的方式收集了使学生困扰的物理问题，发现很多学生对已经学完的知识还有疑惑，很多初二的学生不能接受牛顿第一定律的结论，因其无法用实验验证，需要靠科学推理的方法得出；很多学生觉得教材上传统二力平衡的实验只能探究在静止状态下二力平衡的条件，而匀速直线运动状态下二力平衡条件这一难点却没有实验验证，往往是通过灌输式的教学模式直接得到结论，学生无法深刻理解。调查结果表明很多教材内实验教学的内容无法满足学生的需求，学生渴望更丰富的科学探究过程。

（三）实验中的物理量比较抽象，学生无法对事物进行定量或者定性的探究

实验探究教学开展的前提主要就是变量的认识、测量、操控，一些传统实验中的物理量比较抽象，无法测量探究实验中的变量，就无法对事物进行定量或者定性的分析，这就对培养学生的核心素养造成了阻碍。

三、实验探究教学中的改进策略

针对以上实验教学中的问题，我组教师不断在实验探究上创新突破，从而落实学生核心素养。

（一）基于学情，整合教材

2022年新课标提出教师制定教学目标时，要把握内容的结构性，并考虑学生的差异性。教师应领会物理学科逻辑，既要明确各部分内容在物理学科体系中的地位、价值和彼此间的联系，又要了解相关知识内容的发展

脉络，防止教学碎片化、孤立化，努力让学生的学习内容结构化、系统化。同时，教师应了解学生的知识基础、能力水平、学习动机和情感态度等，兼顾不同层次、不同类型的学生，因材施教，关注学生的个性化发展。然而初中物理教材的知识错综复杂，知识涉及面广，前后呼应，学生没有物理基础的前提下很难保证教学的整体性和科学性。所以我组教师在进行一节实验课教学前都会做充分的学情分析，分析学生的认知水平、能力基础和学习态度，尤其关注学生的高阶认知素养，突出关注学生的实践能力，充分考虑学生的学习兴趣和自主学习与发展的可能性，在此基础上整合教材。

1. 整合教材，进行大单元教学

在物理教材的编排当中，每一个专题被细分为不同的单元，每一个单元又被细分成不同的章节，这事实上就把原本完整的知识体系分割得相对零散。如果教师在引导学生开展物理知识学习活动的时候，按照单元为单位来进行知识的整合输出，用几个实验将这个单元的知识与能力串联起来，这将大大提高传统课堂当中的教学效率，使教师节约更多的有效课堂时间，打破了时间的限制，学生就能够更充分地进行科学探究，有利于学生长期能力的发展。

在进行大单元教学设计之初，我组教师通常会做详细的教材分析，包括对学习内容的分析和教材的章节地位分析，按照一定的逻辑顺序来进行教学知识的整合，对教学单元中的核心知识与核心概念作进一步的整理、概括和归纳，梳理出明确的逻辑关系，列出大单元教学的章节结构，帮助学生在宏观角度上对物理知识进行更好的把握，如图4-2-1所示。

再对学情进行调研，根据学生的诸多特点，对单元内容中所承载和蕴含的核心素养进行深入分析，针对学生的不足，制定相应的教学预设。站在核心素养的角度，对优质的初中物理教学活动进行创造，设计符合学生

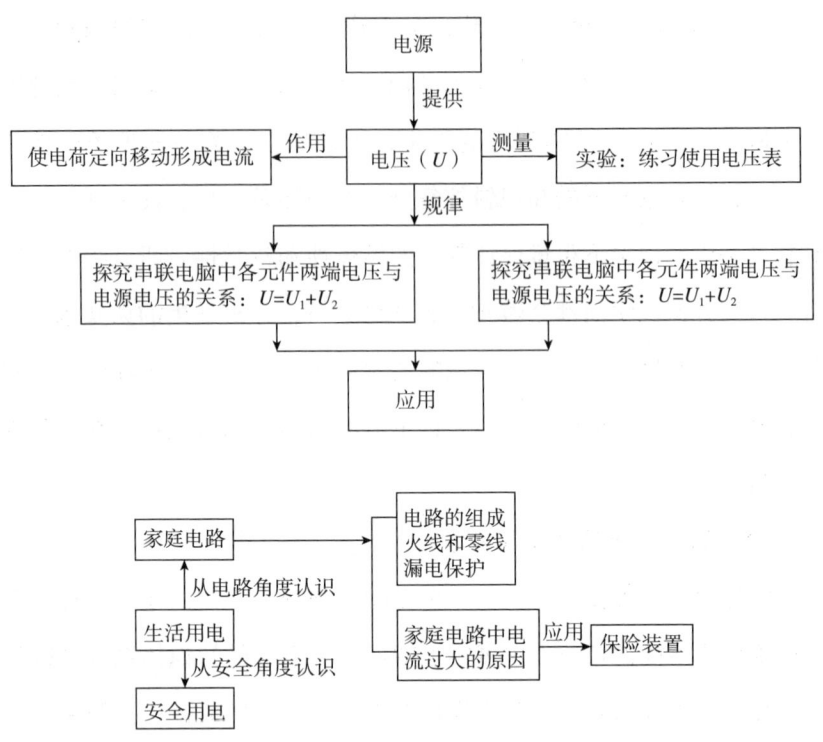

图 4-2-1 系列电学课程之思维导图设计

能力发展过程的实验教具学具，让学生通过由浅入深、层层递进的课时内容，逐渐提升物理学科的核心素养，突破以往初中物理教学的局限性，实现知识与眼界的进一步拓展。

例如：人教版教材第十九章《生活用电》琐碎的知识非常多，家庭电路复杂又难以理解，并且家庭电路故障的现象在生活中并不常见，而且家庭电路有一定的危险性，学生也很难进行实际操作，所以很多生活用电的问题成了考试高频错题。以往的教学方式是将家庭电路通过演示版直接展现给学生，不利于学生核心素养的培养。所以我将本章教材重新整合，通过设计家庭电路这一实验任务贯穿整章，逐步提升学生综合能力。让学生利用教师所设计的学具（参见图 4-2-2）在不断实践的过程中不断发现问题并解决问题，这样更有利于深度学习的发生，学生在设计家庭电路的过程中会对比基础电路的旧知识，能够更好地将之前学习的欧姆定律等基础电路的知识与方法迁移并应用到新的情景中。下面以本章教学为例简要介绍进行大单元教学的思路。

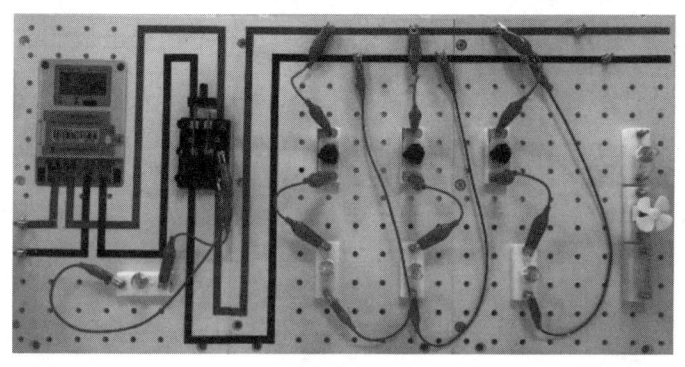

图 4-2-2　自制家庭电路模拟实验教具

我将本章分三个课时去完成教学，按照学生的实际需求设计如图 4-2-3 所示的实验教具，贯穿整章的教学内容，逐渐提高课堂学习任务难度，通过精心设计的实验教学环节，使每一个学生充分地主动地参与到课堂中来。

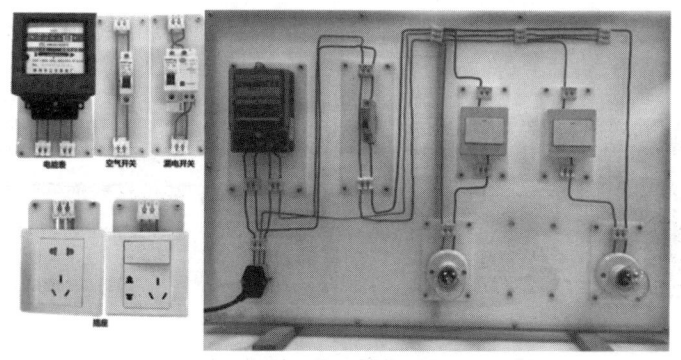

图 4-2-3　自制家庭电路模拟线路

第一课时《认识家庭电路》是主题《家庭电路》的核心内容也是后两节课开展的基础，通过设计家庭电路的方式，小组之间会对不同的电路布局提出质疑，学生理论分析电路是否存在安全隐患的过程会促使学生将多方面知识迁移应用，这能够逐渐培养学生高阶思维的能力。学生在第一节课时利用学具设计电路发现的安全问题推动第二节课的发展。第二课时《安全使用家庭电路》是主题《家庭电路》的核心内容也是难点所在，内容由"短路对家庭电路的影响""家用电器总功率对家庭电路的影响""认识保险装置及其作用""三线插头和漏电保护器"四部分构成，针对学生设计局部家庭电路过程中发现的短路、总功率过大、漏电的安全问题进行展开。以往我们只是通过理论分析让学生理解总电流过大的原因以及造成的安全隐患，我设计让学生利用一个教具通过一系列演示实验，从感官的直接刺激来更好地增强安全意识，这个过程学生能够自主打破短路会烧毁用电器的错误观念，树立正确物理观念。更容易理解总功率过大具体会导致哪部分电流大，也能使学生联系生活实际，形成实事求是的科学态度。第三课时《家庭电路知识竞赛》是主题《家庭电路》前两节课知识的实际应用，内容除了安全用电常识以外，具体解决系列家庭用电问题，揭秘了第一课时插座突发故障原因。这样根据学情设计的教学环节由浅入深、首尾呼应，将零散的知识进行整体结合，帮助学生在脑海中形成物理

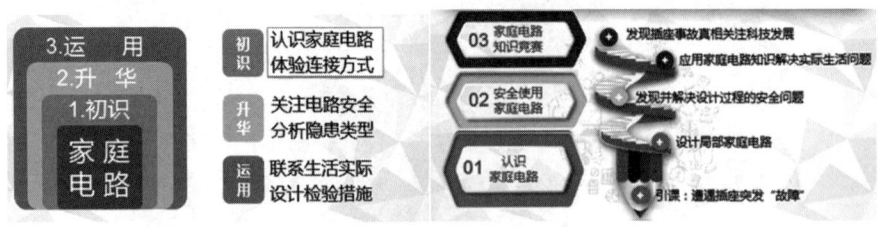

图4－2－4　家庭电路课程设计逻辑图

知识的全局意识，适应学生的发展过程，更好地在学生脑海当中形成物理知识的完善体系，更有利于物理观念的形成，也能充分体现出在新课程标准要求下的"从生活走向物理，从物理走向生活"的基本概念，培养学生的科学态度与责任。

2. 整合教材，引入生活化元素

2022年版课标提出"从生活到物理，从物理到社会"的课程理念，要求加强物理课程与自然、生活、科技进步和社会发展的联系，凸显我国科技成就，引导学生增强文化自信，树立科技强国的远大理想。核心素养也提出，要培养学生理性思维、批判质疑、勇于探究、乐学善学、勤于反思、信息意识、劳动意识、问题解决、技术运用等方面的素养。只有真正动手实践，教师和学生一起思考，才能丰富学生的直接经验，解决学生的真问题，达到学生思维的真提升。所以我组教师在整合教材时重视生活化元素的引入，创建多元化的教学模式，从自身做出改变，领悟实验教学的真谛，整合教材与生活。提升学生的实验能力，带领学生感悟物理的魅力，帮助学生形成"热爱生活、尊重科学"的思想观念，把学生培养成热爱家园、热爱社会的人。

我组教师在进行物理实验教学的过程中，利用物理学科的特性，立足日常生活，让学生学会在实际生活中发现一些有趣的物理现象，了解物理与生活间的密切关系，感悟物理学的神奇魅力。初中阶段的很多物理实验器材都可借助生活中常见的物品进行制作，这与物理源于生活有着密切的关系。在进行实验时，可以引导学生进行一些简单实验器材的制作，这也是动手操作能力锻炼的过程，如果每次实验都将所有的器材准备好，会让学生产生依赖心理，长此以往，不利于学生实践探索，抑制了学生创新能力的发展。可以引导学生基于实验要求与现有的实验器材制作器材，完善实验器材，为实验的顺利展开做好准备工作。在实验器材的制作过程中，学生能够对实验有一个更清晰的定位，同时在动手实践的过程中科学思维也得到了锻炼。

例如：在学习透镜部分的知识时，可以组织学生拆解并研究模拟望远镜，让其应用已有光学知识发现望远镜的镜片是两片凸透镜组成，让学生体会到神奇的现象原来源于简单的知识。这就是第一章提到的通过依据学生的真问题而创造、还原生活中的实际情景，将其重现、再现、还原的一种教学方式。学生在亲历望远的过程中，对望远有更明确的认知，再应用实验室的透镜自制望远镜，重构自身对透镜的已有知识，通过动手体会每一个透镜在望远镜里面的具体作用，发展自身能力，产生真实情感，生成真实感悟，总结望远镜成像原理：目镜和物镜是放大镜与照相机的组合应用，自身逐步形成物理观念。整个过程教师仅发布任务，由学生决定探究什么，记录什么，最终解决问题，发表自己的看法，从而锻炼了学生的科学探究能力，真正体现学生为主体。在真实的生活情景下，很容易生成一些真问题，激发学生的探索欲望，从而达到高阶思维的提升。例如在望远时，学生会思考如何能达到最好的观测效果？有的学生提出在相同位置看远处，选择效果最好的做物镜，再用不同焦距的透镜放在相同位置看近处观察选择放大效果最好的做目镜，这就应用了控制变量的思想，有助于学生逐渐形成良好的科学态度；有的学生发现光具座甚至不够长了，理解实际望远镜的镜筒为什么更长，锻炼学生的动手能力，培养学生的发散思维能力。

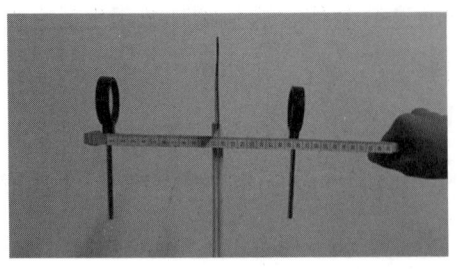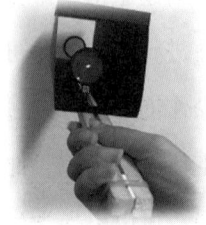

图 4-2-5　自制望远镜探究教具

学生主体是多元化的,学生能力发展也会因人而异,不能让所有的学生必须按照固定单一的模式开展活动,要创建多样化的教学模式,为每个学生的学习和发展提供机会。许多物理实验存在于生活中,老师们如果只把实验教学局限于物理实验室内,会屏蔽许多有趣的物理现象,不利于物理学科在学生心目中的正确定位,同时也使学生丧失了学习物理的乐趣。教师应鼓励学生细心观察生活,发现生活中的物理现象,鼓励学生产生疑问,通过实验验证自己的想法,培养学生"想做实验"的意识。例如在学习浮力时,可以鼓励学生查找资料,想一想为什么轮船侧壁要有刻线,潜水艇是如何实现浮沉的?小鱼又是如何实现浮沉的?让学生们自己试着做一些实验,实际感受物体的浮沉条件及其应用,在真实的生活化实验中使抽象的物理情景有具体的显现。当教学模式不再单一,物理实验的场所也可以在家里。让学生提出生活中的可探究科学问题,自选实验器材开启探索之旅。例如可以让学生自选生活中常见的物品做压力作用效果与什么因素有关的小实验。这有利于学生科学探究能力的培养。

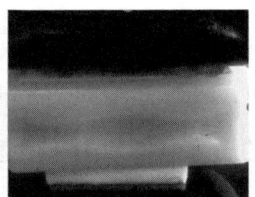

图4-2-6 学生家庭体验压力作用效果实验

在物理实验教学中,除了课堂中的实验学习外,我们还可以为学生准备有意义的课外实践活动,如在学习完成后,鼓励学生利用课堂上学到的物理原理进行小制作、小发明,为学生创设第二课堂,培养对科学的热爱,大胆创新。教师可以研究历史上的一些发明,简化成学生制作任务,编写阅读材料，设置一些需要数学知识解决的问题，让学生在制作过程中不断加深并运用物理原理，不断迁移和应用旧知识，使学生的科学思维能力、科学探究能力、质疑创新能力都得到有效提升与发展。还能让学生理解物理源于生活并改变生活这一事实，通过一次次实验成功的经历树立自信心。长此以往，学生也会更加有勇气在每节课中大胆提出质疑，从而培养学生对待科学的严谨态度和尊重客观事实的科学态度。

（二）利用创新的思维方法改进探究实验

针对以上实验教学中出现的问题，教师还可以应用许多创新的思维方法将其突破。

1. "迁移"的思维方法

针对条件受限不能开展的探究实验，为了保证探究过程顺利进行，可以用"迁移"的方法，站在更高的知识层面，为学生创造实验条件，从而达到培养学生核心素养的目的。例如探究匀速直线运动状态下二力平衡条件时，教材中没有给出实验方法，可以引导学生利用所学知识巧妙创造匀速直线运动，即不受阻力时，轻触小车后，小车水平方向不受力就能实现匀速直线运动。这样能够让学生充分利用前概念去发散思维。此外，一些需要没有阻力环境的实验，教师可以迁移高中气垫导轨的知识，但是气垫导轨的直线运动轨迹限制了学生的思维，不利于学生思维发散，不妨把气垫导轨的优势和特点进行迁移，迁移到新的创新教具中，我组教师就设计了如下"气垫圆盘"创新教具（可以从细孔中向上喷出高压气体的扁圆盘），为学生探究能力的培养奠定了基础。为了学生从一维的同一直线上的研究过渡到二维的平面上，方便学生完整地判断研究对象运动状态的变化，受频闪照片的启发与参照物相关的知识相结合，还做出了气垫圆盘上"同心圆"桌面的设计，同时培养了学生严谨的思维。

图 4-2-7 二力平衡创新自制教具操作示意图

2. "叠加"的思维方法

针对探究实验时间不充足这一难点，便可用"叠加"的思维方法将其突破，使课堂更加高效。老师们比较熟悉的是在处理数据时使用叠加的方法可以同时处理大量的学生数据，更好地观察共性规律。例如在探究凸透镜成像规律处理数据时，可以用透明胶片收集集体实验现象，从而让学生自主发现特殊光线，亲自去观察、猜想、实验、讨论得出结论，这有利于培养学生的科学探究能力。不仅如此，在其他非重点的教学环节，都可以利用"叠加"的思维方法开阔思路去节约时间成本，例如：在判断运动状态时，往往是教师直接给出，没有一种让学生信服的手段，若让学生实际测量速度又与本节课重难点无关，既复杂又耽误时间，这就可以引导学生利用叠加的思维方式，利用手机软件拍摄频闪照片，根据频闪照片分析判断小车的运动情况，简单高效并且锻炼了学生从照片中提取位置信息和时间信息的能力，让学生的论证、反驳、筛选和利用信息的能力得到发展和提高，从而促进高阶思维发展。

图 4-2-8　频闪照相技术在教学场景中的应用

3. "对比"的思维方法

学生在开展实验探究时经常会遇到因无法进行定性或定量分析的事物，这时可以通过对比法对两种事物进行对比，寻找事物的异同本质和特性，从而帮助学生提出问题，找到变量。例如：在学习望远镜相关知识时，学生想要通过科学探究实验去实现更好地望远的目的，首先要明确什么叫"望远"，望远镜在观测物体上起到什么作用？这时就可以应用"对比"的思维方法，同时调动学生的两只眼睛，分别去观察两张相同的松树照片。其中一只眼睛通过望远镜的一个镜筒观察黑板上的松树照片成像，另一只眼睛直接观察学生手中手持的松树照片，该同学匀速向前靠近观测者，当观测者在同一个视野中双眼分别观察到的松树照片成像大小相等的时候，嘴中喊停，说明此时通过望远镜观察到的物体所成像的特点，相当于把物体拉近而产生的成像效果。如图 4-2-9 所示。

这样的设计丰富了学生学习的情境，拓宽了学生实验的思路和设想，加深了学生的知识理解，从而完善了学生的物理观念。在物理观念完善后，学生便能将如何更好地望远这一疑惑抽象出"望远镜观测效果和不同焦距目镜物镜的组合是否有关"，让学生动手体验并总结不同焦距物镜目镜的组合对望远镜观测效果的影响，整个过程就能够培养学生设计实验、

图 4-2-9　望远镜体验教学中的对比方法创新设计

动手操作、解决实际问题的能力，还能锻炼学生的语言组织能力、表达能力、科学探究能力，培养学生的科学思维。

（三）制造认知冲突，改进传统实验

物理实验教学的出发点应该充分尊重学生，从学生在日常学习中形成的"真实问题、认知冲突"出发去设计创新实验，旨在破解学生的疑惑点，同时保证课堂形态的真实性。我组教师在常态化教学中注重收集学生的真实问题，创设情境制造认知冲突，激发学生的深度学习。

对于许多传统实验不能满足学生的探究实验需求，我组教师常制造认知冲突，让学生认识到传统实验的不足之处，从而参与到传统实验的改进中，在讨论中得到思维的提升。例如在探究静止时二力平衡条件的教学时，让同学通过实验发现，小车受到的两个力不等时，居然也会静止，学生根据所学知识能够轻易发现传统教具中阻力对实验的影响，为了破解质疑，使学生思维得到延伸，可以组织学生通过交流讨论，大胆提出减小阻力的方案，有的学生会提出让桌面更光滑，或者在水里漂浮，甚至还有的会提出磁悬浮等方式。实验方案讨论中能够体现学生思维台阶的搭设，通过循序渐进的方式，完善物理实验方案。学生能够使用所学物理知识与他人进行讨论，能够提出自我观点，尝试参与辩论，这就是高阶思维培养的有效体现。整个实验的改进过程，教师只需设计问题引导学生积极思考，使学生在原有经验的基础上产生思维冲突，学生在参与实验改进的过程中就会学会思考、学会质疑、学会创新，从而使他们的科学思维得到延伸。

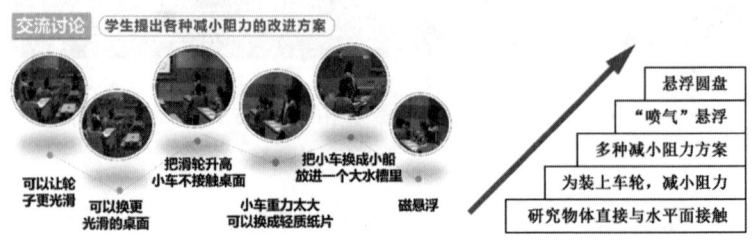

图 4-2-10　探究二力平衡实验的创新思维发展图

为了验证学生猜想，我按照学生们讨论出的方案改进传统实验，提供了如下自制学具，实验对象是这个可拆卸轮子的喷气小车。为了让学生能够更充分地改变拉力大小进行多次实验，我将传统实验中钩码改成了铁砂，培养学生多次实验寻找普遍规律的意识。

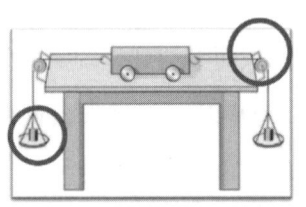 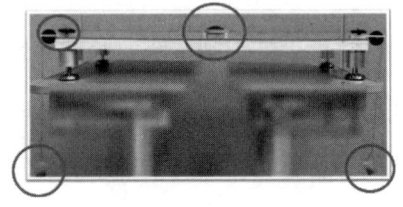

图 4-2-11　自制悬浮小车分组探究学具

传统二力平衡教具，在木板两侧只使用 1 个定滑轮，拉力方向较为固定，而本创新学具采用 3 个滑轮为一个单元的设计，当物体被扭转时，力的方向可以自由改变，而其大小不受影响。为了培养学生严谨的思维我还做了一些其他细节设计，比如自制学具的桌腿高度可调节，滑轮高度也可调节，在桌面上画上小格作为参照物。在实验过程中，小车底座卸下后高度降低，此处滑轮高度可调节。学生就会有意识确保两个拉力仍在同一水平直线上，在判断小车的运动状态时学生也会积极选取参照物，无形中培养了学生严谨的科学态度。

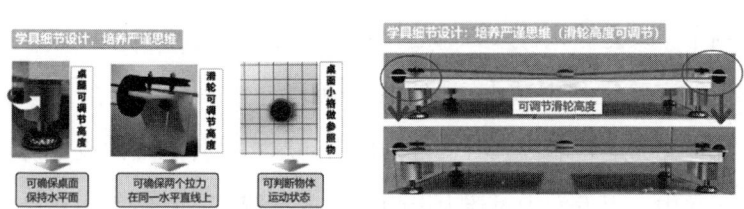

图4-2-12 探究二力平衡实验的创新点设计

对学生而言，教材中的每一个实验都隐含了许多疑问，教师都可以设置认知冲突，积极引导学生从实验原理、实验步骤、实验结论等方面提出质疑，并且引导学生分析推理，通过实验拓展去解决疑问，发展学生的高阶思维。

（四）关注前沿科技，了解大国重器

在物理实验教学中渗透爱国主义教育是非常必要的，是落实立德树人要求、响应全员德育和学科育人的具体实践。初中物理教材中有不少素材蕴含丰富的育人价值，深度挖掘教材的价值，精细化使用每一个素材，就能把握契机实现爱国主义教育的无痕渗透。除了教材中的素材，我组教师还会关注前沿科技，了解大国重器，从中整合素材，作为培养学生科学态度与责任的重要材料基础。

1. 在创设真实情景时，渗透民族自豪感，增强学生的科学责任

创设真实问题情景时可以利用教材中自然景观、古代生产生活、文物、古典建筑、民族乐器等素材，让学生在物理学习过程中了解祖国的大好河山，了解祖国上下五千年积淀的文明成果，对祖国的了解可以很好地培养学生的民族认同感；例如在进行音调与频率的科学探究前，可以利用编钟等民族乐器演奏音乐创设真实的情景，让学生发现大小不同的编钟发出的音调不同，从而提出可探究的科学问题。创设问题情景时还可以利用教材中关于我国处于世界领先水平的现代科技（高铁、航空航天、C919、磁悬浮列车、蛟龙等）、军事（辽宁舰、福建舰）等素材，例如：在学生讨论如何在实验过程中减小摩擦力时，可以介绍磁悬浮列车开阔学生思路；在探究浮力的影响因素时，可以提出问题：为什么如此庞大的福建舰没有沉入水中，引发学生对浮力影响因素进行猜想。我组教师还会关注大国重器，从中凝练素材，例如带领学生分析振华30起重船的受力情况对二力平衡时两个力的大小关系进行猜想。这些都能够让学生感受到我国科技新成果，感受到国力昌盛，会因为自己是一名中国人而自豪，可以培养学生的民族自豪感，增强学生为民族复兴的科学责任。此外，在一些实验教学情景中我会强化忧患意识，例如先利用图片展示战争后的惨状，激发学生的忧患意识，学生发现世界最大射电望远镜建立在中国，了解其军事意义后，望远的探索欲望会被激发，在进行探究实验时会充满动力，同时能够增强为国家富强而努力的科学责任感。

图 4-2-13　物理教学渗透爱国主义教育

2. 在解决实际问题时，使用先进技术手段，培养学生的科学态度

在实验教学中实际解决问题时，引导学生认真收集实验事实，进行严谨的分析论证，证明实验结论是否科学合理，有助于学生科学论证思维的发展。对于物理量的检测有时我会采取先进技术手段，这样实验数据收集与处理更加科学化，确保得出的结论科学合理，更加有利于培养学生良好的科学态度。教师通过对先进技术的应用，对传统物理实验手段的创新，有助于提高物理教学效率和效果，从而使学生学习的积极性和主动性得到进一步提升。我组教师时时刻刻关注物理学科的发展动态，了解最前沿的科技知识，然后利用科学的方式，将其科学应用到初中物理实验教学中，拓宽学生的视野，激发学生的学习兴趣，调动学生的主观能动性，在学习期间可以主动地探索物理的奥秘，提升学生的自主学习能力以及创新能力，培养学生的核心素养，进而促进学生的良好发展。

例如：学生对于发生短路时造成哪一部分电流过大没有认知，体会不到温度高烧断保险丝，所以我利用自制教具演示实验，学生通过观察热成像仪下震撼直观的实验现象，能够理解为什么短路不烧毁用电器。学生在热成像仪下观看铜丝代替保险丝时发生短路的实验现象，意识到短路导致总电流过大会引起火灾，更加充分地认识到保险丝的作用。使用热成像仪，学生还能更直观地观察到总功率过大时支路和干路的温度变化，总结出总功率过大会发生危险。并且能够通过先感性认识干路电流和大功率用电器所在支路电流大，再通过计算分析得到验证。利用手机外接热成像仪，学生能够实时观察到温度变化，更容易理解总功率过大具体会导致哪部分电流大，也能使学生联系生活实际，形成实事求是的科学态度。

总而言之，每一堂物理实验课都能够通过教师的精心设计达到提高学生核心素养的目的。无论用什么样的方式方法，物理教师都不仅传授知识，更应当关注学生的终身发展。随着时代的进步、生活环境的变化，国家对人才的要求也日趋提高。为此教师更应加强培养学生的综合素质与科学素养，在物理实验教学中应以激发学生学习兴趣为基础，关注学生的真

 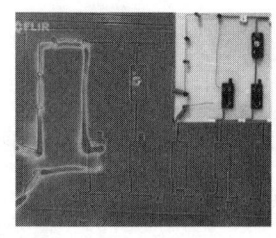 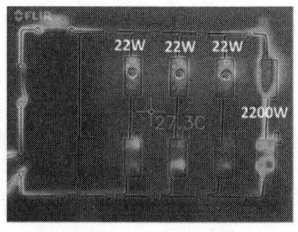

图 4-2-14　家庭用电物理创新教具展示

问题，与时俱进不断寻求新的策略，在初中物理实验教学中渗透科学方法教学，强化物理观念、拓展科学探究、进阶科学思维，通过学生反思改进实验，培养科学态度与责任。通过这一系列实验创新策略的实施，培养学生从生活中发现问题，运用综合素养分析问题和解决问题的能力，逐渐形成用科学的眼光观察自然世界，用科学的思维思考自然世界，用科学的语言表达自然世界，形成可持续发展的创新力，持续发展核心素养。

第三节　创新实验在物理实践课教学中的体现

物理实践课是一门强调学生动手实践与主动探究的课程，其教学对象、课程安排和教学内容等方面与常规物理课都有着很大区别。物理实践课通过引入有趣的小制作，激发学生学习兴趣，解决学生动手能力较弱的问题；通过与物理创新实验相结合，在实验中引导学生不断思考，提升学生高阶思维能力，解决学生科学思维较弱的问题；通过引导学生提出问题，然后猜想假设、设计实验最终得出结论，提升学生的科学探究能力，解决学生"高分低能"的问题。

由此可见，物理实践课具有诸多优点，尤其有利于提升学生学科核心素养。因此我校对本课程非常重视，课程开始时间早、人力物力投入多，在初中物理组全体教师长时间的努力下，实践课获得了长足的发展。

一、实践课开设的背景

无论是从国家的核心竞争力还是学生适应终身发展的需求，教育都应把培养学生的思维能力、创新能力、实践能力和团结协作能力等作为优先目标。

为贯彻落实党的十八届三中全会精神，深化教育领域综合改革，解决基础教育学科教育教学中存在的深层次问题，北京市教委组织制定了《北京市初中科学类学科教学改进意见》，提出应拿出不低于10%的学时用于开设实践活动课程，以解决科学类学科教学方式单一、实验教学薄弱、学生缺乏想象力和创造力等深层次问题，并解决科学类学科教学的小初衔接问题，同时要培养学生全面的科学素养。此外，2018年《北京市中小学办学条件标准》也提出为提高学生自主学习能力和动手实践能力，增加学生交流研讨空间、动手实践场地和社团活动空间。《北京市教育委员会北京市财政局关于印发〈北京市初中开放性科学实践活动管理办法（试行）〉的通知》（京教基二〔2018〕24号）要求在2019年初中开展开放性科学实践活动，由学校负责组织实施和成绩认定，鼓励有条件的学校充分利用现有资源，按照相关标准，开发、开设科学实践活动课程。学生参加经学校认定的科学实践活动课程，可计入活动次数，并按规定计入中考成绩。

自北京市教委发布《北京市初中科学类学科教学改进意见》以来，各个学校相继开始了物理实践课的实施，由于实践课与物理课的形式及内容存在很大差异，教师缺乏实践课教学经验，所以坚持固定课时真正开展实践课的学校并不多，而且《北京市初中开放性科学实践活动手册》中的实践活动偏重于动手制作，对于学生思维发展涉及有限。

为了顺应教育改革的需求，我校开发研究了《践行智学》实践课程，不仅解决了七八年级科学类学科教学的衔接问题，提升了学生动手实践能力，还让学生通过观察、实验、制作等"做中学"的过程，提升其思维能力和物理核心素养，并使其产生强烈的探究欲望和创新动力，亲自开启通往科学之旅的大门。

二、《践行智学》课程的概念

《践行智学》课程是一门以物理学科为基础，以中国古代科技成就和趣味科技制作为切入点，并紧密结合物理学科教育去挖掘其蕴含的科学原理，强调发展学生思维能力和物理核心素养的综合性实践课程。该课程属于初中物理学科课程体系中的衔接类课程，以初一年级学生为主体，每周1课时，共计36学时。课程依据学生的认知特点和日常生活经验设计教学内容，倡导"玩中学""做中学"，学生主要采用观察、实验、制作等方式参与活动。课程旨在锻炼学生的动手能力，提高他们学习物理知识的兴趣，落实对学生科学核心素养的培养目标，从而使学生进一步提高适应社会发展的终身品质和能力。学生在《践行智学》课程中的体验、分析、讨论、再体验过程中，逐渐提升自身的理性思维、批判质疑、勇于探究、社会责任及问题解决能力。

图 4-3-1 《践行智学》课程理念

《践行智学》课程是从常规物理课中生长演化而来，具有前瞻性和衔接性的课程。在设计课程的过程中，教师首先研究物理课教学内容，提炼出适合初一学生学习的内容，然后引入、改造与之相关的古今物理制作，最后结合学生特点设计完整课程。学生在完成课程学习的过程中，提前了解相关物理知识、方法，锻炼了思维和探究能力，为初二正式学习物理打下基础。此外，我校教师还创建了同样从物理课演化而来的物理创意社团，将部分学习要求较高的拓展性内容转移至社团，为学有余力的学生提供充分的发展空间，实现个性化教学，是常规物理课的有力补充。以上就是我校教师以物理课为基础、以综合实践课程为衔接、以物理创意社团为拓展的三位一体物理课程体系。

三、《践行智学》课程特点与优势

　　《践行智学》实践课程从常规物理课演化而来，教学内容、方法都与其有着千丝万缕的联系，但是实践课也有着独有的特点和优势，使得实践课独立于常规物理课，成为其重要的补充部分。

　　（一）课程特点

　　《践行智学》实践课程在课时、教学对象和学习难度方面都与常规物理课有所区别。

　　物理实践课课时安排较为集中，以我校为例，物理实践课通常被安排于周二下午或周五下午两节连排，目的是让学生拥有充足的时间进行制作探究。如果时间不足，学生只能匆匆完成小制作，对于其背后的原理则无暇顾及了。由于学生在制作过程中可能会使用到一些较为笨重的工具（如打磨机），因此部分实践课被安排在专用教室上课，这也与常规物理课有所区分。在教学之初作出的种种特别的课程安排也是为了满足实践课与常规物理课不同教学对象的需求。

常规物理课的教学对象是初二学生，经过初一一年的学习生活，学生已经适应了中学的学习节奏，具有了一定的科学素养。但是物理实践课是针对初一学生设立的，其心智尚不成熟，其行为更贴近于小学生，具体表现为好奇心较强，喜欢问天马行空的问题，热爱动手操作，每次课后都有学生问我有没有多余的实验材料，他们想要回家再做一次。但是与此相对，其动手能力与其想法不匹配，相对较弱，而且未受过系统的科学训练，缺乏物理知识且探究能力较弱，针对自己提出的天马行空的问题不知该如何分析，例如有学生能问出如何增加摩擦力、摩擦力与什么有关这种很有价值的问题，但是接下来就不知道如何探究了。因此针对课程安排和学生特点，物理实践课的教学内容与难度必然与常规物理课有着很大的不同。

在课程中教师需控制教学难度，让学生处于最近发展区之内。否则小制作再有趣、课程设计再精妙学生也无法接受。例如在设计《环形纸飞机》一课时，如果想要解释清楚飞行原理就要运用到流体压强等知识，还要进行较为复杂的受力分析，这显然是初一学生无法接受的。因此教学内容去除了对原理的推导解释，只要求学生制作环形纸飞机，并不断调整其构型使其飞得更远，这样学生不会陷入较为困难的字母公式推导中，而是会津津有味地改进自己的飞机，感受飞行的乐趣了。

（二）课程优势

1. 课程强调学生动手实践

物理实践课的重要特点是在教学过程中强调动手制作，增加学生动手实践机会，将好的解决问题的想法落到实处，在实践中发现并解决问题，让学生在"做中学"。而且，初一学生虽然抽象思维能力薄弱，但好奇心强，学习动机常从兴趣出发。因此本课程开发了一系列趣味小制作，既满足了学生的好奇心和求知欲，又提高了学生的动手实践能力和抽象思维能力。例如在《听话的笑脸》一课中，每当学生看到自己制作的笑脸随着绳子的拉伸走走停停，都会体验到无与伦比的喜悦和成就感。

2. 课程强调发展学生核心素养

《践行智学》实践课程的重要优势之一就是致力于提升学生的学科核心素养。

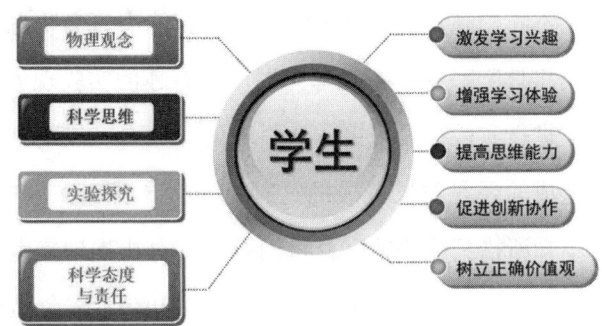

图4-3-2 《践行智学》课程目标

首先，课程注重培养学生的物理观念。学生在探究、讨论的过程中，学习物理概念、规律，并在头脑中提炼升华，形成物理观念；在应用、总结、再应用过程中，了解科学知识在当今社会中的运用，增强学生应用知识解释自然现象、解决实

图4-3-3 神奇魔术盒

际问题的能力，激发学生的学习兴趣，解决学生"高分低能"的问题。例如在《翻滚的胶囊》一课中，从生活中常见的玩具——不倒翁入手，引导学生体会重心变化对物体移动的影响，最终应用重心的知识制作"翻滚胶囊"，深入体会了"重心"的概念。在《神奇的魔术盒》一课中，教师先让学生试玩万花筒，引发学生的好奇心和疑惑，接着让学生自制魔术盒，

用手分别遮住前后的孔，观察盒子里面的图片，学生发现人的眼睛总是看到光强的那边的物体，之后引导学生分析为什么车玻璃在贴膜后，里面的人能够看到外面的人，而外面的人看不见里面的人，应用知识解释生活中的现象。

其次，《践行智学》实践课程关注学生科学思维的发展。学生在观察体验中，逐步学会用物理学思维认识身边的客观事物，并在实践中敢于质疑、勇于创新，不断提高自身的分析能力、创新能力等高阶思维能力。例如在《向上爬的锥体》一课中，教师先展示了有趣的实验现象：把双锥体放在特制斜坡上进行实验，发现锥体从斜坡的低处自己滚动到高处。随后分析：是锥体造成的还是斜坡造成的这种反常现象呢？在教师的引导下，学生由对问题不知所措到能够独立分析问题，其分析推理能力得到很大提升。还有几位同学在学习了凸透镜、投影仪相关知识后，创造性地将投影仪、脸谱和非遗"三角插"结合在一起，制作了通过投影不断变幻图案的三角插脸谱，充分发挥了自身的创造力，在分析、创造的过程中，学生的科学思维获得了长足的发展。

图4-3-4　自制投影仪和脸谱
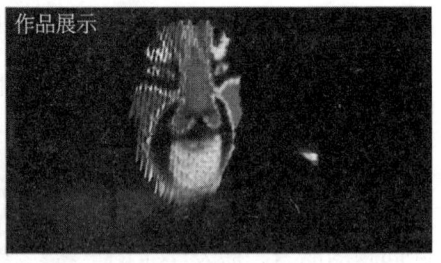
图4-3-5　脸谱投影效果

最后，《践行智学》实践课程还注重培养学生的实验探究能力。学生在探究活动中提高实践操作能力，并大胆猜想、积极求证、在分享成果中乐于交流，能够根据实践结果进行归纳总结，直观地感受到物理学科的魅力，不断提高自身的实践能力和团结协作能力。常规物理课同样要求学生进行科学探究，但是由于课时限制，很难给予学生充分的探究时间，所以教师往往对探究过程进行简化，甚至直接指定学生探究特定物理量之间的关系。而实践课由于时间相对充裕，则在教学过程中希望学生能够进行完整的科学探究，从实际情境中自行发现问题，并进行探究解决问题。以制作"走马灯"为例，在制作过程中，学生制作的走马灯无法转动，提出问题：走马灯的转动情况与支撑杆的材料有关。然后学生更换支撑杆的材料进行多次实验，发现无论是铁制、纸制还是木制，走马灯均无法转动。在问题陷入僵局时又有学生提出：走马灯转动情况与支撑杆尖锐程度有关，认为之前更换的几种支撑杆与走马灯顶部接触一端过于粗糙，之后学生对支撑杆顶部进行打磨使其变细，走马灯成功转动。在这一过程中，学生从真实情境出发为解决实际问题提出问题进行科学探究最终得出结论，有效提升了学生的科学探究能力。

《践行智学》实践课程把培养学生科学态度与责任放在重要位置。学生通过体验丰富而合理的教学活动，在探究制作过程中经历小组间的合作，体会团结合作的力量，形成正确的世界观、价值观和社会责任感；通过了解中国古代各种小制作的历史背景，感知其中蕴含的文化观念和巧妙技艺，感悟古人的智慧，增强民族荣誉感。

图4-3-6 学生自制走马灯

由此可见，物理实践课与常规物理课在课程安排、教学对象、教学内容方面有着诸多不同，其中一方面强调学生的动手实践，另一方面特别强调在实践过程中学生进行深度学习，发展学生的高阶思维，让学生敢于发表自己的见解，同时要求学生能够对物理问题进行合理推理，开展有效的科学探究，最终提升学生学科核心素养。而无论是动手实践还是进行科学探究、培养学生的科学思维，都需要对应的实验作为平台。但是常规物理实验面向初二学生，要求学生有一定的物理基础和动手能力，而实践课的教学对象为初一学生，强行使用会导致学生无法理解和完成实验。而且常规物理实验强调基础知识和基本技能，而对科学思维和科学探究缺乏重视。因此，需要教师在实践课中引入物理创新实验，为引导学生进行深度学习、提升学生高阶思维能力搭建合适的平台。

四、物理实践课中物理创新实验的设计原则

在 2019 年教育部印发的《关于加强和改进中小学实验教学的意见》中提出，要加强实验教学研究，鼓励开发与科学实践活动配套的教学资源，而且教学实践也说明物理创新实验是开展实践课的重要平台，为了更好地达成实践课的教学目标，教师在设计适用于实践课的创新实验时需关注如下原则。

（一）趣味性

教师想要引导学生进行深度学习，就需要设法调动学生的积极性，引导学生主动思考、分析、创造。因此实践课中的物理创新实验应充满趣味，吸引学生的注意力，引导学生主动学习。想要吸引学生可以从两方面入手，一方面，教师可以改造小制作的外形，通过有趣的形状、色彩抓住学生的眼球。例如在《听话的笑脸》一课中，教师在瓶子上粘贴"熊大"的图案，在展

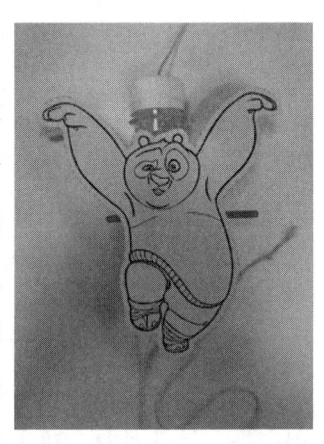

图 4 - 3 - 7　听话的笑脸

示过程中，学生看着"熊大"在教师的控制下随着绳子的拉伸走走停停，发出一阵阵大笑，都跃跃欲试想要亲自动手制作。另一方面，教师也可以从实验现象入手，通过展示意想不到的实验现象吸引学生的注意力。例如在《两心壶》一课中，教师先展示了外表看上去平平无奇的壶，接下来教师竟从壶中倒出了两种颜色的液体，这令学生十分震惊，想要知道其中的奥秘。

(二) 生活性

物理实践课致力于解决学生"高分低能的问题"，因此作为平台的物理创新实验也应与生活实际相结合，让学生从实际现象入手开始探究，再将得出的结论运用于真实情境中，真正做到从生活中来，到生活中去。例如从人人都玩过的万花筒入手，引导学生认识光的反射现象，再将规律应用于生活中，分析汽车反光镜、手电筒反光板的原理和作用。在这一过程中，学生从熟悉的玩具开始学习，然后将知识应用于实际生活中，将抽象的物理知识与真实的生活现象紧密结合在了一起，培养了学生的物理观念。

此外，日常生活中有很多复杂机械，学生可以通过动手制作模型了解其背后的结构，知道物理其实离自己并不遥远。例如现代生活离不开电，而电厂中的发电机结构较为复杂，学生难以了解其结构。因此，教师在实践课中引导学生制作针筒发电机，学生先将磁铁放入针筒，再用万能胶将线圈固定在针筒上，最后将发光二极管连接在线圈两端，这样针筒发电机就制成了。随着学生上下推拉活塞，磁铁往复运动，发光二极管也发出明亮的光。虽然针筒发电机的结构并不复杂，但是其原理与电厂中的发电机完全相同，在制作过程中，学生了解了法拉第电磁感应定律，也解决了他们一直以来的问题：生活中离不开的电是怎么来的？更重要的是学生体会了能量转化的过程，形成了能量观这一重要的物理观念。

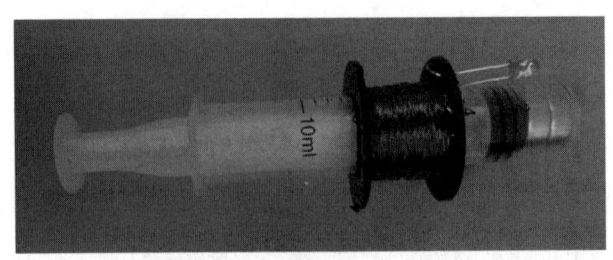

图 4-3-8　针筒发电机

（三）适用性

学习是一个从浅层到深层的过程，提升学生的动手能力、发展学生高阶思维也是如此。因此，实践课中的小实验、小制作应符合初一学生的实践水平和思维水平。初一学生动手能力较弱，力量不足，难以完成较复杂的制作。因此，在实践课中的创新并非要求制作华丽高端的教具，而是要将原本复杂作品在保证其基本结构不变的同时进行适当的简化，对其制作过程、使用材料进行调整，以适应当前学生的制作水平。这些"微创新"也许并不起眼，但是在实际课程中却起到了重要的作用。例如在学生制作虹桥的过程中，原实验是使用毛线捆扎一次性筷子，但是实践过程中发现，毛线固定效果较差，在实验众多材料后选择绑电线的扎带替代毛线，让学生能够更快速地搭建起坚固的虹桥，将注意力放在虹桥的结构而非毛线打结上，为学生思维发展提供充分的空间。

（四）思维性

高阶思维能力是创新能力、问题解决能力的核心，反之要想提升学生的高阶思维能力，就需要学生在原有认知基础上进行创新，运用已有知识解决实际问题。因此，创新实验应引导学生在得出实验结论后继续深入，运用实验结论结合实际情境，再进行推理分析，得出新结论、解决新问题。学生制作简化后的潜望镜，了解光可以发生多次反射成像，之后通过制作万花筒了解其内部结构，进而推理得出万花筒之所以能够呈现出多彩的图像是因为光线在其中多次反射。在这一过程中，学生应用反射知识解释万花筒的成像原理，不仅加深了学生对反射知识的理解，更增强了学生分析推理能力，提升了自身的高阶思维。

此外，随着电动汽车的普及很多学生对电动机很感兴趣，因此教师引导学生制作电动机，在实践中培养学生思维能力。在制作过程中学生发现自制电动机的线圈只能转动半圈，之后就围绕中线左右摆动。教师引导学生分析其中的原因，提示学生线圈转动是因为受到安培力的作用，这个力与磁场和电流方向有关。学生发现

图 4-3-9　电动机

在线圈转动的前半圈，其所处的磁场方向保持不变，而在线圈反向转动时，其所处的磁场与原磁场方向相反，所以受到的力方向也相反，线圈受到两个相反的力作用，自然无法连续转动。在分析原因后，学生开始发散思维寻找解决方法，有的提出要想办法将磁场方向翻转，有的提出要改变电流方向，最后在教师的引导下，学生最终找出了最简单的解决方法——将导线的一半漆刮掉。这样在磁极翻转后不再有电流经过线圈，在转动过程中线圈就只受到一个方向的力，可以连续转动了。在这一过程中，学生首先运用所学知识分析现有问题，然后发散思维寻找解决之道，最后再分析各种解决方法，找到问题的最优解，学生的高阶思维能力得到了有效提升。

五、《践行智学》课程内容

《践行智学》课程共 36 学时，每周一节，一学期 18 学时。基于学生的学情分析，以及每个项目的难易程度探究、制作不同的课型，每个项目

完成时间不同。课程的教学形式灵活多样，既有传统的教师授课教学，也有学生在了解相应历史故事的基础上以微剧的形式进行展演等，而且采用包括讲授法、启发法、讨论法、实验法、动手实践等多种教学方法，致力于发展学生的动手实践能力和学科核心素养。

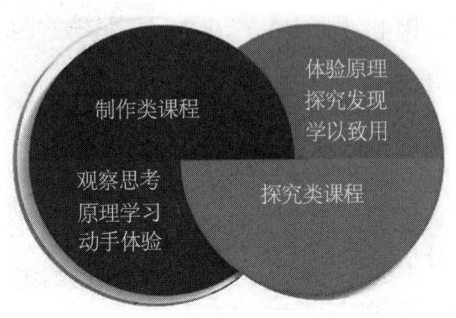

图4-3-10　《践行智学》课程类型

课程考虑到不同学生的发展需求，设计了制作类和探究类两种课型。制作类课程的环节设置注重学生实验操作能力的发展；探究类课程的三个环节逐步递进，提升学生的科学思维能力和科学探究能力。

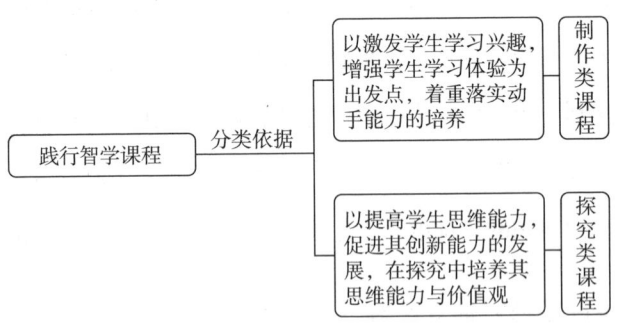

图4-3-11　《践行智学》课程内容分类

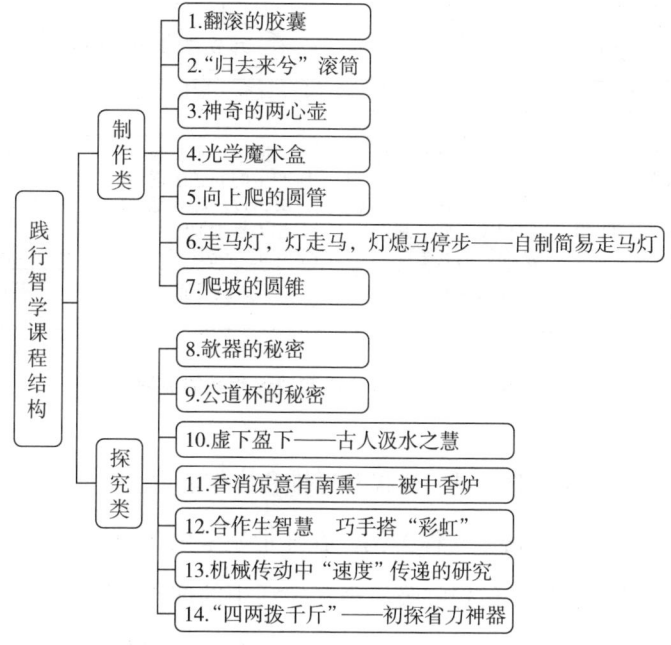

图 4-3-12 《践行智学》课程内容分类框架结构

（一）制作类课程

《践行智学》课程中《翻滚的胶囊》《公道杯》《"归去来兮"滚筒》《神奇的两心壶》《走马灯，灯走马，灯熄马停步——自制简易走马灯》《合作生智慧 巧手搭"彩虹"》《向上爬的圆管》主题以制作为主。考虑到制作过程所用时间，一般设置3课时，前两课时以制作模型和观察现象为主，第三课时在学生动手操作的基础上对其原理进行初步探究，实现对于学生物理核心素养发展的落实。

在制作类实践课程的实施过程中，教师首先展示具有趣味性的实验，激发学生的学习兴趣；之后引导学生制作模型，在制作过程中锻炼其动手和思维能力；在制作过程中学生会发现各种问题，学生通过实验探究解决问题，在探究过程中学习相关物理知识，锻炼其物理思维；最后，学生相

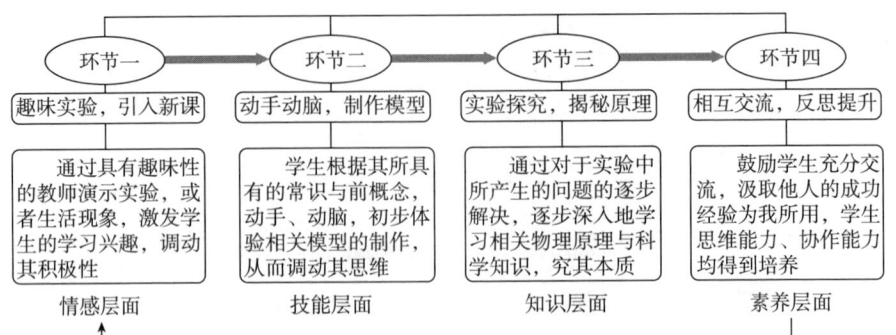

图 4-3-13 制作类实践课程实施流程

互交流，学习他人经验，进一步提升思维和协作能力。

以《公道杯的秘密》一课为例，教师带领学生在制作简易公道杯的基础上，进行实验探究，解释虹吸原理在生活中的广泛应用，学生们不仅体验到科学的神奇，而且强化了思维能力，同时在情感态度价值观方面也得到了升华。

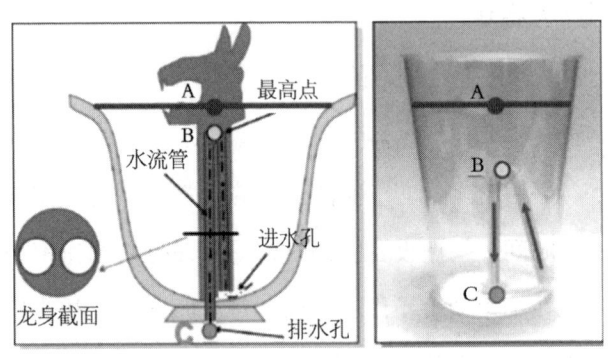

图 4-3-14 自制简易公道杯模型示意图

(二) 探究类课程

《践行智学》课程中《香消凉意有南熏——被中香炉》《"四两拨千

斤"——初探省力神器》《虚上盈下——古人汲水之慧》《欹器》主题以探究为主体。一般设置2课时的授课时间，模型制作过程简化，尽量将更多的时间交还与学生，学生在真探究的过程中，自主形成对于该原理的初步认识。

在探究类课程的实施过程中，教师先展示有趣的情境，引导学生提出问题；然后，教师通过布置层层递进的任务，引导学生探究实践；在经过探究得出结论后，学生发掘问题应用结论进一步探究；最后学生将所学内容应用于实际生活中。在课程中，学生不但提升了实验探究能力，而且提升了自身解决实际问题的能力。

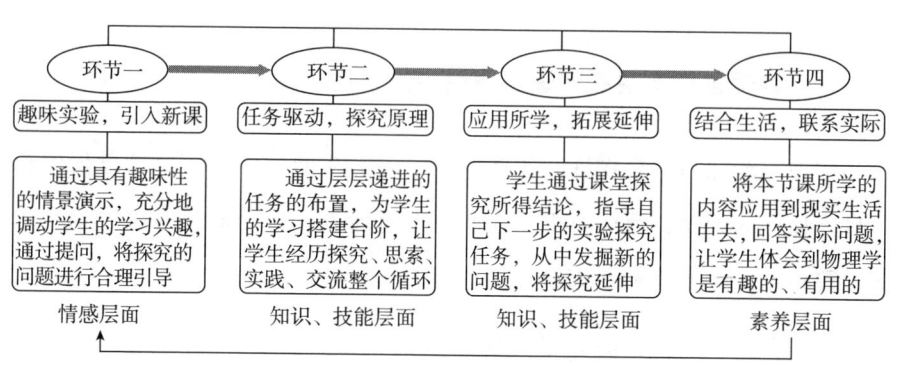

图4-3-15 探究类实践课程实施流程

以《"四两拨千斤"——初探省力神器》为例，本课学生通过亲自使用简单的杠杆、轮轴等工具，体验生活中简单机械给我们带来的便捷之处，合作讨论找到省力的方法，初步了解其中蕴含的物理知识和原理；熟悉简单省力工具的使用后，尝试将其组合达到"四两拨千斤"的效果，在体验中去感受古人的智慧和科学的魅力，了解其在当今社会中的广泛应用，进而提升民族自豪感，激发学生学习科学知识的兴趣。

图 4-3-16　学生使用杠杆、轮轴等工具实现"四两拨千斤"

六、物理创新实验在物理实践课中的应用

物理实践课与常规物理课各有异同，因此在使用创新实验的过程中有着自己独特的策略，运用时机、强调重点有所不同，因此在应用过程中应调整策略，使创新实验发挥最大的功效。

（一）展示趣味实验，调动学生动机

思维是学生头脑内的活动，要想提升学生的高阶思维能力就需要教师引导学生主动学习。因此本课程开发了一系列趣味小制作，既满足了学生的好奇心和求知欲，又提高了学生的动手实践能力和抽象思维能力。在课程之初教师可以先展示创新实验有趣的实验现象，调动学生的学习动机。例如在《翻滚的胶囊》这一课中，学生观察到一个外形精美的胶囊像调皮的猴子一样翻着跟头从倾斜的轨道上"跑下来"，并不是自己想象中的滑下来，这一与自己原有认知规律不同的现象会极大地调动学生学习的积极主动性。

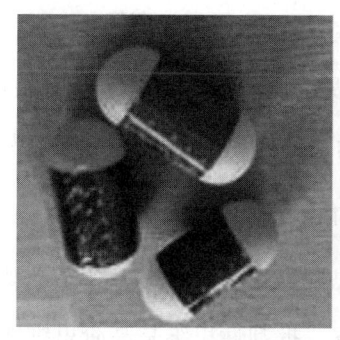 

图 4-3-17　翻滚的胶囊

（二）分析实验现象，抓住思维误区

在学生观察到有趣的实验现象之后，教师要引导学生分析现象得出结论。分析能力也是高阶思维能力的重要一环，在分析过程中，学生需在头脑内梳理观察得到的信息，然后借助已有知识经验进行推理总结，最后得出结论。值得一提的是，学生由于生活经验和所学知识有限，因此会产生很多错误的前概念。在分析生活中问题时会想当然，教师可以充分利用这种错误，设置相应的情境和问题，引导学生充分暴露认知上的错误，再引导学生理论分析，最后推翻自己的错误认识。这样，学生不仅可以推翻过去的错误认识，还能加强对新内容的理解，更重要的是提升了分析能力。

例如在《听话的笑脸》一课中，教师演示随着左右拉动绳子，笑脸不断上升，提出问题"笑脸为什么会上升"，很多学生即使没有学过物理也可以轻易地回答，是有力将笑脸"拉"上去了。接着教师提出第二个问题：是哪种力将笑脸"拉"上去了呢？有的学生说是拉力，有的学生说是绳子的推力，还有学生说是摩擦力。教师接着引导学生：绳子与笑脸之间摩擦会产生什么力呢？很多学生都知道是摩擦力，同时他们也产生了疑问，即：为什么摩擦力会推动物体向上，摩擦力不应该都是"阻力"吗？针对这个错误概念，教师引导学生分析"笑脸"的运动、人走路的受力情况和物体在传送带的受力情况，最终学生发现摩擦力既可以是动力，也可能是阻力。经过本节课，学生破除了错误认识，加深了对摩擦力的理解，掌握了利用相似实物进行类别分析的能力，整体思维水平也得到了提升。

（三）营造质疑空间，发展批判思维

在分析过程中，师生、生生之间难免会出现不同意见，在不同观点的碰撞中，学生的批判性思维也在悄然萌发。批判性思维是高阶思维能力的重要组成部分，学生只有具有批判性思维才能不畏权威、敢于质疑，形成实事求是的科学态度。要想培养学生的批判性思维，就要在实验过程中营造充分的质疑空间，让学生独立分析实验现象并说出自己的想法，不搞"一言堂"。例如在《走马灯》一课中，教师为学生讲解走马灯的原理：热空气推动扇叶转动，但有一名学生认为教师讲解有误，认为热空气给扇叶的推力会相互抵消。教师发现学生与自己的意见相左并没有训斥学生，而是鼓励了这种行为并与学生一同分析，最终找到了学生的思维误区。学生的质疑行为得到了鼓励，之后的课程中更加敢于坚持自己的观点，并尽力通过实验证明自己的观点，批判性思维得到了提升。

除此以外，教师还可以引导学生发现他人的问题并提出意见，引导学生相互评价，激发学生的斗志，使其更加努力思考。再例如在《神奇的两心壶》一课中，学生先了解两心壶的基本结构和原理，然后动手制作。在制作过程中，学生对于在瓶子何处打孔意见不一，谁都无法说服对方。于是，学生们按照自己的想法分头制作自己的作品，完成后相互交流，点评对方的作品，分析其中的优劣。在这个过程中，学生的批判思维得到了提升，表达能力得到了锻炼，同时培养了学生实事求是、敢于质疑的科学态度。

（四）亲自动手制作，合作解决问题

物理实践课的重要特色就是学生动手实践，在此过程中学生锻炼自己的动手能力，养成踏实认真、严谨规范的科学态度。有些制作过程比较复杂，学生相互交流合作完成，提升学生的团队合作能力。除此以外，实践课不止于动手实践，在制作过程中，为了能够顺利完成，学生需要开动脑筋，了解作品基本功能和分析其基本结构，在分析过程中学生的思维得到了提升。

图4-3-18　学生正在使用工具

例如，学生在学习声音三要素后知道音调由物体振动快慢决定，由此制作了水瓶琴。他准备了7个玻璃瓶，在其中装入不同体积的水，敲击瓶子时瓶子振动快慢不同，发出的音调也不同。然后他不断调整瓶子中的水量，直到敲击时发出的音调完全准确。最后，他将瓶子按水量依次悬挂在架子上，这样水瓶琴就做好了。他在

图4-3-19　学生演奏水瓶琴

课上用自制水瓶琴演奏美妙的乐曲，同学们对此赞叹不已。虽然水瓶琴的结构并不复杂，但是想要使其演奏出准确的音调却并不容易，不仅需要挑选合适的瓶子，更需反复调整瓶中水量。在制作过程中，学生耐心调整、脚踏实地，不仅提升了动手能力，更磨炼了耐心，形成了严谨的科学态度。

除此以外，在《合作生智慧　巧手搭"彩虹"》一课中，学生首先根据中国虹桥模型图片，学生两人为一小组搭建虹桥模型，初步体验中国虹桥结构特点。虽然看起来零件并不多，结构较为重复，但是如果不能充分发现其中的结构特点，不知道其中的受力方式，就无法完成这看似简单的模型。有些学生完成后，会主动帮助未完成的同学，他们不仅仅动手帮忙搭建，更为同学讲解其中的结构特点，在交流互助中，合作共赢的意识深

植于学生内心。

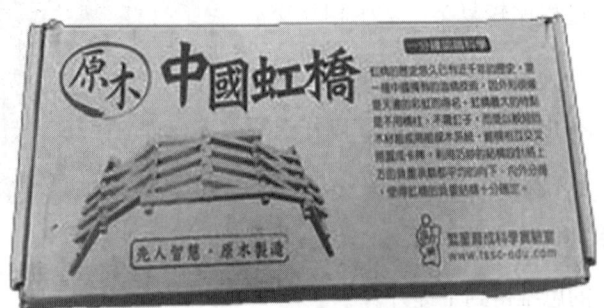

图4-3-20 中国虹桥拼接模型

图4-3-21 中国虹桥拼接模型

（五）开展实验探究，提升探究能力

新课标提出，应强化学生的科学探究能力，物理创新实验就是培养学生探究能力的最好抓手。在实验过程中，学生自主发现并提出问题，然后在教师的引导下运用物理知识、物理方法设计实验，然后独立完成实验操作，观察实验结果，再总结得出结论。由于实践课给予了学生充足的探究时间，物理创新实验强调学生的探究性，因此学生的科学探究能力也能够得到相当的提升。

例如在《向上爬的锥体》一课中，学生制作了双锥体和斜坡，在进行实验的过程中却观察到了双锥体向坡上爬的反常实验现象，随后开始进行科学探究。首先学生提出问题：双锥体向坡上爬的反常现象是双锥体的原因还是三角斜坡的原因呢？随后教师举买衣服的例子引导学生思考，之后学生自行设计实验：（1）使用同一锥体，换用不同的斜坡进行实验；（2）使用同一斜坡，换用圆柱体进行实验。最后总结得出：仅有双锥体和正常斜坡不会出现反常现象，规则的圆柱体和三角斜坡也不会出现反常现象。只有双锥体和这个三角斜坡的结合才造成了这个反常现象。

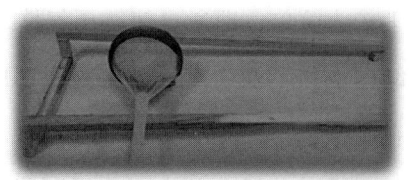

图4-3-22 双椎体在平行斜坡上进行实验

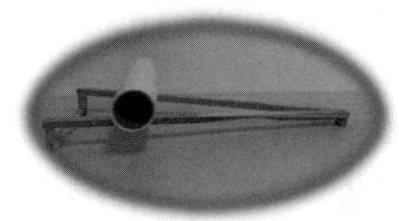

图4-3-23 圆柱体在三角斜坡上进行实验

图4-3-24 双锥体在三角斜坡上进行实验

在这一过程中，学生凭借细致的观察发现了实验现象不符合常理，虽然暂时缺少物理知识，但是还是在教师的引导下进行了分析推理，然后独立设计并完成了实验，总结实验现象得出了正确的结论。在课程中，学生体会到了原汁原味的科学探究过程，不仅增强了科学探究能力还提升了学习兴趣。

此外，在了解火箭发射原理后，教师引导学生制作水火箭。水火箭原理较为简单，即通过使高压气体、液体从瓶中喷出依靠反冲作用起飞。其结构也并不复杂，主要由头段、中段、导流翼、喷口等部分组成，但是在制作过程中却出现了很多问题。首先是喷口的密封问题，如果喷口密封不严则充气时会从喷口周围漏水，轻则导致火箭射程下降，重则会使火箭尾部解体。在经过多次实验后，学生最终发现可以采用木塞进行密封，用烧红的针尖在木塞上穿洞将气针插入充气，为了防止打气时气泡翻滚和漏水，还在气针上加装一个圆珠笔芯。在解决漏气问题后，接下来就要确定瓶内装入的水量了，如果水量过少则会导致没有足够的水能够喷出推动火箭前进，但装水过多则会导致火箭过重，射程同样会大幅减小。学生改变水量，控制其他条件经过多次实验探究，最终找到了最佳水量。而为了提升学生的积极性，教师还组织学生进行水火箭打靶擂台赛，这更激发了学生的探究兴趣。在制作过程中，学生充分利用所学知识进行科学探究，解决了一个个问题，其科学探究能力必能得到相当程度的提升。

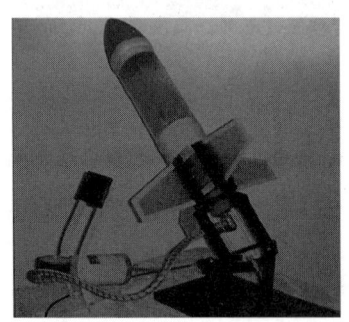
图4-3-25　水火箭

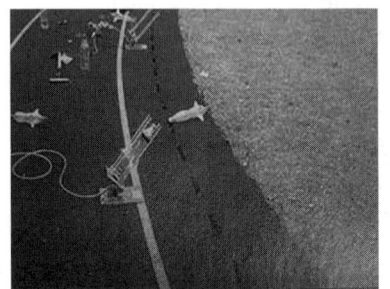
图4-3-26　水火箭比赛

（六）培养发散思维，提升创新能力

在通过实验探究得出结论后，学生需要将这些结论创造性地应用于实际生活，在这一过程中，学生的创新能力必不可少。创新能力也是高阶思维能力的重要组成部分，也是学生将来走向社会的核心竞争力。想要提升学生的创新能力，则需在创新实验中充分引导学生思考，培养其发散思维，提升推理能力。例如在《走马灯》一课中，为解决灯罩转动不畅的问题，教师鼓励学生各抒己见，有的学生提出要更换灯罩材质，有的提出要减小转轴摩擦，在这个过程中，学生充分发散思维，其创新能力也得到了提升。

除此以外，还有学生对创新实验非常感兴趣，因此在课后根据所学知识自行设计制作。例如一名学生在《光学魔术盒》一课中对于反射这一光现象很感兴趣，结合科学课上学习的声音产生的知识，设计了一个小装置，此装置由筒身、支架、激光笔、平面镜和皮膜组成。当没有声音时，激光笔发出的光经平面镜反射在墙面上呈现一个点，而当人对筒身说话时，声音振动带动皮膜振动，皮膜上的平面镜跟着一起振动，反射光点的位置也在不断变化，就像用声音在画画一样，证明了声音是由振动产生的。在制作过程中，学生对相关知识技能的印象更加深刻，更为重要的是在此过程中，有效提升了自身的创新能力。

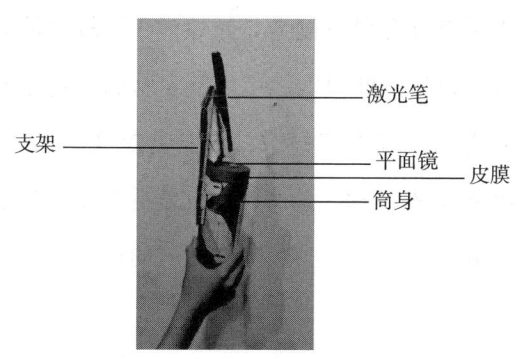

图 4-3-27　"声音画"装置

由此可见，通过依托物理创新实验开展实践课，不仅能够充分激发学生的学习兴趣，增强学生的动手能力，还能引导学生分析实验现象，摆脱思维误区，有效提升学生的分析能力。除此以外，学生可以在课上各抒己见碰撞观点，发展自己的批判思维，在实验中提升自己的探究能力，通过发散思维解决问题提升自己的创造能力。依靠教师精心设计的创新实验和适宜的教学策略，学生的高阶思维能力和物理核心素养得到了长足的发展。

在长期的实践课教学中，我们获得了很多经验，能够帮助后来教师少走弯路，但是也发现了很多问题在之后仍需努力钻研。

七、物理实践课的收获与展望

迄今为止，物理实践课在我校已开设 9 年，形成了完整的课程体系。2014 年，为了解决科学类学科教学中存在的问题北京市出台了《北京市初中科学类学科教学改进意见》（以下简称《意见》），《意见》强调在实践中学习科学知识，丰富科学类学科教学的实施形式，倡导学生在"玩中学""做中学"，之后我校就把科学实践活动课纳入物理教学计划，同时教师提供了丰富的专项培训和研讨机会。此外，我组教师针对物理实践课的组织形式和教学内容进行不断探索，用创新实验和自制教具丰富实践课的教学内容，将实践课从早期的"一穷二白"发展为了长达 36 课时、包含 10 余个创新小实验的完整课程，这些课程有效提升了学生的动手能力，培养了科学思维，发展了探究能力。在课程发展的过程中，无论是学生还是教师都受益匪浅。

· 自制电吉他工作坊项目利用Arduino连接蜂鸣器和琴弦,在2—3小时内快速体验各种创客必备技能!特别适合做教师培训的项目

图 4-3-28　我校教师参加科技创新项目培训

(一) 学习方式的变化,使学生科学兴趣被点燃

每周一次的《践行智学》课程备受期待,不管是课程内容还是课程形式,都深受学生的喜爱。课程的学习方式,改变了以往严肃单调的课堂印象,不仅能让学生享受到科学带来的乐趣,还能获得动手制作出成品的成就感。

图 4-3-29　学生专心致志参与制作过程

在动手制作的过程中，学生不仅提高了实践的能力，还从中领悟了科学的原理。最重要的是，学生的科学兴趣被点燃，玩在其中、乐此不疲。例如，我校2016届学生周鼎，在《践行智学》课程结束后，萌发对于科学发明、物理原理的无限好奇。在初中的三年时间里，自学相关科学知识制作金属探测器、全自动发射电磁炮、温差发电风扇、微型空调、脉冲电磁炮等一系列科技创新作品。

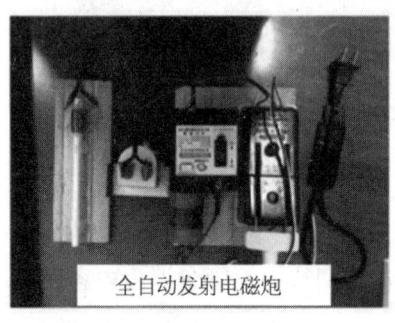
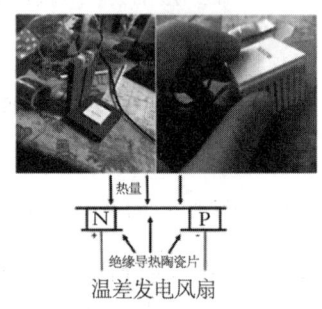

图4-3-30　周鼎同学制作的科技创新作品

（二）科学实践，有效提升学生的探究能力

有些实验理解起来并不困难，但真正操作时，会出现各种各样的问题。只有在实践中才能发现问题，才会想办法去解决问题。起始课中曾安排了《筷子提米》的小实验，这个实验理论上非常简单，但实际操作起来并不容易成功。在真正实践中，学生的思维才会变得异常活跃，他们在失败中一次次改进操作方法，并通过实际操作来验证自己的方法是否可行。亲自动手去实践，不仅可以提高学生解决问题的能力，更有利于让学生养成动手实践的习惯。

另外，利用学生的小制作进行一些科学探究，实验的结论不一定是特别重要的，关键是可以让学生体验从发现问题、提出假设到设计实验、完成实验，最终得出结论的完整探究过程，提升其科学探究能力。

(三) 学科融合，学生得到全方面发展

本课程与语文、历史、美术等学科之间也是密不可分的，学生们在了解其原理的同时，又获得了情感上的升华，让科学课堂也变得"古色古香""诗意盎然"。通过课程的学习，学生在思考问题时能够打破学科间的"壁垒"，真正做到融会贯通。

在课余时间学生尝试将物理知识融入音乐剧、小节目甚至一些比赛当中，完成了培养学生成为"复合型"人才的育人目标。学生通过物理课了解了声的有关知识，对于生活中各种各样声音的产生特别感兴趣，尤其对于各类乐器的发声原理感到好奇，因此依靠所学知识制作了排箫、单弦琴、十四弦琴和管道琴等乐器，在制作过程中，学生不仅提升了动手能力，而且面对制作中的问题，发散思维努力探究，积极解决问题，有效提升了物理核心素养。在进行一段时间的排练后，这些学生还获得在全校面前演奏的机会，进一步展示学生在实践课上的风采。

图4-3-31是我校学生在大型展示活动中展示自创科技小节目，获得到场专家、教师的一致好评。

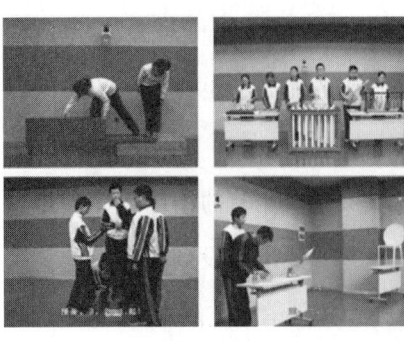

图4-3-31 学生在学校大型活动、比赛现场展示自创节目

（四）学生积极参与市区级各类科学赛事及获奖情况

通过《践行智学》课程，学生动手能力和创新意识得到进一步发展，部分学有余力的学生多次参加北京市、东城区科技创新类大赛，获得市级、区级奖励。

2016—2018年，我校共有3组、11位同学参加市级科技创新比赛，共获得市级中学组一等奖2次、二等奖1次、三等奖1次和最佳3D打印奖。在东城区的科技创新类比赛中，我校共6位同学在个人项目和团体项目中取得优异的成绩，共获得团体一等奖1次、个人一等奖1次、个人二等奖1次、个人三等奖2次。

图 4-3-32　学生参加科技创新比赛

图 4-3-33　学生在市、区级科技创新比赛的获奖情况

（五）提升教师专业素质，促进教学方式转变

"重"理论、"轻"过程，"重"分数、"轻"能力，这是过去老师们经常犯的错误。教学的目标往往只盯着考卷上的试题，只注重科学结论的获得，而对于探究的过程往往不够重视。通过本课程的开展，我们的观念悄然发生着改变，我们发现，动手才能真正地培养学生的实践能力和创造能力。

近年来，物理组教师们在不断充实课程主题的同时，并没有故步自封每次用相同的教案上课，而是继续不断打磨优化每一节课。我校 8 位老师在市级公开课上进行展示活动，2 位教师将成果汇总进行发表。相关教学设计、论文获得市级、区级奖项，具体整理如表 4-3-1 所示。

表 4-3-1　我校教师展示课程相关教学设计和论文获奖情况汇总表

课题	教师	成就
《初中开放性科学实践课的实施策略——以物理主题实践活动为例》	辛艳	论文发表在《北京教育》杂志，2015 年第 11 期
《香消凉意有南熏——被中香炉》	路海波	全国实践（实验）教学活动设计案例优秀奖； 东城区中小学优秀课堂教学设计一等奖
《公道杯的秘密》	赵维	北京市初中物理实验教学研究课
《"壶窍泻水"的奥秘》	路海波	北京市教育综合改革背景下科学学科研究课
《合作生智慧　巧手搭"彩虹"》	张立峰	北京市遨游计划项目课程展示活动课
《虚上盈下——古人汲水之慧》	张洛宁	北京市教育综合改革背景下科学学科研究课
《四两拨千斤——初探省力"神器"》	张立峰	北京市教育综合改革背景下科学学科研究课
《欹器的秘密》	康静	北京市初中物理实验教学现场会研究课； 北京市开放性科学课程优秀课例一等奖； 北京市"京研杯"教育教学研究成果论文三等奖
《机械传动中"速度"传递的研究》	路海波	北京市教育综合改革背景下科学学科研究课

此外，物理组的教师们不光关注课内教学，课外也常常推荐对科学兴趣浓厚、动手能力较强的学生参加各类比赛，指导多位学生在比赛中获奖，并且多次获得优秀辅导奖，其中市级一、二等奖 5 次，区级奖项 5 次（如图 4-3-34 所示）。

图 4-3-34 教师指导比赛获得辅导奖

经过长时间的探索，物理实践课获得了丰厚的成果，与此同时我们也发现物理实践课在课程安排、教学对象、教学内容等方面与常规物理课大相径庭，在进行教学时也需重点关注，制定专属于实践课的教学安排，使实践课摆脱常规课堂的局限，更好地发展学生的思维能力，提升学生的物理核心素养。

（六）努力前行，课程发展仍需努力

虽然很多教师在教学过程中针对物理实践课进行了多方面的改进，但是本课程仍有一些不足。首先，课程中的小实验、小制作需继续优化创新。部分小制作制作难度较大，且学生难以理解其中原理，需简化制作过程，更换制作材料，优化探究过程。还有部分小制作较为陈旧，学生通过其他渠道曾多次接触过，再在课程中使用难以激发学生的学习兴趣，针对此部分实验需进行更新替换。除此以外，课程探究性仍有待增强，学生最感兴趣的就是课程中的小制作，在完成制作后就认为大功告成，而对于后续的探究兴趣不足。因此需优化课程设计，将制作过程与探究过程融合，让学生动手的同时也在动脑。物理实践课依托物理创新实验能够有效提升学生的学科核心素养，希望能在之后继续发展物理实践课，丰富课程内容，拓宽学生学习的渠道，让更多学生爱上物理。

小结：

课程应社会和学生需求而存在，也需顺应时代的发展而不断发展。现代社会要求学生具有实践、创新、团结协作等能力，传统强调基础知识、基本技能的物理课无法满足需求，在时代和政策的双重要求下，一方面传统的物理课被不断改进，另一方面作为必要补充的物理实践课应运而生。

我校经过长时间的探索总结，开发出《践行智学》物理实践课程。《践行智学》课程从常规物理课中演化而来，其中的知识、方法、思想都具有一定的继承性，课程主要面对初一学生开放，因此也为学生正式学习物理做好了铺垫。但是，实践课也有着独有的特点和优势，一方面，为了适应初一学生的特点，其教学内容、难度与常规物理课有所区别；另一方面，物理实践课立足于实践，不仅强调学生动手制作，更强调在实践中提升学生的物理核心素养。通过对物理概念规律的总结提炼应用培养学生的物理观念；通过引导学生分析、鼓励学生创新来引导学生发展科学思维；通过引导学生在实践中大胆猜测、设计实验、获得结论，强化学生的实验探究能力；此外，课程通过丰富的分享、表演活动让学生了解我国古代的先进文化，培养学生的科学态度与责任感。

为更好地培养学生的核心素养，需要依靠物理创新实验，而实践课中的创新实验也与传统物理课中的实验有所不同，一方面，两种课程同样强调发展学生思维；另一方面，为适应学生特点，实践课中的创新实验更强调趣味性、生活性和适用性，通过有趣的实验吸引学生的注意力，通过联系实际情境的实验解决学生知识脱离实践导致的"高分低能"问题，通过由浅入深为学生量身打造的实验引导学生发展，给予学生正反馈。

《践行智学》实践课既有制作类课程，以制作模型和观察现象为主，在操作基础上初步探究原理；也有探究类课程，强调学生自主进行真探究。无论哪一类课程，都强调充分调整策略，发挥创新实验的作用，通过展示趣味实验调动学生动机；通过分析质疑讨论提升学生思维能力；通过动手制作提升实践和协同合作能力；通过开展实验提升探究能力；最终达成提升学生学科核心素养的目的。

经过我组教师 9 年的探索，物理实践课获得长足的发展，不仅获得了诸多奖项，提升了教师的专业素质，更培养了一批批的学生，有效提升了其素养，助其更快更好成长。相信在未来，在我组全体教师的努力下，实践课必将进一步发展，更好地为学生发展服务。

第四节　物理创新实验融入传统文化课程

中国是四大文明古国之一，古代物理学的发展历史悠久，积累了丰富的成果，同西方物理学的发展相比较，它既有自己的特点，又丰富了物理学发展的内涵。将物理学中的传统文化融入物理教学的过程，是教师通过课堂教学内容揭示传统文化精神和古人智慧的过程，这个过程对培养学生的爱国主义精神具有重要作用。

东直门中学教师在多年教学中结合多位教师的探索，最终明确将中国古代辉煌的科学技术成就融入物理课堂的理念，这样可以让学生在课堂上经历中国古代科学家探索物理世界奥秘的艰辛历程，体验他们的成功与失败、喜悦与懊丧，给学生留下深刻的印象。学生在课堂学习中经历物理知识应用在生产和生活中的曲折与反复、分歧与争论、停滞与跃进，用一种具体、生动的体验科学发现的历史参与感去感染和激励学生，激发他们对物理的学习兴趣，潜移默化地提升他们的科学素养，让学生深层次地感受中国古人的智慧，领悟中国古代科学的辉煌和传统文化的博大精深。在此过程中培养他们的民族自豪感和爱国主义精神，从而使上下五千年的华夏文明得到传承和发展。

一、传统文化走入物理课堂的时代背景

从广义上讲教育是传承文化和教化人的一种活动，学校的基础教育与传统文化的传承与发展有着密切关系。传统文化是文化的长期积淀形成的，文化要积累、沉淀最终成为一种传统，必然要通过教育来实现其长久的延续性。古代的文化的传承主要是依靠人们世代相传得以保存和积淀；近代教育以类似如私塾这种明确稳定的形式展开，再到现在的学校班级教育形式出现，学校课程便成为实现文化传承的主要媒介。传统文化既是历史又是现实，它不但作用于过去的时间和空间，它还顺其自然地成为一种强大的现实力量，最终体现在对人们的思维及其方式、行为等方方面面产生巨大的影响。

党的十八大以来，习近平总书记高度重视中华优秀传统文化的继承和弘扬工作，在党的十九大报告中明确提出，要深入挖掘中华优秀传统文化蕴含的思想观念、人文精神、道德规范，结合时代要求继承创新，让中华文化展现出永久魅力和时代风采。强调指出：优秀传统文化是中华民族的精神命脉、优秀传统文化是中国特色社会主义植根的文化沃土、优秀传统文化能助力坚定文化自信。

（一）传统文化教育的意义与育人作用

中国传统文化是反映民族特质和风貌的民族文化，是民族历史上各种思想文化、观念形态的总体表征。国家与民族的发展都离不开精神文明与物质文明的发展与进步，中华优秀传统文化是中华民族的文化根基、民族之魂魄。传统文化对于一个民族的传承与发展有着至关重要的作用，学生需要传统文化滋养，传统文化是学生成长进步的根基。

1. 传统文化教育的意义

从 2014 年到 2021 年的七年间，相关部门陆续出台的《完善中华传统文化教育指导纲要》《关于实施中华优秀传统文化传承发展工程的意见》《中小学传统文化教育指导标准》《中华优秀传统文化进中小学课程教材指南》都传递着同样强烈的信息，传统文化走进中小学课堂是必要的，是紧迫的。中华优秀传统文化进中小学课程教材，对强化中华优秀传统文化铸魂育人功能，落实以中华优秀传统文化涵养社会主义核心价值观具有重要作用，是实现中华优秀传统文化传承发展系统化、长效化、制度化的重要举措。

（1）有助于更加准确而深刻地认识我们民族本身

随着科学技术的发展，人类社会进入信息社会，人类各民族文化相互交流的深度和广度在不断拓展。在这样的时代大背景下，中华民族及其文化发展和进步方向，是每一个炎黄子孙都应该思考的问题。我们之所以能够辨识各民族的特征，是因为每一个民族身上都有着表现于共同文化上的共同心理素质，这便是所谓的民族精神。

（2）有助于更加准确而深刻地认识我们当前的国情

当代中国人面临的历史使命是建设有中国特色的社会主义，完成这一千秋伟业的认识前提是切实认清中国的国情。中国走过了一段艰难曲折的道路，取得了举世瞩目的成就。我们的社会发展和文明进步的程度还远不能满足人民的要求，因此我们要吸收外来文化的积极因素，同时要时刻警惕外来文化的负面影响。

（3）有助于以理性态度和务实精神去继承传统，创造中华民族更加美好的未来

中国传统文化是影响中国人过去、现在和将来的传统，传统是社会的一种生存机制和创造机制。借助传统文化我们的现代文明才得以延续和发

展，社会的精神成就和物质成就才得以保存和实现。今天的学生都是祖国未来的建设者，都有必要熟悉传统，分析传统，变革传统，培育理性态度和务实精神。

2. 传统文化教育的育人作用

中华优秀传统文化对当今我国政治、经济、教育等方面均具有时代价值，加强传统文化教育，推动优秀传统文化进课堂已成为社会的共识。中华传统文化博大精深，内涵丰富，外延广泛，将中华优秀传统文化融入物理教学，能开阔学生视野，促进学生对物理知识的建构；让学生在传统文化中接受物理教育，在物理教育中经受传统文化洗礼，激发学生对传统文化的热爱与研究，有助于学生认识我国劳动人民的勤劳智慧和对世界文明做出的重要贡献，有利于落实"立德树人"的根本任务。

（1）传统文化与美育

物理学科是对物质的结构、物体之间相互的作用以及对物体运动规律进行研究的一门学科，因此物理课程蕴含着丰富的物理美。新教材的编排更注重了教材内容的人文关怀，本质上使学生通过接受教育追求"真、善、美"的科学精神。新教材强调"从生活走向物理，从物理走向社会"，注重知识的探究过程，同时注重让学生了解科学探究的艰辛历程，体会科学家持之以恒的科学精神。

中华优秀传统文化中孕育了丰富的美育资源，是学校美育发展的文化沃土与根基，对于培育学生的文化认同有不可替代的价值。教师通过将传统文化融入物理教学，向学生展示中华传统文化的精神和古人的智慧，在此过程中潜移默化地渗透美育，可以达到让学生发现美、体验美，最后通过自己的努力创造美的目的。

①可以感悟物理应用价值美

图4-4-1是中国消防博物馆清代水龙的图片，在课堂上向学生展示

博物馆水龙图片和视频，播放在救火现场的壮观场面，让学生感悟到物理知识应用到生活中的价值美。

图 4-4-1　博物馆水龙

图 4-4-2　学生实际操作水龙

②可以感悟古人智慧美

在《杠杆应用》的课堂教学上，引导学生逐步运用知识解决出现问题，利用学具模拟制作水龙，提升学生解决实际问题的能力，使学生深刻感知古人智慧，了解古代的辉煌成就，提升民族自豪感。将古代的科学成就以再制作的形式呈现在学生面前，潜移默化地完成传统文化的传承，让学生真正感受古人智慧之美，感受物理的应用美，在创造美中品味发展美。

③可以感悟物理精神之美

在物理课堂上，学生动手在制作古代消防器具"清代水龙"的过程中，体验古人持之以恒改进器具的过程，感受其物理精神之美。在物理课堂教学中学生不仅收获知识，更收获成功的喜悦和精神层次审美能力的提高，这些都会对学生今后的思想理念、价值理念产生深刻的影响。

（2）传统文化与德育

中华民族传统文化传承千年，其中蕴含了丰富而深刻的德育内容，是我国德育教育工作的重要资源和宝库。在平时对学生的教育工作中，利用传统文化可以高效强化我国社会主义道德的建设，形成具有中国特色的社会主义道德体系。

传统文化对中华民族的每一代人都有不可否认的重要影响，是我国德育教育中不可或缺的重要资源和教育遗产。例如《岳飞传》《杨家将》等一部部评书家喻户晓，岳母刺字、孟母三迁等故事影响着一代又一代女性成长。爱国主义教育是传统文化教育资源中的重要内容之一，也是学生的一个重要的基本品质，在日常的教育教学过程中，我们教师会通过多种途径促使学生形成热爱国家、热爱人民的思想道德理念。将传统文化与德育教育有机融合，能够促使学生形成平和的内心环境，促使其以正确的人生观、价值观、世界观来面对现今社会中多元化的事情，促使其对人和事物都保持包容的态度。

物理是一门以实验为基础的自然科学，探索科学规律的路是曲折的，所有的结论都是以客观事实为基础。通过物理实验教学，学生会认识到物理的客观性，在生活中处理问题也会以事实为依据，采取实事求是的态度，对任何人和事的评价都会是客观的、公正的。

（二）物理课堂是传统文化教育的重要阵地

我国的教育方针是：教育必须为社会主义现代化建设服务，必须与生产劳动相结合，培养德、智、体等方面全面发展的社会主义事业的建设者和接班人，学校课堂教育是进行传统文化教育的重要阵地。学校教育是作为人的个体一生中所受教育最重要的组成部分，采取有效措施，使中华民族优秀传统文化在校园里发扬光大，是学校实施素质教育的关键。物理是自然科学的重要组成部分，教师通过合理的课学设计，在课堂上融入传统文化教育内容，学生在课堂教学中接受传统文化教育，就可以让物理课堂成为传统文化教育的重要阵地。

（1）传统文化与物理知识联系紧密

新版《全日制义务教育物理课程标准》提出：让学生经历科学探究过程，在了解和认识自然的过程中能产生兴奋感及成功感，树立振兴中华、将科学服务于人类的使命感与责任感。

①中国古代的科学技术水平处于世界领先地位，无数能工巧匠用毕生的精力促进着科技的进步和发展，因此传统文化中蕴含着丰富的物理知识。传统文化与物理知识有着千丝万缕的密切联系，在物理教学中融入传统文化，不但可以激发学生对中国传统文化的传承与发展，还能让他们感受到中华传统文化之美时，激发学生对祖国的热爱。

②我国是多民族国家，社会主义建设时间并不太长，国家的物质、经济、文化等方方面面都急需进一步发展，要让所有人心往一处想、劲往一处使，都要有共同的目标和明确的追求，传统文化为人们提供了强大的精神力量。因此一个国家要兴旺发达，离不开强大的精神力量的支撑和滋养，一个民族要发展繁荣，有赖于民族文化的传承和弘扬。

③在全国人民的共同努力下，人们的物质生活水平有了显著的提高，在此基础上人们有了更高的精神追求。传统文化可以让人们的精神世界更加丰富，让生活体验更加幸福快乐，并形成良好的人际关系，平衡人的物质生活和精神生活。传统文化教育的根本目的就是提高人的精神追求，提高人们生活的意义。

（2）物理知识对学生价值观的影响

传统文化对学生价值观念的影响以及人格塑造都是至关重要的。但是被动地接受知识，仅仅把传统文化的知识作为一种强制性简单的知识传导，不会有良好的效果。现行的人教版初中物理教材中有丰富的传统文化素材，再现中国古代辉煌的科技成就，在课堂上实现古代生产和生活的器具的模仿性再制作，可以让学生真正地动手操作、动眼观察、动脑思考，从而使传统文化深层次融入物理课堂教学，实现文化的传承，激发学生的民族自豪感。

物理来源于生活，古代生活中存在大量的物理知识及原理的应用，学生在课堂教学中受到启发，他们会课下主动查阅资料，参观博物馆。在此过程中，学生会逐渐认识到物理自古就是一门有实用价值的学科，对过去和将来的生产和生活都有深刻的影响。

二、物理创新实验展现传统文化教育的魅力

初中物理组是一个团结、积极向上的集体，在新课程改革的大环境下，我组全体教师积极探索将传统文化融入物理课堂教学的研究。之前开发的"物理学科科学实践活动"课，以物理学科为基础，就是以中国古代科技成就和趣味科技制作为切入点，并紧密结合物理学科教育去挖掘其蕴含的科学原理的综合性课程。该课程依据学生的认知特点和日常生活经验设计教学内容，学生在课堂上主要采用观察、实验、制作等方式参与活动。

为提高传统文化融入物理课堂教学的效率，我组教师认真钻研教材，结合我国古代物理发展的自身特点，探索开发适合东直门中学学生自身发展的课程体系。在多年的教学实践中，我组结合物理学科特点，探索我国古代物理发展中的具体物理知识应用于生产和生活中的器具进行再制，浓缩并简化制作步骤，学生在教师指导分部下完成，在学生动手、动脑的过程中加强对物理知识的理解，在制作中了解我国古代劳动人民的智慧。

（一）中国古代物理学发展的特殊性

我国古代物理学知识的记载基本上是对一些现象的描述，主要是直观的观察、直觉的猜测、形式逻辑的演绎，通过初步的比较与简单的归纳，直接猜测出普遍的结论。由于缺乏严谨的科学探究过程，最终没能形成完整的学科体系。但是中国古代物理学中某些深刻的思想与现代物理中许多分支的某些思想极其相近，对于当今的物理理论及实验教学具有重要的启发与指导意义。

1. 中国古代物理学发展特点成因

近代自然科学没有首先在中国产生的原因是非常复杂的，有文化的、思想的、政治的、文字的和经济的等多方面原因，至今仍然是一个无解的难题。张岱年先生就认为，中国传统文化基本上是一个以儒家思想为主、佛家和道家思想为辅并杂有其他思想的文化体系，其核心是儒家伦理纲常，虽然主张知行合一，天人合一，真善合一，但重社会、轻自然，重综合轻分析、重思辨轻逻辑。这种趋向，是造成近代科学没有在中国产生的不可忽略的重要原因之一。毕剑横先生认为，由于中国传统的重社会、轻自然的文化特征，重综合轻分析的思维方法、重实用轻理论的学术传统以及重思辨轻实验的研究风气这四个方面的原因，使理论科学和实验科学在中国的产生和发展受到了局限。

2. 我国物理学发展与世界物理学发展比较

由于近代科学起源于欧洲，西方物理学在近现代发展迅速且高度繁荣，诸多物理理论都是在西方建立的。在当代中学生心目中，引以为豪的五千年历史文明是政治、经济和文化，而非科技。事实上，我们的祖先在物理学的发展上，有许多成就都领先于世界。如：早在《墨经》中就已记载了光的直线传播现象，对影的形成及小孔成像的科学论述也有记载；春秋末年《考工记》已准确描述了惯性，书中"细登马力，马力既竭，辀犹能一取也"就是对惯性的具体描述，这种认识早于亚里士多德100多年，且亚里士多德对惯性的错误论断影响欧洲近2000年。《考工记》《论衡》《梦溪笔谈》等历史著作对物理知识的记载涉及力、热、光、电、磁等各个领域，很多描述都很生动形象。加强古代物理知识的教学内容，有助于增强民族自豪感，有利于加强德育教育的实施。

（二）体验式学习为传统文化融入教学注入新的活力

随着相关政策的出台和落实，传统文化融入课堂教学已受到很多一线教师的重视，但是由于时间相对较短，故此在提高课堂教学效果上仍需进一步提高。

体验式学习在国外已有广泛的实践和理论基础，它重视情境在学习中的作用，强调学习的体验与学习过程中的反思，对构建新的教学模式、转变学生的学习方式有积极的参考价值。体验式学习常常是让学生在教师设定的情境中进行，学生通过在情境中亲身感受，运用多种感官去接触情境中的事物，受到多感官的、强烈的刺激，在这一过程中产生丰富的体验。结合物理实验的设计，动手实际操作，对提高学生的能力具有积极作用。

1. 传统文化融入物理课堂教学的现状

查阅资料发现，大多数物理课堂是通过故事引入新课、借助成语典故理解物理现象、分析古代建筑等将传统文化融入物理教学，是可有可无的蜻蜓点水式地把传统文化停留在表面上。不能将传统文化融入学生的血液中，成为他们生命中的一部分。

（1）传统文化融入物理课堂教学较为浅显。由于我国古代物理学的发展特点不成体系，因此课堂上传统文化知识融入教学的点散落在物理知识的各个方面，这样让学生只能停留在浅层次的知道，而这些对物理发展格局和影响显得无足轻重。针对这种现状，物理教学有必要探究一种合适的融入模式，进而达到深度融入的目的。

（2）在实施传统文化融入物理课堂教学中切入点较为牵强、生硬，融入内容与课堂教学关联较小或根本无关，感觉是为了融入传统文化知识生硬提到我国古代的人或物或事。讲课的教师慷慨激昂，听课的学生索然无味，课堂气氛有些尴尬。为彻底解决类似的状况发生，物理教学有必要探究一种合适的融入模式，进而达到润物细无声的目的。

2. 探索并确定传统文化融入课堂教学的新途径

为真正解决上面的两个矛盾，我组教师经过分析、比较，借鉴我校青年教师多个研究课的成功经验和模式，我组教师共同确定探索将体验式学习引入物理课堂教学。通过深入分析物理知识在古代生产和生活中的应用，引入合适的教学模式，创造条件使学生在课堂上再现各种器具的制作和使用。

初中物理教材和传统文化相关的物理知识较多，但是需要从中梳理和开发体验式学习的相关内容，再结合初中学生特点和物理教学要求进行教学设计，最后落实到古代具体器具制作，在制作的过程中理解物理知识的应用。在动手动脑的过程中，学生领悟物理的奥妙，感悟古人的聪明才智，加深对知识理解的同时感受中华传统文化的博大精深。多次强化后，传统文化将深入学生的骨髓，不管将来身处何地，他都会在茫茫世界中寻找到传统文化的影子，并为之终身感到自豪。

3. 借助体验式学习将传统文化融入物理课堂的模式简介

将中国古代的科技成品简易化，作为教学用具呈现在学生面前，再从教具出发讲解其中蕴含的物理知识。让学生自己动手操作，有利于学生学会运用物理知识，提高动手操作能力，发挥物理课堂的教育价值。

（1）结合物理学科特点，确定新的融入模式框架

东直门中学初中物理组立足初中阶段物理课堂教学研究，借助体验式学习的特点，探索提出以体验式学习作为教学手段，以传统文化为核心，改变物理课堂的传统文化的融入由浅层次入耳的现状，进而转变为深层次入心的物理教学研究。物理是以实验为基础的自然科学，教师的课堂演示实验、学生的动手实验和家庭小实验能充分调动学生参与物理教学的积极性，也能加深学生对物理知识的理解。研究最终聚焦到古代器具制作，既符合物理学科动手动脑的学习特点，也符合初中学生的物理学习在"做中学"的年龄特点。学生在制作古代器具过程中加深对知识的理解，充分认识古人的智慧，了解我国传统文化的博大精深。

①体验式学习的传统文化融入物理教学研究的必要性：作为典型的理科课程融入传统文化，需要借助恰当的学习方式。体验式学习提高了学生参与度和学习的积极性，在制作的过程中会加深学生对知识点的理解，也同时加深了学生对古人智慧的认知，激发并培养了学生的爱国主义精神。

②体验式学习在教学中的意义

第一点：体验式教学可以确保学生们在物理学习中的主体地位，体验式教学主体是学生，学生在体验式教学活动中根据自身的需要、自身的能力、自身的特点等去领悟，这与目前物理教学改革的核心教学理念一致。

第二点：体验式教学可以帮助学生们理解物理原理，加深对知识的认识。物理中很多的物理原理是抽象的，学生们很难对这些抽象的原理进行理解，体验式教学就是让学生们亲身经历、实践，这样使得抽象化的原理

变得更加生动、形象化。

第三点：体验式教学可以培养学生的创新精神，体验式的教学可以使学生们亲身经历教学活动，其在实践、实验等活动中明白其原理，这为创新奠定了一定的基础，只有充分明白前人的原理，才能更好地创新，发散和求异性的思维，可以帮助学生们在结论中探寻合理的答案。

在物理教学过程中，为学生创造体验的机会，让其在一个小的物理实验中体验成功的喜悦，物理知识源于生活，在生活中让学生体验自身的成功。

（2）新教学模式有效解决的问题

以前的传统文化融入教学的过程中易出现生硬嫁接或浅层涉及的现象，本课题选取切合学生的发展特点，设计具有特殊传统文化意义的古代器具模拟制作，结合初中物理教学目标融入课堂教学。

①以"体验式学习"为教学手段，让学生真正成为教学过程的主体。"体验式学习"的提出为课堂教学开辟了一条新的思路，让学生主动体会到乐趣。体验式学习可避免传统文化只停留在浅层次的知道，实现深层次的理解，进而达到精神层次的文化认同。

②以融入传统文化为核心，引入的传统文化要与初中物理知识联系密切，同时适合学生的年龄特点，符合学生的认知规律，让学生能更好地接受传统文化的熏陶，提高学生的科学素养和人文素养，培养学生爱国主义精神。

③通过严谨的教学设计将教师与学生、体验式学习和传统文化有机联系起来，改变传统教学模式中的学生学习积极性不高和爱国主义精神培养点不足的现状。本课题以古代器具制作为依托，发挥体验式学习的优势，从原来浅层次的知道了解，转变成深层次的探索发现，让传统文化伴随物理知识的学习，加深学生对古人智慧的理解，促进学生对传统文化的认

同感。

（3）新教学模式的主要特点

①这种全新的教学模式，学生通过体验式学习，首先从情境出发，激发学生的学习兴趣，使学生获得直接经验；然后在此基础上学生总结认知，得以进步；最后将获得的知识进行迁移，进一步提升学生素养。学生经历完整的探究过程，从而掌握科学探究的方法，形成良好的科学思维和正确的科学态度。因为全身心的参与，从而使得学习效率、知识理解、知识记忆持久度都能大幅度提升。

②通过合理设置问题，引导学生逐步运用知识解决问题，不仅仅提升学生解决实际问题的能力，培养学生的发散思维和创造思维，还能使学生更加深入了解中国古人取得的辉煌成就，提升民族自豪感。本课题将古代的科研成就以再制作的形式融入物理课堂教学，将传统文化教育的理念贯穿到日常教学中，潜移默化地完成传统文化的传承。

③通过古代器具制作过程，真正达到激活文物的目的，最终实现故事的连续性，使传统文化得到传承。从课堂教师的讲授，学生知道了故事的内容，在课堂制作的过程中，学生领悟到故事的精彩，有了自己的感悟。课后参观博物馆的文物或者是阅读相关的图书等，学生会从自己的视角去继续讲述这个故事。

（三）体验式学习对于传统文化教学的创新点与特色

学生通过体验式学习，加深了对物理知识的理解，提高了解决问题和分析问题的能力，最重要的是解决了传统文化融入物理教学层次浅和生硬的问题。新教学模式的特色与创新之处主要集中在以下几点：

（1）把传统文化融入物理课堂教学采取了新的教学模式，体验式学习能将传统文化的融入由浅层次的入耳转变为深层次入心。在体验式制作过程中，学生全身心参与到学习过程中，感受古人制作的艰辛，体验制作成功的乐趣，探索将知识应用到生产生活必经之路的执着。

（2）最后聚焦到古代器具制作，符合初中学生在做中学的年龄特点，在制作的过程中培养学生的综合能力，培养学生勇于探究、不畏困难的探索精神，在和他人合作的过程中，学会交流、沟通、互助，有利于学生身心健康成长。

（3）有利于改变传统教学模式的不足，立足于让学生通过制作、交流、思考，培养学生创新思维。在合作探究制作的过程中，能提出自己的意见，也能在别人的建议下修正、发展自己的观点并从中获得成功的喜悦。

（四）创新物理实验在体验式教学模式实施过程中的策略

我国古代在机械方面有许多辉煌的发明创造，对当今社会中的机械和工业设计产生了深远影响。例如《虚上盈下——古人汲水之慧》一课中，学生通过模拟汲水过程，经历了中国古代机械的发展，并形成对于杠杆、轮轴等机械的初步认识。接下来《向上爬的圆管》一课将以此为基础继续引导学生初步认识滑轮这一机械，在知识上承上启下，层层递进，为学生的有效学习搭建平台。

图4-4-3　我国古代汲水工具桔槔、辘轳

如上所述，针对初中生特点，我们组的教师设计形成以教师为主导、以学生为主体、以体验式教学为手段、以传统文化为核心、以制作古代器具为依托的特色教学模式，具体实施过程因学生年龄特点和班级接受知识特点做到因人而异，适当改变教学策略和方法。

如：初一学生年龄偏小，物理知识储备不足，动手能力较弱。在设计课堂教学进行铜壶滴漏的探究过程中，以学生简单动手的课堂体验为主，学生在教师引导下，体会古人对精确计时的执着追求和科学精神。教学设计如图4-4-4所示。

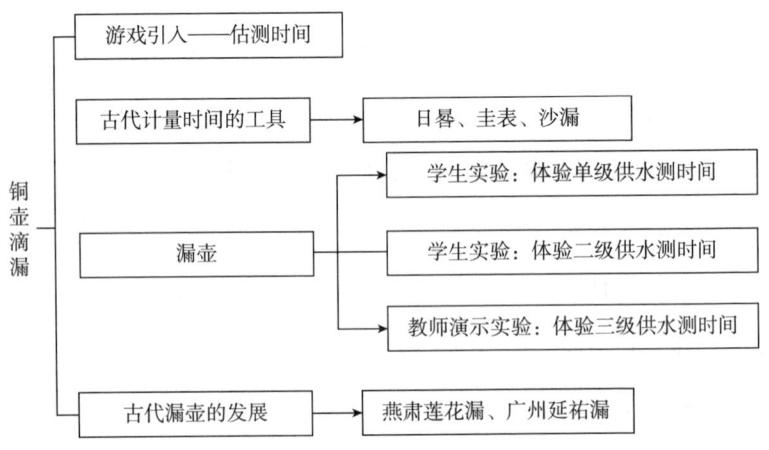

图4-4-4　铜壶滴漏的课程设计思维导图

如：初二学生的知识储备和各方面能力均有所提高，在杠杆应用一节教学设计中适当增加难度。教学中学生在教师引导下通过亲自设计、动手完成制作过程，进一步体验杠杆在清代消防器材——水龙中的应用，激发学生的求知欲和爱国主义精神。如图4-4-5所示。

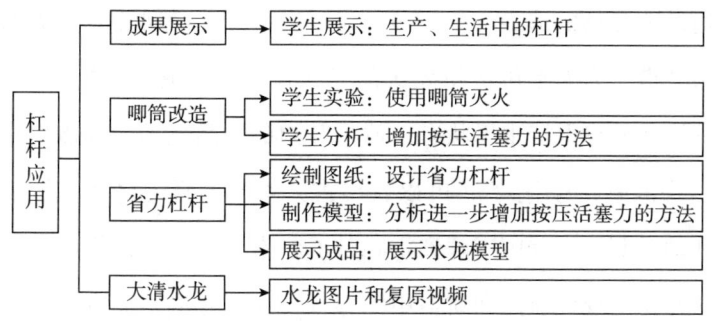

图 4-4-5 研究思维导图

（五）开发古代器具制作，提升学生物理学科素养

"21世纪素养"框架以核心学科为载体，确立了三项技能领域，每项技能领域下包含若干素养要求。物理学科重点承载了《中国学生发展核心素养》理性思维、批判质疑、勇于探究、社会责任、问题解决、技术应用共6个素养要点。东直门中学物理组潜心开发与初中物理知识相关的古代器具制作，精心设计教学环节，利用体验式学习为教学手段，融入传统文化的同时提高学科素养，让学生的综合能力有所提高。

1. 教学设计的思路

通过查阅《中国古代物理学》《中国物理学史》等书籍和大量文献资料，我们选取了极具代表性的欹器、公道杯、被中香炉等技术发明作为切入点，通过合理的设计将物理知识与传统文化的融合相结合，设计出一系列将传统文化融入物理课堂教学的案例。欹器是中国古代计量时间的装置，如图4-4-6所示，随着内部水量的增加，它会出现"中则正，满则覆"的现象，这正是物理中重心的知识。现存于故宫博物院的欹器是铜质鎏金的，本节课学生能够实时观察到水位的变化过程，逐步了解重心对稳度的影响，从而获得"满招损，谦受益"的启发。学生在"公道杯"的课堂上学习到了其中所蕴含的虹吸原理，了解了其在现代生活中的广泛应用，也通过公道杯的典故——"知足者水存，贪心者水尽"，认识到办事必须讲求公道、为人不可贪得无厌的做人道理。"被中香炉"随意滚动，中心的炉体能始终保持水平状态，放入其内的物品也不会倾撒出来。古人有诗云"香消凉意有南熏"，可以看出古人对其的喜爱之情，学生在不断的思考和动手制作过程中了解到重心对于炉体"常平"的影响。其中所蕴含的科学知识与现代航海和航空中陀螺仪的原理相同，比欧洲早了一千多年。学生们也可以体会到被中香炉中所蕴含的"中间任灰烬，终与蕙兰俱"，无论遇到什么样的人生挫折都需要保持一颗常平心态的人生感悟。

图 4-4-6 中国古代计时装置——欹器

2. 传统文化融入物理教学的最终结果

物理课堂通过传统文化融入物理知识，学生被我国古代科学史中叹为观止的技术创造触动，在接受物理知识的过程中，学生获得的不仅仅是科学知识，更多的是文化的传承和民族自豪感，学生更在制作、探究体验、过程中获得精神上的归属和情感上的升华。

（1）学生通过了解中国古代各种小制作的历史背景，感知其中蕴含的文化观念和巧妙技艺，感受古人的智慧，增强民族荣誉感；

（2）学生通过实践活动和小制作，锻炼动手操作能力，直观地感受到

图 4-4-7　选题参考部分书目

物理学科的魅力，切实激发学习物理的兴趣；

（3）学生在体验、分析、讨论、再体验过程中，了解其中蕴含的科学知识及其在当今社会中的应用；

（4）学生通过互动、讨论增强用物理知识解决生活实际问题的意识，激发学习兴趣和对科学的求知欲望，乐于探索日常生活中的物理学道理；

（5）学生通过体验丰富而合理的教学活动，在探究制作过程中经历小组间的合作，体会团结合作的力量，形成正确的世界观、价值观和社会责任感。

三、创新物理实验引领传统文化教育优选案例

古人对器物设计是精益求精的，不仅注重器物形态上的美观，还能将节约、公平等美好品格注入其中，众多精美的器物历经千百年的岁月洗礼和变迁，巧妙的设计和构思依然令人惊叹不已。我校开发的传统文化融入物理教学案例中的"欹器"现存于故宫博物院，"被中香炉"收藏在中国科技馆的华夏之光展厅，"清代水龙"收藏在中国消防博物馆，各个时期制作精美的公道杯更是被北京故宫博物院等多家博物院收藏。我校开发的在物理课堂上以传统文化为契合点，开发物理课堂上的器具制作就来源于

古代器物复原，其意义在于让学生在课堂上和文物实现古今对话，达到真正激活文物的目的，进而在物理教学和博物馆之间搭起了一座桥梁，拉近了学校和博物馆的距离。课程实现了让学生在模拟制作的过程中体会、领悟传统文化的魅力，自然而然地激发学生的民族自豪感和自信心。

以下精选在教学实践中的两个课例进行剖析，寻找其共同特点，为传统文化融入物理课堂教学探索提供一些思路。虽然研究课已经成为过时，但在探索的过程中仍留下很多值得思考和借鉴的经验和教训。

案例1——以《杠杆应用——清代水龙》课例为例，简述此类课程开发过程

中国历史悠久、文化底蕴丰厚，各个博物馆都拥有各式各样、琳琅满目的藏品，在其中仔细查找就会发现，许多珍贵的藏品不但具有独一无二的历史价值，更具有巧夺天工的物理应用价值，物理知识的原理就蕴含其中。

在本节课教学设计中，通过引导学生在课堂上完成水龙的制作，将杠杆知识的应用融于课堂，在完成教学任务的过程中融入传统文化的教育，从而让学生经历知识的升华，精神上的感悟。

（一）从古书（或博物馆文物）中寻找灵感

在《走进博物馆》里面有一张图片，书中简介如下：这台水龙是清末天津市静海县独流镇民间的消防组织"乐安水会"所使用的灭火工具，雕工精美，功能齐全，救火实战中，水龙一端接至水源，在水龙两侧用力按压杠杆，即可喷水灭火。

通过查阅资料，了解水龙的发展形成轨迹，明确"清代水龙"应用到初中大气压和杠杆知识，这些知识是初中物理教学要求学生掌握的内容，了解将大气压和杠杆知识综合应用到生产和生活中，能提高学生分析问题和解决问题能力。通过本节课教学，学生了解清代水龙制作过程中的古人智慧，必将进一步增强民族自豪感和自信心。

（二）设计图纸，定制原件组装

古书《奇器图说》中附有水龙的内部结构图，通过推理我们画出水龙的设计图稿，确定整体结构尺寸，定制原件调试、组装。在设计焦距的过程中，为方便学生观察水龙的内部构造和使用情况，装水容器使用透明玻璃，在使用过程中利用红墨水染色，便于学生观察水的流动情况。

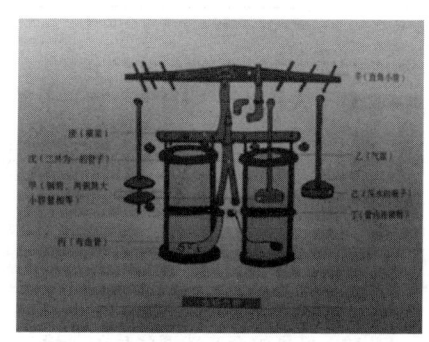

图 4-4-8 水龙内部结构

（三）根据实验教具设计学生的学具

1. 根据实际情况设计图纸——材料简单易找

2. 利用瓦楞纸裁剪成型——模型立体性强

3. 利用暗扣、图钉组装——方便快捷

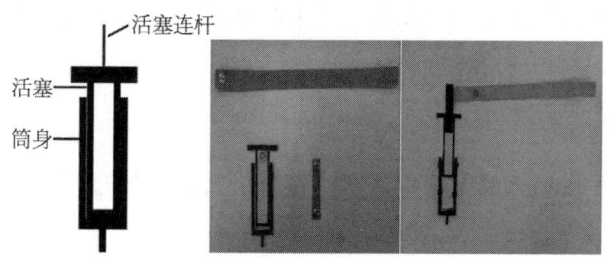

图 4-4-9 杠杆综合实践课学生作品设计图 1

（四）教学设计思路

1. 分小组汇报生活中的杠杆——了解生活中杠杆的分类和使用情况，熟悉杠杆平衡原理，为后面应用做好准备——温故知新环节

2. 分析灭火器的杠杆类型，引出清代水龙——新课引入环节

3. 引导学生制作水龙模型——新课教学环节

（1）纸上谈兵——引导学生利用所学知识设计

图 4－4－10　杠杆综合实践课学生作品设计图 2

（2）模型推演

①发现问题——动力臂不是越大越好

学生通过理论学习知道怎样的杠杆在使用过程中更省力，故在制作模型的过程中支点离动力特别远，离阻力又特别近。首先表扬学生会利用杠杆平衡条件，会分析动力臂越大越省力。接下来指导学生在实际使用中，观察活塞怎样从底部运动到顶部。学生会发现活塞要顺利由底部运动到顶部，动力臂和阻力臂的比例要适度。

②解决问题

通过实际模型推演，学生认识到在解决实际问题过程中，要灵活应用所学知识解决问题。

2 模型推演

在展板上组装模型,改变阻力臂的长度(限时2min)

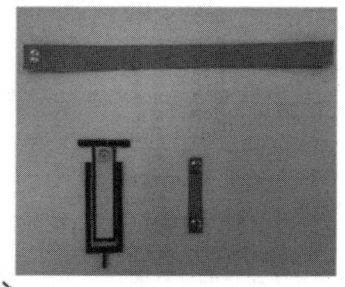

图4-4-11 杠杆综合实践课学生作品设计图3

阻力臂相对较长时,杠杆转动,活塞可以正常上下运动

阻力臂非常短时,杠杆转动,活塞运动距离很短

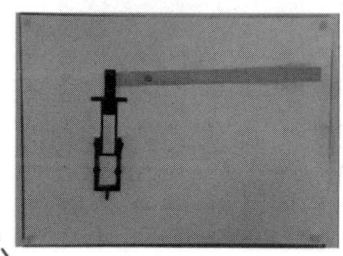
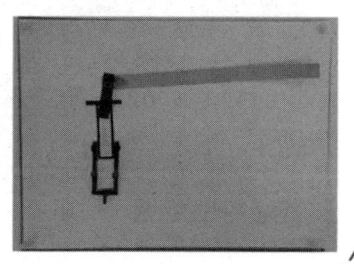

图4-4-12 杠杆综合实践课学生作品设计图4

③进一步改进——激发学生学习兴趣

在生产和生活中的用具都要尽量提高效率,通过改进,越来越接近"清代水龙"的真实设计,学生从中能深切体会古人的智慧,同时感受到英雄所见略同的喜悦。时代不同,追求效率走的路可以殊途同归。

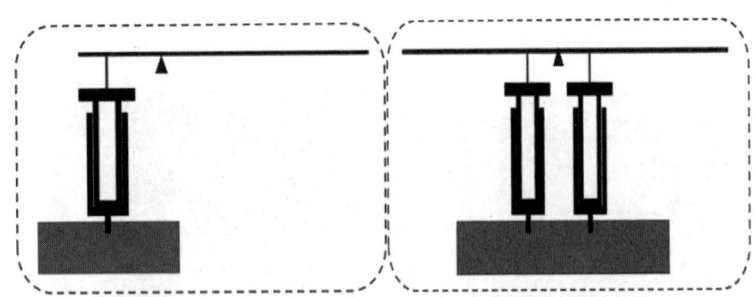

图 4-4-13　杠杆综合实践课学生作品设计图 5

（3）展示成品并演示

图 4-4-14　杠杆综合实践课教师创新教具设计

（4）观看视频，了解中国消防博物馆镇馆之宝——清代水龙，介绍消防器具发展史，和学生相约博物馆

（五）预期达到的效果——永不消失的故事

博物馆是讲述故事的理想场所，参观者看着赏心悦目的藏品，可以倾听工作人员的讲解，也可以以自己的方式进行解读。故事有始有终，启发人们的反思，激发人们的讨论，从而教给我们一些东西。故事令我们发挥想象力，怀有敬畏之心；故事让倾听者遐想另一段时空，发现特定的宇

宙，体会他人的感受。故事保留着个人和集体的记忆，可以同时讲述给儿童和成年人听。

1. 《走进博物馆》中的"中国消防博物馆"给我讲了一个"清代水龙"的故事，只可惜这个故事只有绚丽的结尾。既然它不能向我倾诉，满足我对它的好奇心，那我只能努力自己去探寻那个"清代水龙"完整的故事。本次的行程中享受着网络强大的搜索功能和书籍带给的便利，执着地寻找着"清代水龙"曾经现身时的蛛丝马迹。找来材料思考、拼接、组装，经历困难、历经磨难，让"清代水龙"故事趋于完整。或许我们寻找的"清代水龙"和真实的历史有出入吧，那又怎样，任谁也丝毫不能影响它的魅力。在寻找它的道路上，它的美丽动人已经感动了我，它接纳了我，我的内心永远有它的一席之地。

2. 在物理课堂我给学生讲述"清代水龙"再生的故事，在故事中全班学生是过去某一时刻的缩影，同组同学是完成某项任务的合作伙伴，给学生准备的学具是道具。在教师的引领下，以几十倍的速度浓缩"清代水龙"历史的进程。然而浓缩的都是精华，在疑惑、讨论、探索中，学生获得了与他人协作的能力，质疑能力……或许有一天，同学的记忆模糊了，但看到"清代水龙"的故事，或者想起"清代水龙"的故事，同学的眼前就清晰浮现出同组同学喜悦的表情，或是甜甜的微笑，那是同学共同的回忆，共同的故事。

3. 期待着哪位同学、哪一天在中国消防博物馆，或者在任何一个地方，又在讲着"清代水龙"再生的故事，那里有小学生、有年过半百的老人，看着镇馆之宝——清代水龙，眼前浮现的是百年前熊熊大火面前，人们不是束手无策，而是利用自己的聪明才智，有条不紊地在忙碌，实践着水火无情人有情的诺言。

讲述故事的主人由博物馆到教师，再到学生，再到博物馆，道具是博物馆中的"清代水龙",是我们制作的教学,是学生课上完成的学具。它不是简单地重复,而是参与人数的递增,是达到文化认同的必经之路。可能我们最初只能遥遥相望,而不知何时我们周围拥有了很多志同道合的朋友,我们在分享中传承,在传承中领悟,在领悟中拥有了共同的情怀,那是融入我们血液中的爱国主义情怀,传递的是华夏文明的精神。

中国古人智慧展现在生产和生活中的方方面面,给生产力低下、科技落后的古代带来极大的便利。王祯著《农书》记载商初成汤时遇大旱,伊尹发明桔槔,"教民田头凿井灌田"。桔槔早在春秋时期便被普遍使用,而且沿用几千年,是农村历代通用的旧式提水器具。据宋朝高承著《事物纪原》记载:"史佚始作辘轳",辘轳的应用在我国时间较长,新中国成立前我国北方缺水地区,仍在使用辘轳提水灌溉。精妙的构思,合理的设计,使用跨年代之长,即使在科技如此发达的现代,也让人感叹不已。

下面的案例与案例1略有不同,上例博物馆的器具再制造给我们眼前一亮的绚丽,但它们更多地已停留在历史上。下面的案例,仿佛自始至终就陪伴着我们,我们感叹历史的进步,时代的变迁,回忆着它曾经的辉煌,又展望着它日后的绚丽多姿。

案例2——以《谈古今信息变迁,思未来信息发展》为例,简述此类课程开发过程

利用声光作为传递信息传递的载体从古至今都在广泛应用,远在西周我国就利用了烽火传递信息的方法,烽火作为一种原始的声光通信手段,在古代军事战争中起到快速传递信息的作用。现代我们传递信息的载体多样,其中以电磁波作为载体给人们的生产和生活带来极大的便利。所以以物理传统文化为契合点开发的课程一部分就可以设计成连接古今,甚至展望未来的课程,让学生通过对比古代和现代的科技进步带来的便利,信心十足地踏出探索的脚步。

案例2设计中通过古今信息传递载体的多样性和传递信息速度的快捷性对比，在应用信息传递逐级升级的过程中，感悟历史的变迁，科技的进步，从中领悟古人的智慧，提高民族自豪感。在模拟古代情景应用中体会、领悟传统文化的魅力，在介绍现代科技的发展过程中，感受科技给生产和生活带来的便利和祖国的强大和繁荣。

（一）精美灯具的启示

在山西旅游走进一家小小的、毫不起眼的灯具博物馆，各式煤油灯静静地在展柜里等待客人光临。"省油的灯"几个字最能引起注意，那么精致、小巧的模样，让人感叹古人精益求精的精神，古人在普通生活用具上同样寄托着对美好生活的向往。古代人们日出而做、日落而息，黑夜中的一盏油灯给人们带来的不但是光明，也是希望。

图4-4-15 传统文化中的本课教学内容

油灯作为传统的生活用具，经历了几千年演变的历史。早期的灯，类似陶制的盛食器"豆"，形制比较简单。经青铜文化的洗礼，油灯和其他器物一样，在造型上得到了重要的发展，创造了中国油灯艺术的辉煌。

在古代光除了照明，还能传递信息，最典型的例子就是烽火台。为加深学生认识并和教材密切联系，同时提高学生动手能力，感受高科技为人们带来生产和生活的便利，课程设计中加入电学电路设计，让学生认识到所学的知识不是纸上谈兵，都能真正应用到生产和生活中去。智能电车作为高科技发展的产物，给出行安全带来极大的便利性，电动汽车知识贴近学生生活，他们能真切感受到电动汽车日新月异的发展。为增加学生民族自豪感和自信心，加入北斗卫星导航系统：介绍北斗卫星系统特色，北斗卫星系统建立的过程，北斗卫星系统的后继发展优势。

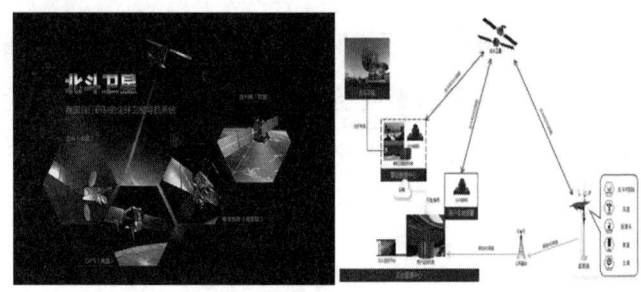

图4-4-16　现代科技中的本课教学内容

（二）新课教学设计

1. 烽火戏诸侯的思考

（1）历史沉浸剧——为周幽王烽火戏诸侯平反

剧情1：周幽王烽火戏诸侯的故事家喻户晓，这是西周末年的重大历史事件。周幽王为博褒姒一笑，点燃了烽火台，戏弄了诸侯

剧情2：2021年周幽王穿越回到西周，倾诉自己的冤情

剧情3：学生用彩灯传递信息，周幽王得以沉冤得雪

通过上面沉浸剧和学生动手再现光传递信息，在调动学生学习积极性的过程中，感受古人的智慧，相信在参观烽火台等相关历史遗迹时，会有更深刻的感悟。

（2）古代信息传递引入

高明的谋士往往能"运筹帷幄之中，决胜千里之外"，在通信手段不发达的古代，他们又是怎样做到"决胜千里"的呢？答案在于除了烽火台，古代还有快速的驿站邮递系统，在古代，人们利用自己的聪明才智发明创造了很多具体传递信息的方式……

2. 了解古代信息传递

以小组问答形式师生了解古代信息传递，问答中的战神白起，民族英雄岳飞，古典名著《梦溪笔谈》《荀子·议兵》的具体事例，加强学生爱国主义教育，增加民族自豪感。

上面的案例中，凸显了古今一脉相承的应用理念，万物互联在课例中体现得很充分。今日科技的高速发展是多少代人的积累，古老的应用在当今社会仍存在着自己的价值。在准备课的过程中，我一度很兴奋自己找到了这么独特的切入点，实现了古今知识大串联的同时，凸显了我国现代科技的强大。新中国成立短短几十年，我国由新中国成立初期的一穷二白发展成如今的世界强国，凸显了我们中华民族是个自强不息的民族，我国的未来将和它的过去一样，必将取得令人瞩目的辉煌成就。

最后的个人体会是在开发课程的过程中，在引导学生传承传统文化的过程中，只要有坚持探索传统文化融入物理教学的执着，可能在哪个瞬间我们就会有新的想法和灵感。

3. 现代信息传递的威力

1991年的海湾战争是一场改变世界战争观念的战争，据说美国在海湾战争中动用了72颗卫星，形成了空间侦察监视、空间通信保障、空间导航定位、空间气象保障四大系统。它改变了主要以地面力量进行大纵深快速突击赢得胜利的战争思想，形成以空中技术装备为战争中的核心力量，使得战争由机械化时代走进了信息化时代。交战双方相隔千里，也可以打击对方的核心目标，真正实现了"决胜于千里之外"。

4. 生活中的信息传递

共同分析现代生活中红绿灯、声控灯和古代一样，通过声、光传递信息，而感应水龙头、感应灯、ETC收费系统、全球卫星导航系统已经升级用电磁波传递信息。在介绍全球4大卫星导航系统的过程中，突出我国北斗通信系统最大的特色，双向通信和短报文特色服务和北斗发展之路。从1994年启动北斗一号系统工程建设到2020年正式开通，仅仅用了26年。

图4-4-17　生产生活中的本课教学内容

分析随着科技的发展，使用信息传递的载体使用面越来越广，传递信息速度越来越快，传递的信息内容越来越丰富，更由原来的单向传递信息变为双向、多向传递信息。

此部分教学设计中重点介绍了我国北斗卫星系统的优势、发展的迅速，再通过课后作业鼓励学生查找资料。在本节课中，学生不但感受着古人的智慧，更感动于中国人民团结奋斗的精神，民族自豪感和自信心会进一步增强。

5. 学以致用，动手实验

（1）热量（热敏电阻）传递信息

（2）灯光信息接收（光敏电阻）

此环节设计，既巩固电学知识的掌握情况，又用事实证明了物理学科的实用性，并进一步提高学生应用知识解决问题的能力，让学生意识到所学的知识是鲜活的、有生命力的。

6. 智能汽车——人机语言传递信息

随着汽车的不断发展，智能化水平不断提升，人车之间的信息传递变得更加便捷，观看利用语音操控智能汽车的实例，感受科技的魅力在生活中无处不在，进一步激发学生学习的动力。

7. 畅享未来的信息传递

（1）未来汽车视频，激发学生想象力

（2）畅想未来交流，激发学生学习动力

（三）课程的预期效果

1. 本课程创造性地将古代信息传递和现代信息传递融会贯通，让学生领悟科技发展的漫长和曲折，同时感悟古人在科技落后的情况下，仍能创造性地想尽各种办法实现信息传递。通过对比全球4大卫星定位系统的优势，了解我国北斗卫星导航系统的快速组建和发展之路，感叹国家的强大，自然而然建立民族自豪感和自信心。

2. 本课采用沉浸式穿越剧的形式引入新课，形式新颖的同时，具有极强的代入感，让学生有一种身临其境的感觉，在利用彩灯传递信息时，更能领悟建立烽火台的重要意义和作用。符合学生的认知规律，有利于激发学生学习的积极性和创造性。

3. 最重要的一点是本节课打破了知识讲授的局限性，触摸古代知识应用的脉搏，体验感悟现代社会信息传播的高速发展，感慨生活的美好、便捷，更展望未来科技给人们带来的各种可能性。在设计电路的过程中，让学生从内心认识到所学知识给自己、给社会带来的重大变化，从而增强学习的动力和克服困难的勇气。

在物理课堂教学中教师会受到教学目标、教学时间等方方面面的制约和影响，因此将传统文化融入物理教学需要精心的设计。在此过程中可能没有更多的先例可循，但是自然科学的发展还是有迹可循的，自然科学与生产和生活联系还是很紧密的。有句话叫万物互联，我想只要我们教师平时多留心，思想上足够重视，还是会在更多的正常的教学中实现将传统文化融入物理教学的目的。

第五节　体现创新性的实验设计实践案例

设计物理创新实验教具、学具的着眼点很多，方式方法也非常多样，我们要根据教材的要求、教情的分析、学情的具体情况，去有的放矢地设计我们的实验教学。

如果传统实验教具、学具误差较大或实验偶然性很高，我们便可以从提高准确度的角度去挖掘创新实验素材，改进、更新过往的实验方案，实现实验的精准要求；如果物理现象较为抽象，不利于学生消化吸收，我们可以从增强实验的直观性角度去着眼，设计直观、形象、易懂的物理小实验提供给学生；如果实验体积过于庞大，不利于实验进课堂，我们不妨从便捷性角度考虑，结合实验教具的"小型化"设计，来对原有实验方案进行重新设计，使实验易于操作、便于实施，以提供给每个孩子动手做实验的机会；如果原有实验过于单一、枯燥，我们可以从实验的趣味性入手，通过趣味手段引入物理课程，牢牢抓住学生的兴趣点，以促进其物理课的学习。

综上，只有按照上述的理念去改良、物理创新实验，才能够让实验教学更加符合学生的核心素养发展诉求，顺应学生思维的逐步进阶，充分体现学科育人的重要价值。初中物理实验的改良和创新，根基是物理实验课堂教学，目标是培养学生自主发展的能力，抓手是丰富的教研组实验研究活动，保障是不断完善的实验教学评估评价机制。秉持着这样的实验创新理念，物理实验教学这驾马车才能走得更稳、行得更远。

一、体现客观准确性，增强实验精准度的实验改良案例

课堂物理实验是自然现象与客观规律在课堂教学实践中的再现，尊重规律，让物理规律能够尽量正确地得以还原，让学生以更加准确的数据探究物理规律，是我们物理教师设计实验所必须遵守的基本准则。在很多物理实验中，由于条件所限，抑或是所测物理量的特殊性，造成了很多实验中无法较准确地测量数据，并进行定量规律的探究，就此我进行深入思考，设计了一些创新、改良案例，有效地解决了相关问题。

【实验改良案例1】

"水压表"应用于液体压强与深度的关系的探究

·教材、教情、学情分析

液体压强教学重点是液体压强的特点和液体压强的大小。本节课的难点是应用液体压强特点和液体压强公式解决实际问题。针对液体压强特点的探究，教材中给出了微小压强计进行定性研究，定性研究的好处是能够形象、直观地看到液体压强随深度的变化，缺点是学生对于液体压强大小缺乏认识。针对这一教学困难，特地进行了有液体压强探究的相关创新实验设计。

通过将液压表与水瓶相连，改变深度后，通过液压表来定量显示液体压强大小的变化，能够让学生更加精准、明确地观察到液体压强随深度的变化。

· 灵感来源（学生的真问题）

传统实验采用漏斗配合橡胶管、塑料瓶，组装成如图4-5-1左图所示装置，逐渐提高塑料瓶的高度，改变液面深度，从而改变液体的压强，通过绷在漏斗口部的橡皮膜的突出程度，定性地观察液体压强的变化（转换法）。但在此过程中，学生有定量学习的需求，到底液体压强是多大？采用数码液压计成本过高，于是，精度较高的液体压力表便是一个很好的替代品。如图4-5-1中所示，安装使用情况如图4-5-2右所示。

图4-5-1　自制液体压强测量教具

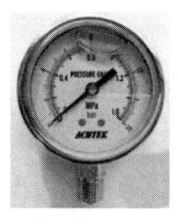　　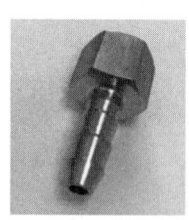　　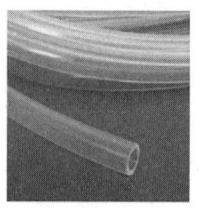　　

　水压计　　　　　连接头　　　　　塑料管　　　　塑料瓶

图4-5-2　自制液体压强测量教具所需器材

· 实验创新改进（教师的真反思）

改进实验着眼于定量显示液体压强的大小。通过水压计对漏斗的替代，能够直观地从水压计的刻度盘上读出水的液体压强大小，从而将液体压强加以定量地认识。本实验的改进并不是对于原实验的取代，而是有益的补充。学生在初步学习液体压强知识的时候使用传统实验器材，在探究液体压强与深度、液体密度关系时，再使用改进器材，让学生对于液体压强的定量数据有一个直观认识，效果良好。

· 实验展望

如果能够将本创新实验中的液压表，改进成为电子液压计，学生从大屏幕中更加直观地看到液体压强的变化，教学效率会大大提高。另外通过电子液压计所显示出来的液体压强值，还能够辅助学生进行液体压强公式的验证。

【实验改良案例2】

寻找"丢失"的电压

· 教材、教情、学情分析

串联电路电压关系这节课的教学重点在于通过学生分组探究实验，来对电路中各用电器的电压规律进行探究和得出。分组探究实验有助于学生从实际问题中获取物理规律，培养学生的科学探究能力。在学生进行探究实验的过程中，会出现很多实际问题，传统教学中，通常会忽略这些数据上的偏差。而创新实验的改进与设计，能够切实地对产生实验数据偏差的原因进行分析与实验探究，通过数据的汇总、分析、讨论、改进、再实验，来提高学生的思维能力。

· 灵感来源（教师的真反思）

在以往的串联电路电压关系教学中，学生测得的电源电压并不严格等于多个用电器两段电压之和，又或者，在小灯泡和变阻器串联的调光电路中，灯泡两段电压与调光电阻两段电压之和，并不等于电源电压；有时甚至相差的数值难以用"误差"来解释，学生对此也经常表示出疑虑。

如果此时教师安排适当的学生探究实验，亲自带领学生一起寻找"丢失"的电压，真正发现电路中存在的问题，或者导致问题出现的原因，对学生的严谨思维，以及正确概念、规律的建立是非常有好处的。

· 创新实验设计思路

以任务为导向让学生在解决问题的过程中形成内在动力，而任务本身就是在探究串联电路中电压规律，这样避免直接生硬地给出探究命题，使课程更具连贯性。

在观察到小灯泡的亮暗发生变化后（如图4-5-3所示），引导学生猜测，用调节器改变灯泡亮度时，其两端的电压和电源电压会改变吗？

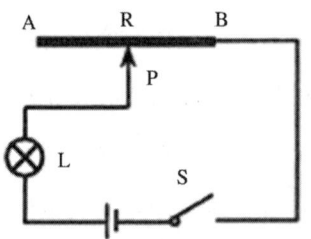 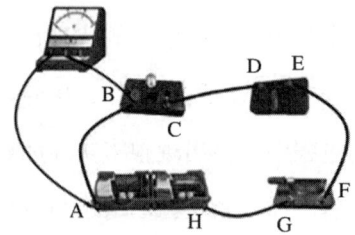

图4-5-3　电路原理图

学生利用电压表进行测量验证，肯定猜想的同时，学生发现新的问题：无论灯发光较亮还是较暗，其两端电压总小于电源提供的电压。引发新的问题：那少了电压去哪儿了？猜想：可能在调节器、导线两端；讨论得出解决方案：用电压表测量电路中每邻近两点间的电压，如图4-5-4所示。

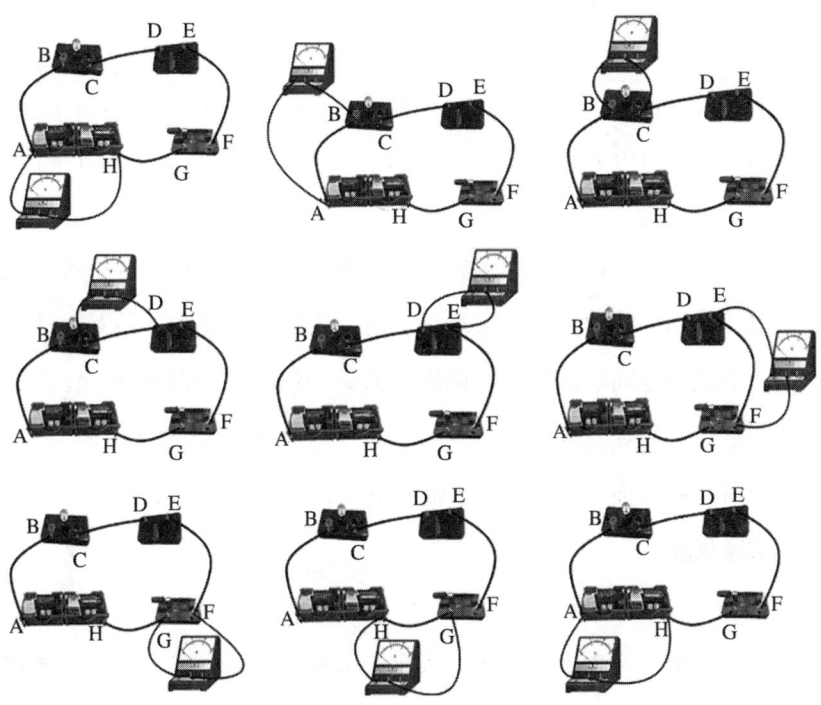

图4-5-4　各状态电表连接实物图

· 创新实验之数据分析

表4-5-1为全班所有小组的实验数据结果。前五组数据验证了学生的猜想：电源提供的电压还分到了调节器两端，也就是调节器通过改变灯两端电压实现调节灯的亮暗。

表 4-5-1 寻找"丢失"的电压数据采集表

元件种类	导线	小灯泡	导线	调节器	导线	开关	导线	电源
两端电压	U_{AB} V	U_{BC} V	U_{CD} V	U_{DE} V	U_{EF} V	U_{FG} V	U_{GH} V	U_{AH} V
测量数据	0	0.8	0	2.2	0	0	0	3
	0	0.5	0	2	0	0	0	2.5
	0	1.5	0	1	0	0	0	2.5
	0	0.9	0	1.8	0	0	0	2.7
	0	1	0	1.4	0	0	0	2.5
	0.4	1.1	0.1	0	0.2	0.1	0.3	2.6
	0.1	1.9	0.3	0.1	0.2	0	0.1	2.5

但对于后面两组数据，很多学生提出质疑，为何他们的导线和开关两端也有电压。随后让学生们对比观察，前五组同学使用的导线是铜头、粗铜芯的，而这两组同学的被刻意换成了铁头、细铜芯的旧导线。由此让学生认识，老化后的导线或开关，就相当于一个小的用电器（电阻），也会分压，但所有电压加起来还是等于电源电压，从而得出规律。

· 实验展望

本创新实验是在串联电路中进行的实验改进与创新。是否可以考虑在并联电路连接中进行改进与设计，从而让串联、并联电路中电压的规律探究能够更加科学、严谨。

二、体现直观可视性的物理实验案例（器材大型化、小型化改良）

初中生的形象思维能力高于其逻辑思维能力，虽然我们要逐步关注学生课堂中高级思维能力的培养，但究其根本，还是要顺应学生年龄特点，更多地去设计直观的物理创新实验。这对我们教师提出了明确的要求，即：演示实验要具备直观性，可是效果要好，让每一位学生都能看得清、想得明。只有效果良好、可视性良好的实验现象，才能引发学生思考、探究。因此，物理实验的创新与改进，必须将直观性放在首位，要求实验操作设计得简单明了，实验现象明显易懂。

【实验改良案例3】

凸透镜成像实验的直观大型化设计

·教材、教情、学情分析

凸透镜成像规律这节课的教学重点是通过探究实验，归纳总结得出凸透镜成像规律。教学难点是在光具座上对凸透镜在不同距离区间上的成像规律进行探究。传统教学中教师在凸透镜成像规律实验前需要对成像情况进行演示性讲解和示范，大多数的示范采用课件演示。本实验教具的创新设计，让教师能够在教室中，以放大化的教具对学生的实验进行演示与介绍，辅助学生进行实验预习，教学效果良好。

·灵感来源（教师实践的真反思）

在以往的凸透镜成像规律探究实验的设计时，教师都会使用多媒体课件提高可视性，或者将学生实验进行实物投影，进行放大处理。在这里通过多年教学的经验积累，我想到，能够以学生探究实验为基础，将学生所用实验器材进行直观大型化处理，让孩子们在教室里能够看到"放大版"的凸透镜成像规律实验现象，并且可以亲身上前参与。由此，我对传统的凸透镜成像规律实验进行了直观大型化处理，学生见到该创新实验教具，学习、参与实验的兴致非常高。

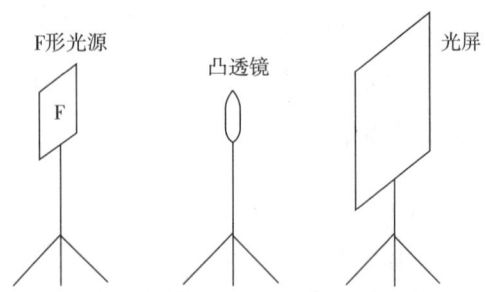

图4-5-5 凸透镜成像实验的直观大型化设计图

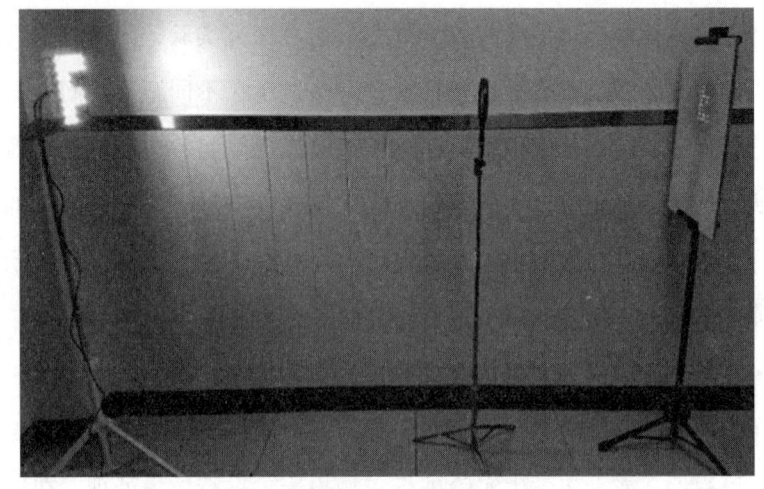

图4-5-6 凸透镜成像实验的直观大型化实验装置图

· 创新教具的设计与制作

【光源】

本实验采用LED高亮度照明灯板（多用于小型摊位临时照明使用）作为光源，利用不透明黑色卡纸，适当遮蔽，形成"F"字母形状的发光光源，实验中该创新光源（如图4-5-7"创新LED高亮度光源"所示）亮度高、效果好，得到了听课物理老师们的认可。

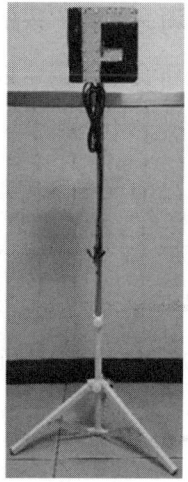

图 4-5-7　创新 LED 高亮度光源

【大型凸透镜】

由于本创新实验需要进行大型化改进，所以中间区域需要一个表面积较大、焦距较大的透镜。在这里我取用了一个焦距为 80cm，横截面积达到 25cm 的大凸透镜（老年阅读镜），现场实测效果还是不错的（如图 4-5-8 所示），能够将高亮度 LED 的"F"形光源的实像，清晰地呈在光屏上。

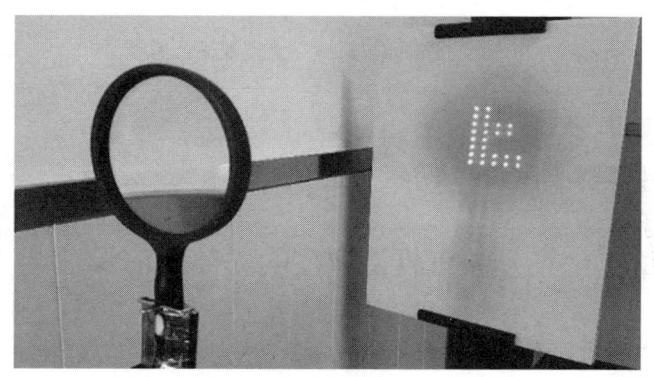

图 4-5-8　大型改进凸透镜

· 创新实验教学实施效果

本创新实验强调"以学生为学习主体"的教学理念,力争落实物理核心素养在教学中的要求。在教学过程中我安排了简洁明了的实验任务与学生喜闻乐见的教学形式,利用任务驱动的方式推进课堂思考,让学生尽己所能地自主学习,亲自去观察、猜想、实验、推理并得出规律与结论。

如图4-5-9"大型改进凸透镜"所示,为凸透镜成"倒立、放大、实像"的情景,学生站在透镜旁边,自己挪动光源,近距离观察成像特点,亲身参与实践,效果良好。

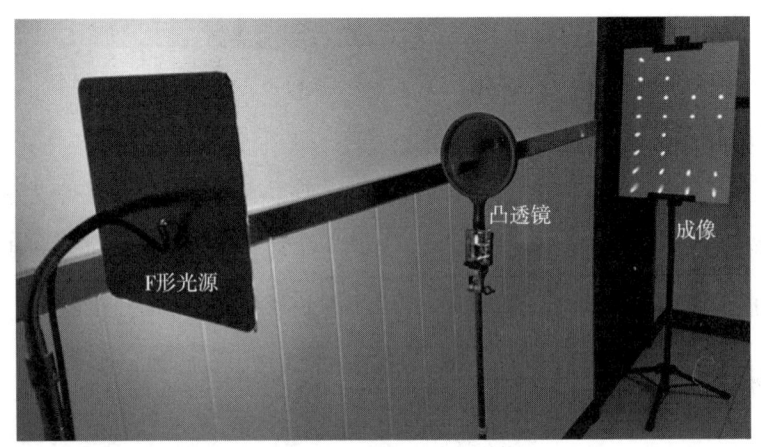

图4-5-9 大型改进凸透镜

【实验改良案例4】

杠杆测密度的立体化演示

· 教材、教情、学情分析

利用杠杆平衡条件测量物体的密度属于杠杆平衡条件大单元教学中的拓展课程,拓展教学内容包括:一些基础的数学化简方法——代入消元、比例消元、加减消元等。这对于学生思维的拓展和提升有很好的作用。传统杠杆平衡条件的探究演示不够直观，可视性比较差。物体密度的测量需要大量的公式演算和表达式推导，如果能够将直观的杠杆实验过程"搬到"黑板上进行演算，对学生直观理解实验过程中的各个物理量的测量会起到事半功倍的效果。

· **创意与灵感来源**

利用杠杆测量物体的密度通常在常态课教学中都是利用板书作图或者多媒体示意图的形式，学生听课时缺乏直观的认识与感受。教师在讲台上使用铁架台操作时，力臂的标画、力的读数又不是很直观，将杠杆悬挂于黑板上（如图 4-5-10 所示），非常方便力臂的标画，教师在讲课过程中可以将用到的物理量和公式直接写在黑板上，与黑板上的实验器材相结合，使物理问题能够被讲解得非常直观易懂（如图 4-5-11 所示），从而对杠杆平衡条件测密度这个难点专题的教学，起到事半功倍的作用。

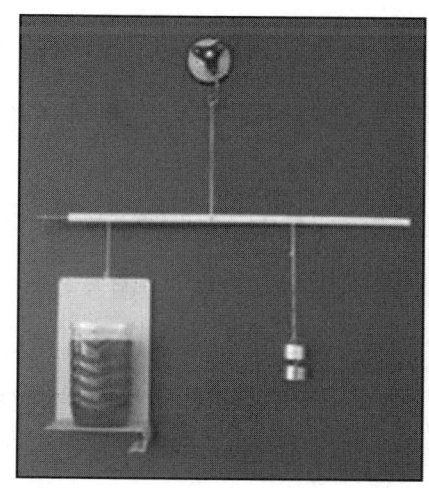 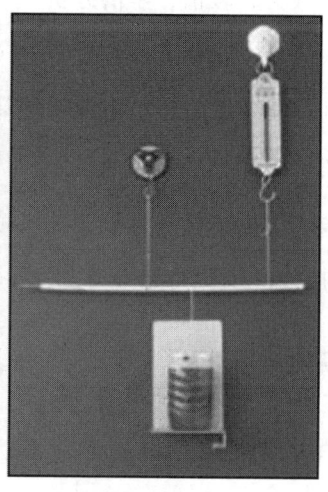

图 4-5-10　利用悬挂于黑板上的杠杆测密度的装置

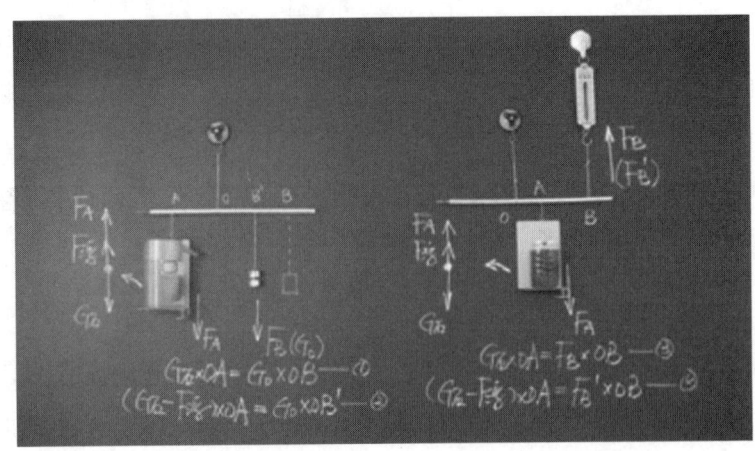

图 4-5-11　悬挂于黑板上的杠杆配合板书进行教学

【实验改良案例 5】

透明的照相机直筒，物距直观可见

· 教材、教情、学情分析

人教版八年级上册物理教材对于生活中的透镜这节课的教学要求为：学生通过实验了解凸透镜成像规律在生活中的三种重要应用。教学重点是照相机、投影仪的原理与应用。传统的教学通过光具座进行模拟，实验比较抽象，实验形式与自制照相机模型相差又较大。如果能够在学生自制的照相机模型中，直接进行成像规律的观察或猜想，效果会非常直观、易懂。

· 创意与灵感来源

自制照相机在教材上有制作方法，但是制作好的成品学生不容易看到内部具体的结构和像距测量的位置，为照相机应用时成像特点观察带来了不便。在这里将自制照相机的外壳利用透明硬塑料纸卷制而成，便可以清晰地观察筒内的成像位置（如图4-5-12所示），并在桶外用刻度尺直接测量，而且在此过程中，学生能够在物距变化的同时很直观地观察到像距的大小变化。同时也便于学生直观理解自制照相机的制作原理。

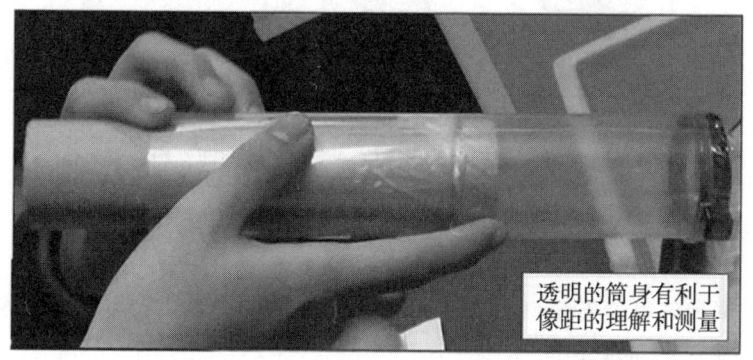

图4-5-12　自制创新凸透镜成像规律探究镜筒

【实验改良案例6】

模拟地磁场创新教具

· 创意与原理

地球的磁场神秘莫测，看不见摸不着，只能通过磁针等磁性物质才能将其探测到。如果能够制作一个类似地磁场的模型，让学生就在自己的眼前亲历磁场对于磁体的影响，那将会是一次记忆犹新的学习体验。地球仪内部安装的条形磁铁的磁场形状与地磁场的磁场很类似，通过磁场间力的作用，用磁针进行磁场方向的探究。

图4-5-13　自制地磁场演示仪

· **主要材料**（如图 4-5-14 "制作创新教具的材料" 所示）

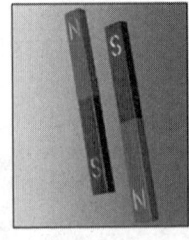

　　地球仪　　　　条形磁铁　　　　泡沫塑料

图 4-5-14　制作创新教具的材料

· **简要的制作方法**（如图 4-5-15 "制作创新教具制作过程" 所示）

①地球仪截成两半；

②泡沫塑料裁剪成适当形状，放入地球仪当中；

③在泡沫塑料上镶嵌好条形磁铁，位置与地磁场结构相符合；

④将地球仪重新黏合起来。

图 4-5-15　制作创新教具制作过程

· **实验演示与效果**

　　利用微型小磁针（小磁针的背面可以用双面胶进行粘贴）紧贴在地球仪的不同方位，则可以轻松显示出该点地磁场的方向，老师也可以适时地将地球仪打开，让学生观看内部条形磁铁的摆放情况，深入了解地磁场的分布。利用模拟的方法进行教学有利于抽象概念的理解，收效良好。

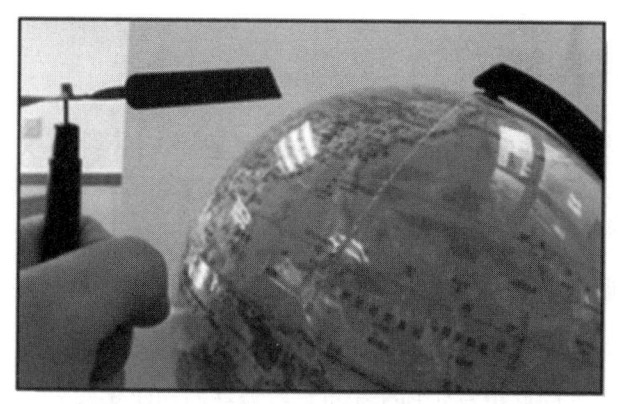

图4-5-16 创新教具演示过程

三、体现便捷科学性，易于操作、便于实施、讲科学的实验改良案例

初中物理创新实验可以使用实验室已有的器材进行改进，也可以使用身边的低成本物品（甚至废旧物品）进行创新，鼓励老师们用自己身边的物品自制教具。这样制作的创新自制教具相对比较简单，但是，越是学生身边的物品，越能够取得学生的信任，让他们信服物理、相信科学。越是简单的现象，越能揭示事物的本质，越是简单的现象越能产生深刻的印象。为了突出直观性，实验原理可以尽可能地设计得简单，便于学生理解；实验器材尽可能简化，便于突出观察点。能用简单仪器演示的实验，就尽量不用复杂的。实验简单，并不意味着可以忽略科学性，在进行便捷的物理创新实验设计时，要注重物理实验的科学性。科学性是物理实验改进和创新的灵魂，是实验教学的根本所在。虽然物理实验的改革和创新意义多元而重大，但是绝对不能违背科学性的原则，应依据物理科学原理进

行改进与创新。例如，物理现象的记录要从实际出发，不可以回避实验中的各种误差；又如，物理量的获取要使用规范器材，有理有据地带领学生采集数据，观察实验，从而培养学生实事求是的科学态度以及科学素养。

【实验改良案例7】

探究水吸收太阳能的多少与哪些因素有关

·实验背景

学生在课内学习到的探究实验方法，同样可以应用到一些课外问题的探究。通过课外陌生规律的探究，可以检验学生课内物理知识、技能、方法的掌握情况，同样也是实现学生可持续发展的切实实践。

探究液体的吸放热能力是教材中的一个实验，传统实验采用酒精灯加热烧杯中的液体进行实验操作。本实验采用太阳能，学生能够简单地在阳光下就进行物理实验，打破了实验的空间限制，而且实验操作也比较简单。具体装置如图4-5-17所示。

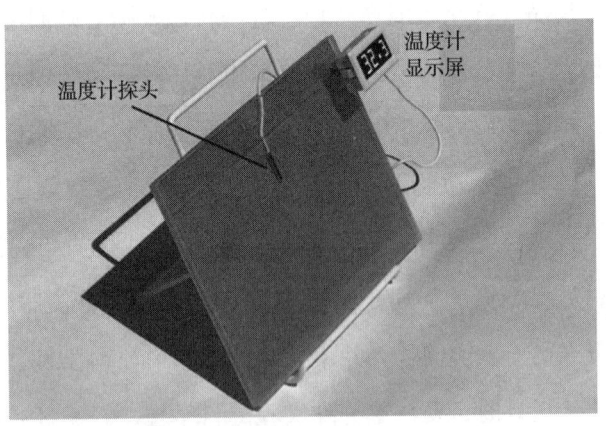

图4-5-17 探究水吸收太阳能多少简易实验装置

其他制作详图如图4-5-18所示。

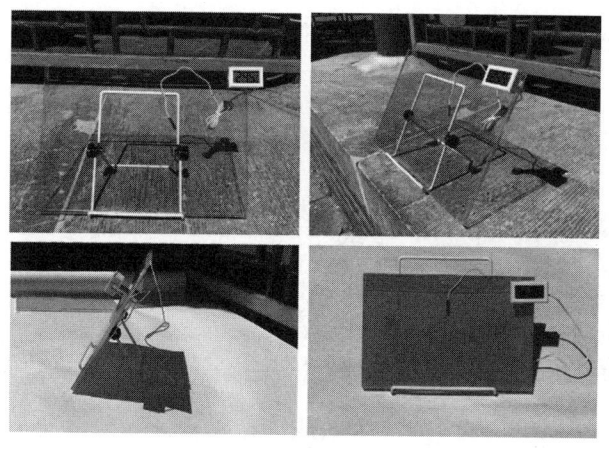

图4-5-18 实验装置设计系列图

本实验被收录到北京市东城区模拟题中,例题如下:

【东城一模】课外活动小组的同学们猜想:水吸收太阳能的多少与光照角度以及光照面积有关。为了验证猜想,他们选用的实验器材有:两个厚度相同面积大小不同的透

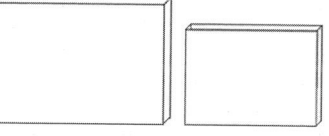

图1 甲

明薄水槽(如图1甲所示)、带探头的电子温度计、倾角可调的支架、秒表、足量清水。

首先,同学们进行了探究"水吸收太阳能的多少与光照面积关系"的实验。上午课间时间,他们向大薄水槽中注满清水,并将水槽放置在支架上,又将电子温度计的探头放入水槽中的适当位置(如图1乙所示),并记录此时水的初温。然后将该装置放置在阳光线下,调整支架倾角为α(如图1丙所示),使阳光垂直照射到透明水槽的表面。同学们记录了不同时间,透明薄水槽中水温随照射时间的变化情况,如表1所示。下午课间时间，该小组同学使用小水槽又进行了一次实验，他们使用相同的支架（未做倾角调整），仿照以上的实验，将整套装置放置在阳光下（如图1丁所示），记录了不同时间，透明薄水槽中水温随照射时间的变化情况，如表2所示。

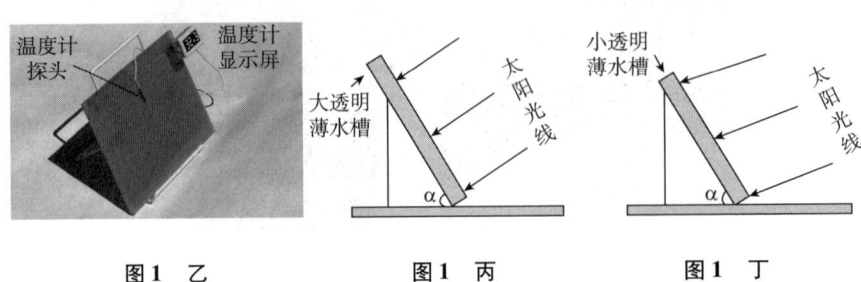

图1 乙　　　　　　图1 丙　　　　　　图1 丁

表1

t/min	0	2	4	6
T_0/℃	27.1	27.1	27.1	27.1
T/℃	27.1	30.1	31.9	32.7
$\triangle T$/℃	0	3.0	4.8	5.6

表2

t/min	0	2	4	6
T_0/℃	27.6	27.6	27.6	27.6
T/℃	27.6	30.0	32.0	33.2
$\triangle T$/℃	0	2.4	4.4	5.6

通过分析表中的数据，小组同学发现两个水槽经过了6min的阳光照射，温度均上升了5.6℃，于是同学们得出结论：水吸收太阳能的多少与光照面积无关。

（1）请写出他们实验过程中存在的问题：_____。

（2）请你针对他们实验过程中存在的问题，写出能够探究得出"水吸收太阳能的多少与光照面积的关系"的实验改正方案。

【实验改良案例8】

便捷桌面透镜器材组合

·教材、教情、学情分析

教材对凸透镜成像规律的探究的要求较高，需要学生亲身经历物理实验，对凸透镜成像规律有一个较为深刻的理解。传统教学中，学生需要亲身来到实验室，使用光具座进行实验。光具座的介绍和学习也需要教师花费一定的时间。在此背景之下，学生如果能够在自己的班级里，使用较为简单的实验器材，对物理规律进行测量，既加深了学生学习的印象，又提高了实验的效率。为学生充分理解凸透镜成像规律奠定了基础。

·灵感来源

在以往的凸透镜成像规律探究活动中，学生都要进入光学实验室开展实验，对学校的教室安排和器具安排要求较高。在这种现实情况下，如果能够每两个同学一个小组，去提供简单易用的实验器材，而且能够轻易携带，学生们就可以在教室中开展凸透镜成像规律的探究实验了，为教学提供了很大的便利性。

·创新实验设计

由于本实验需要突破空间的限制，所以需要在光源、透镜、光屏的下面使用透明膜，配合水写笔来实现光具座的作用。整体装置设计图，如图4-5-19"便携透镜规律探究组合"所示。

  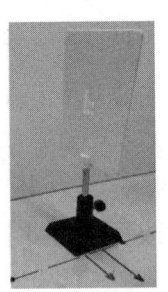

F形光源　　　　　凸透镜　　　　　可移动光屏

图4-5-19　便携透镜规律探究组合

四、体现趣味生动性，激发学生学习兴趣的实验改良案例

物理学家爱因斯坦说过："兴趣是最好的老师。"利用初中物理创新实验所创设情景的核心任务，就是借助实验激发学生的学习兴趣，从而调动学生学习的积极性，激发学生的思维，它是激活课堂教学的重要方法。因此，在改进和创新初中物理实验的过程中，应该重点考虑初中生的年龄特点和心理特征，让演示实验、学生分组实验都尽可能地生活化、趣味化。让学生感到物理实验很新鲜、有趣。所以，在实验设计时就要突出悬念，让学生惊奇、惊喜，动之以情、思之有趣、品之有味，充分激发初中学生的学习兴趣、疑惑感、矛盾感、好奇心，为后面的探究课程打好基础，创造动机。

【实验改良案例9】

自制趣味电磁炮（线圈炮）

· **教材、教情、学情分析**

教材对于本节课的要求是：了解电流周围存在磁场，了解电磁铁的原理与应用。学生学习本节课的概念比较抽象，学习兴趣有待提高。面对这样的学情，及时提高学生的学习兴趣，让学生饶有兴趣地学习本节课非常重要。

所以，设计有趣的物理实验和物理小制作，激发学生兴趣是很有必要的。

· 创意与原理

电磁感应现象的引入如果能够结合当下最热门的电磁炮来讲解，效果肯定不差，这个小制作的灵感就来源于此。通过上课视频的引入加之以老师教具的配合，大大调动了学生的学习兴趣。如果条件可以，带领学生参与制作也不失为一个不错的选择（如图 4-5-20 所示）。

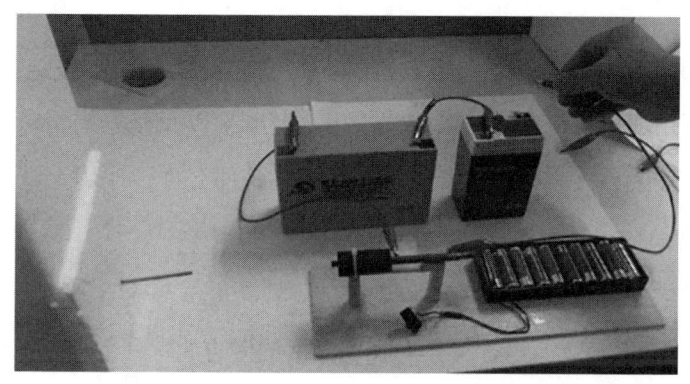

图 4-5-20　自制趣味电磁炮，成品演示过程

奥斯特发现通电导体周围会存在磁场，将通电导线以螺线管的形式进行缠绕，再增大其内部电流，它就可以将螺线管内部的铁钉瞬间磁化，并对其有力的作用，借助于此可以制作简易的"电磁炮"。

· 主要材料准备

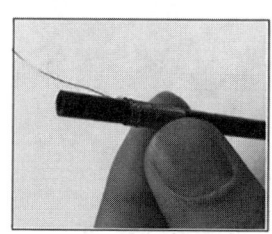 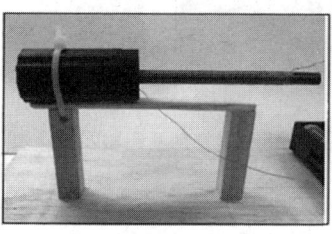 

漆包线绕制螺线管　　　木制支架固定螺线管　　　12V 蓄电池管

 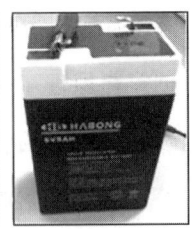

15V 电源　　　　　　　　　　　6V 电源

图 4-5-21　自制小小电磁炮

· 制作与实验

①利用漆包线绕制螺线管；②使用木制支架以及彩笔笔帽对螺线管进行固定、连线；③将电池进行串联。（如果条件允许，使用大电压蓄电池比较方便）

· 教学中演示过程及特点

如图 4-5-22 所示，操作时在线圈炮的旁边放置一个大泡沫板，将电路连接好，老师手持导线接头，进行快速接触，瞬间短路电流产生的大磁场将铁钉吸入螺线管，然后由于惯性铁钉飞出，打在泡沫板子上。

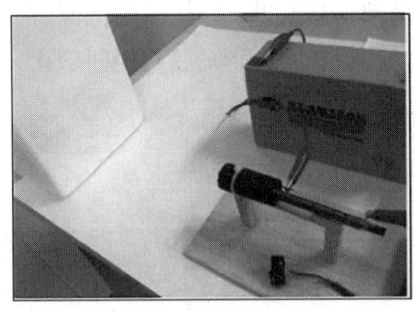 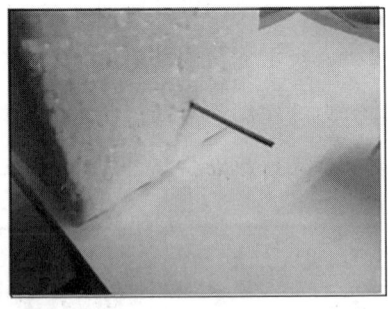

图 4-5-22　创新实验发展历程

小贴士：由于铁钉被吸入螺线管后会向前飞，如果不迅速断开电路，螺线管会将铁钉反吸回来，实验效果会大打折扣。

· **教学效果**

兴趣是最好的老师，紧紧抓住兴趣，学生学习就会更加主动，在课堂之初使用这个简单的电磁线圈炮来为本节课进行暖场，提升了学生的兴趣，吊足了学生胃口，很自然地引出了本节课学习的重点、难点，效果良好，事半功倍。学生的能量是无穷的，教师要随时调动学生学习的积极性与主动性。他们的作品有时也令我们震撼，图4-5-23就是一个学生利用多电容串联，电容放电产生瞬间大磁场，来发射铁钉进而制作的电磁枪。

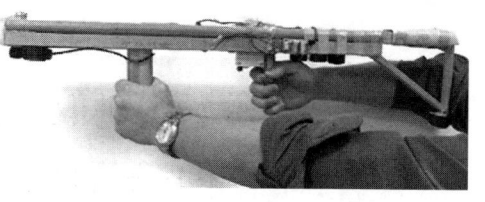

图4-5-23　创新实验发展历程

撰稿：张立峰　高梦笛　齐济行　代晓梅　赵维

第五章
在继承中进取,在创新中发展
——初中物理教研组研究共同体发展谈

第一节 继承传统精华,凝练宝贵智慧

东直门初中物理教研组,在不同时期积累和凝聚了大量的宝贵学科智慧,将这些宝贵经验进行良好的传承,有利于教研组的深远发展。因此,坚持发展教研组学科特色,坚持以实验教学为教学改革政策落地的主要抓手,坚持从每一个原创物理实验中汲取营养,来充实物理教学、惠及每个学生的学习,是我组一直坚持和秉持的教学宗旨与理念。在此过程中,离不开一些重要人物的贡献与付出,这些出色的老师,既是我们共同工作的同伴,更是引领教研组发展的风向标。

一、不断摸索,探索实践

在 2005 年金秋,于北京市东直门中学举行的北京市初中物理实验教具展示现场会,是一场实验革新、教具成果集中展示的大会,来自北京市各界的物理教学工作者在东直门中学齐聚一堂。会议在秦晓文老师的主持下召开,会议旨在以东直门中学初中物理组自制实验教具的展示为契机,向全北京市的物理教学工作者传达一个信号,即:新的一轮教育教学改革来临了,学生的教育更加强调切题体验,更加强调学习主体的切实获得,体

现在物理实验方面就是要让学生在实验课上真正参与课堂，真正有机会亲手做实验，亲自体验物理实验带来的丰富乐趣与学习动力。

北京市东直门中学初中物理教研组，借助自制教具的学科特色，自此在全北京市一炮打响，创出了名声，得到了各界的一致认可。说到这里就不得不提到当时物理组教具改革创新的先驱者：张国瑞老师。

张国瑞，北京市东直门中学物理实验室资深实验员，多次荣获国家级、市区级实验教具设计制作一等奖，是东直门中学物理组教具制作方面的行家里手，大师。张老师是这个时期东直门中学物理组乃至学校的一张名片，由他为老师们制作的教具，多次荣获各种奖项，为物理组的发展提供了莫大的帮助。

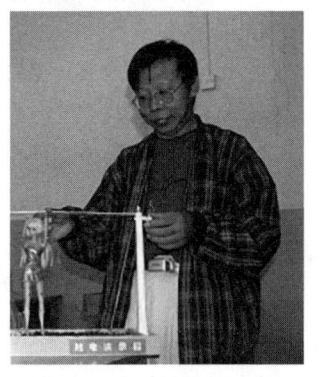

图 5-1-1　张国瑞老师在演示触电教具

张老师在物理实验教具制作一线工作了几十年，其教具设计最大的特色就是"精致""直观""演示效果好"，无论是教材上的物理模型，还是习题中的重点难点，经过张国瑞老师的巧手，都将它们变为了现实的教具，展现在了老师和学生们的面前，大大促进了物理教学的顺利开展。

张国瑞老师参加全国实验教具设计
大赛时与组内老师的合影

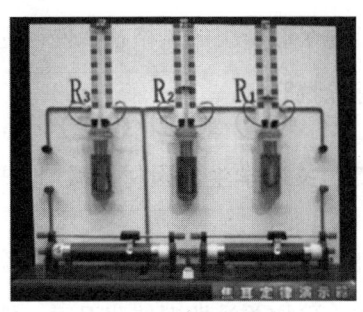

张国瑞老师设计的焦耳
定律定量探究演示仪

图 5-1-2　获奖教师合影及教具展示

张国瑞老师获得的各项荣誉　　张国瑞老师为专家们介绍自主研发教具

图 5 – 1 – 3

  张老师带领物理组老师们，从探究光的反射规律的"光的反射分组探究实验盒"，到探究凸透镜成像规律的"透明成像透镜筒"；从尊重学生探究主体地位的"探究通电导体周围磁感线方向的分组实验盒"，再到探究电热与电阻关系的"焦耳定律电热小瓶"，每个实验都经历了物理组团队的积极设计、筹备与讨论，是体现学生主体作用的最直接体现。

  张老师作为东直门中学初中物理组在自制教具方面的先驱者，突出显示出了他在教具制作方面过人的技艺，在顺应教育教学改革的背景下开始关注教具的从无到有，从抽象到直观，从高不可攀到平易近人，从观看模拟到直观体验；也正是从这个时期起，东直门中学的自制教具特色在慢慢形成，一个教研组的风格在慢慢确立，一场以教具创新与设计的变革大幕正在徐徐拉开。

二、关注学生，因材施教

  随着时代的发展，物理课堂实验教学也在悄无声息地发生着变化。物理实验也更加关注学生的获得感，更加关注学习主体的参与度。这个时期的创新自制教具主要以"分组实验化，实验小型化，实验趣味化"为主要特征。教师设计创新自制教具首先要考虑的就是学生参与度，没有学生的参与，课堂实验教学"一票否决"。从这个时期开始，东直门中学初中物理教研组长张学义老师便率领着老师们开始了实验创新探索的步伐。

张学义，北京市东直门中学初中物理教研组长（退休），北京市初中物理实验特色教学代表人物，曾多次辅导青年教师取得全国及市区级各类比赛一等奖，是老师们实验教学方面的导师。

张老师带领物理组老师们曾设计出很多有特色的创新实验教具，从令人震撼的"帕斯卡裂桶实验"，到令人匪夷所思的"切不破的气球"；从拍案叫绝的学生活动"五指抬人"，到与时俱进的"红外吉他"；再从结合地理现象的"风中的房屋"实景教具，到趣味引课情景剧"二人巧过河"，都体现着张老师对于物理学的深刻认识，对于各知识块物理观念的深刻理解。

图5-1-4　张学义老师留影

2014年年底于北京市东直门中学举办的北京市初中物理实验教学现场会是一次对于我组发展具有里程碑意义的大会，大会进一步巩固了北京市东直门中学初中物理组在北京市实验教学方面的代表性地位，进一步宣扬了"以学生自我发展"为最终培养目标的东直门中学育人目标，是一次具有标志性意义的大会。

在当时，教育旨在以学生为本，以学生的发展为本。教师是学生学习的组织者、引导者和促进者。物理组一直坚持这样的教育教学理念：精心设计教学课程，在学习过程中，培养学生科学的学习方法，培养学生的创新精神，使学生学会思维、学会自我发展。尤其是在帮助学生具有未来发展的持续动力方面，需要教师在观念上不断前行，教学手段也亟待不断创新。

在大会上，物理组明确：在工作中努力尝试改变物理课的传统局面，有针对性地进行探索与实践，把工作的着力点放在"使课堂引入更加生动有趣""大力解决实验器材满足分组需求问题""开拓学生的视野""为教师成长搭建平台"几个方面。秉承着这种对于时代要求的顺应,对于教改政策的理解,东直门中学初中物理组的老师们开始了不断的努力与探索。

张学义老师设计的趣味　　　　　张学义老师设计的趣味
引课微情景剧"二人巧过河"　　引课微情景剧"五指抬人"

图 5-1-5

　　2014 年 11 月 13 日北京市出台了学科教学改进意见,其中提出学科整合的建议,这与当时物理组多年来的工作是契合的。在政策的引导下,在张老师的辅导和指导下,初中物理组多位年轻教师研发了不少成功的有创新意义的教具,并在市区级大赛中,取得了骄人的成绩。同时,利用这些自制教具,学生在探究过程中也收获了方法,体验到了探究的乐趣。老师们同时强调学生不只要重视结果,更要重视探究过程的体验。在这一过程中,师生相互促进,共同发展。

第二节　不断创新进取,形成特色团队

——物理组老师们讲述自己的成长故事

　　新时期教研组发展的实践者:全组教师。在新时期,初中物理教研组

从个人制作教具的阶段逐渐转变为人人参与、人人研发教具的阶段，我组近几年新入职了多位年轻物理教师，虽然教学经验尚不丰富，难能可贵的是，刚刚投入工作，他们就很快地融入到了团队之中，平日积极向老教师讨教制作教具的经验，积极开展教具的研发与学生活动课的组织工作，从中也获得信心与成就感。在初中物理组不断发展的过程中，每位教师都有着自己的成长故事，每一次努力都见证着自己的成长。

一、坚持实验自主创新是物理组持续发展之根本（赵维老师）

伴随着教育政策的改革与教学方式模式的转型，物理教学更加关注学习主体思维的发展；除了知识的获得，更加关注学生素养的提升。这就要求从教学模式上从一节节的单独课时授课，变为大单元教学模式；从教学资源上要为学生提供更多的实验机会，提供更多的创新实验、改良实验，让学生在学习过程中不光是物理知识与技能得到提升，其物理学科观念的提升，思维的进阶与发展，实验探究技能的培养等，都是教师进行教学设计所需要考量的内容。

因而，物理实验在这个时期所扮演的角色也越发重要，不再是单调的"做一做""体验一下"，也不是将教师演示实验简单地进行小型化改良，在课堂上简单地操作一遍。这个时期的物理实验除了其在学科上的作用，还肩负着培育人的特殊任务。它是提升学生思维的助推器；培养学生核心素养的孵化器。

下面我通过"探究电流周围磁场方向实验小盒"这个实验案例的设计、制作过程，来谈一谈创新物理实验所应达成的学生学习效果与教学效果。

我在以往的教学中注意到，学生对于磁学的知识非常感兴趣，也非常乐于动手进行操作。我想，如果每个小组的同学都能够有一个多用途的磁学知识探究小盒，利用它，大家都能亲身经历通电螺线管外部磁场的方向的探究过程，岂不是一件事半功倍的事情？既可以培养学生的学习兴趣、动手能力又能够培养他们独立思考、严谨务实的科学态度。

于是我改良和设计了"探究电流周围磁场方向实验小盒"。本创新实验（如图5-2-1所示）以学生的认知规律为基础，从"通电直导线引入"，层层递进至"环状通电导线"，再到"通电螺线管"，台阶式的教学模式巧妙地拆分了认知难点，易于学生理解。

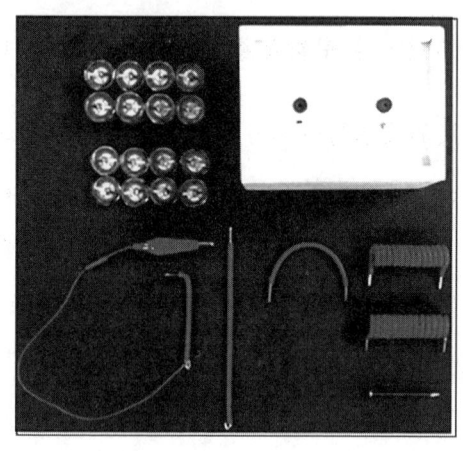

图 5-2-1 可插拔探究实验盒套装

· 构建层层递进的学习逻辑（实验探究小盒各项功能展示）

通电导体周围存在磁场→通电直导线周围磁场的方向→通电环状导线周围磁场的方向（如图5-5-2所示）

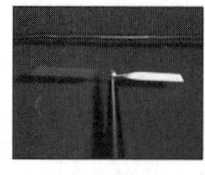 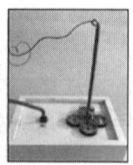 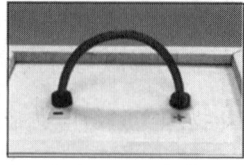 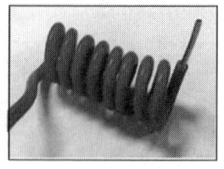

奥斯特实验　　通电直导线　　通电环状导线　　绕成通电螺线管

图 5-2-2 层层递进的实验设计

①通电导线周围存在磁场（奥斯特实验）

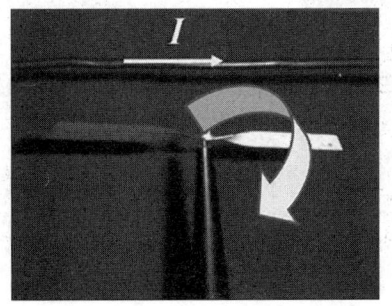

图 5-2-3　通电导线周围存在磁场

②通电直导线周围磁场的方向（探究）

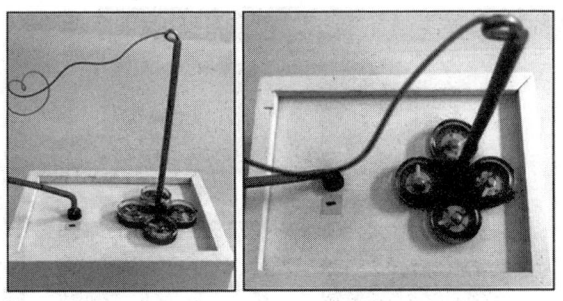

图 5-2-4　探究通电直导线周围磁场

③通电环状导线周围磁场的方向

图 5-2-5　探究通电环状导线周围磁场

图 5-2-5 探究通电环状导线周围磁场（续）

④探究通电螺线管的磁场

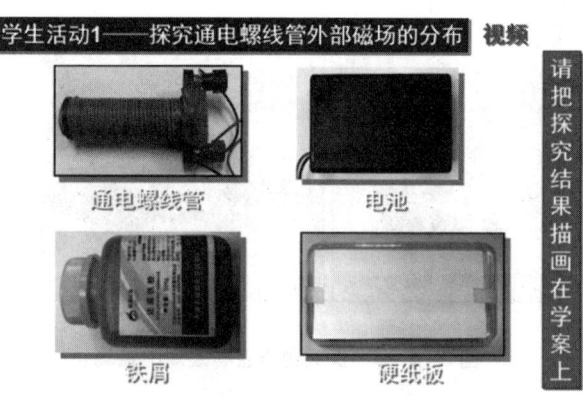

图 5-2-6 通电小盒内部结构材料

图 5-2-7 初步探究通电螺线管外部磁场分布实验

"磁学探究实验小盒"，可以实现和完成以上所展现的所有探究实验，学生在操作过程中，能够沿着思维逐级提升的脉络，来学习电磁学知识，有利于自己思维能力的逐步深入和发展。本探究实验套装的设计和制作，教学效果良好，学生喜闻乐见，对于兴趣浓厚的孩子，还可以让学生把装置带回家，进行进一步的课外探究活动。

类似这样的自主实验创新的例子还有很多，作为东直门中学初中物理组的一员，我的工作日常就是这样。一切教学出发点都是基于学生的发展，以学生素养的培养、思维的提升、深度学习能力的增强为根本。在这样的工作模式和工作环境下，逐步形成了教学相长的良性循环，在此过程中，自己的创新实验设计、制作能力势必会得到增强，自身的业务能力也在不断提升。

二、以"人"为根本，选取合适的教学方式（辛艳）

随着课程改革的逐步推进，课程教学目标也相应发生了巨大转变，由单方面关注"知识的落实"转变为更加关注"人"的发展。单从基本知识和基本技能的要求来看，差别不是很大，只是过去的教学目标更单一地注重"双基"的落实，而现在的教学目标越来越重视"育人"。为适应新的课程理念的要求，教师亟须改变自己的教育理念以及教学行为，切忌被过去的经验教学所束缚。如果仍然抱着过去"知识本位"的思想，势必会跟不上新时代的教学要求。新的教育理念需要真正从学生的角度看问题，选取适合学生心理特点的教学方式，让学生以探寻、思考、质疑、讨论等高品质的学习行为参与教学活动，从被动地听讲回答问题转变为发自内心地积极参与，要让学生的主体地位真正地落到实处。针对选取合适的教学方式的策略，我总结了以下两点：

1. 教学方式要符合学生心理特点

教育学家丽塔·皮尔逊说过,"孩子是不会跟不喜欢的人学习的"。尤其对于刚迈入中学大门的初一学生,科学的思维方式还没有完全形成,对于一件事情的关注还是喜欢从兴趣出发。要想让学生热爱学习,就得得到孩子情感的认同,让他热爱物理课,喜欢物理老师,这样才能让课堂学习更高效。如何吸引学生得到他们的认同呢?那就尽量地让物理课更有趣。

为了激发学生学习物理的兴趣,老师们致力于研发一些有趣的物理实验并创设物理情境,通过科学课、社团活动、选修课等形式,通过人手一份的实验器材,让每个学生都有动手的机会,在"玩"中感受科学带来的乐趣。比如,学生对于教室门上的玻璃很好奇,因为平时上

图 5-2-8 学生体验自制教具

课时,老师在教室外透过玻璃能观察他们的一言一行,而他们从教室里向外却看不到老师。针对这种有趣的光现象,老师们设计了一款《光学魔术盒》,通过学生动手制作、实验、改装等过程,让学生体会物理现象的神奇,进而理解生活中常见的光学现象。在"玩"中不仅学习了物理知识,感受了科学魅力,而且在制作和探究的过程中,学会探究问题的科学方法,提升了解决问题的能力。

2. 教学方式要关注学生真正的"疑惑点"

学生在学习物理课程之前,他们的头脑中对于物理的概念并不是一张白纸,小学的科学课和一些生活经验让他们已经形成了一些认知,所以在教学设计之前要及时了解学生对于所学内容的认知在什么阶段,有哪些错误前概念,真正困惑的点是什么,针对这些问题教师需要思考采取哪种教

学方式更符合学生的要求。

比如,《滑轮组》这节课,学生对于滑轮组能够省力这件事是认可的,但对于每段绳子上的力大小相同有些质疑,如果单纯从理论的角度去分析,学生也很难从心理上认可这个结论。老师们在讨论这个问题时,设计出非常巧妙的自制测力计,让每段绳子上都有一个相同的轻质测力计,通过实际测量力的大小,让学生从行为的参与和实际的观察来认可每段绳子上力的大小相同这个知识。通过采用实验探究的教学模式,学生不仅学会知识,也学会解决问题的方法和能力。

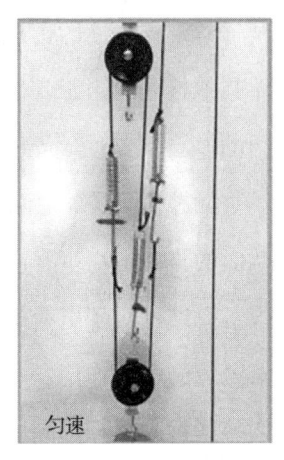

图 5-2-9 测量滑轮组线上拉力创新教具设计

比如《电阻》这节课,学生对于电阻概念的理解感觉困惑,相对于宏观上能看得见摸得着的物体运动来说,微观上电荷的运动比较抽象,学生很难理解电荷在运动中受到的阻碍作用大小。针对这个问题,只是从宏观的实验现象不能真正解决学生的困惑,这就需要设计巧妙的问题引导进行推理,让学生从思维逻辑上来认识阻碍作用。首先,通过实验发现问题——实验中电流大小不同,通过问题链的设置,分析电流大小不同的原因。

问题1:电流怎么形成的?——答:电荷的定向移动。

问题2:电荷在定向移动时,其他电荷是静止的吗?——答:其他电荷杂乱无章地振动。

分析微观上电荷的移动情况,自由电荷定向移动时会受到其他电荷无规则运动的碰撞。

问题3:举例:咱们班要参加一个活动,需要队伍从北新桥到地安门,咱们走南锣鼓巷这条街,还是走交道口南大街,为什么?——答:南锣鼓巷游人太多,对队伍的阻碍太大,所以选交道口南大街。

总结:不同的街道相当于不同的导体,队伍里的人相当于自由电荷,而其他行人相当于其他电荷。所以不同的导体对自由电荷的阻碍作用是不同的。

问题4:阻碍大说明什么?——答:阻碍大说明相同时间通过导体横截面的自由电荷少,则电流小。

总结:对于电荷定向移动时受到的阻碍作用用电阻表示,电阻是导体对电流的阻碍作用。

通过一系列的问题引导,学生的逻辑思维能力得到有效提升,而且从逻辑上认可了电阻的概念,从而能更好地理解阻碍作用。所以选取什么样的教学方式要根据学生实际情况灵活掌握。

教学过程中,对于学生的"疑惑点"要采用适合学生的教学方式,真正从学生的角度去看问题,通过合适的教学方式和课程设置,引导学生主动积极地参与到探究活动、讨论思考活动中,引导帮助学生亲身经历知识的发现和建构过程。教师可通过创设物理情境,设置挑战任务、质疑讨论等高效的多种学习方式,给学生提供深度学习的机会,让学生通过知识学习的过程使能力得到有效提升,帮助学生真正成为学习的主体。

三、关注学生个体特征,培养物理学习兴趣(张洛宁)

兴趣是个体积极探究某种事物或进行某种活动,并在其中产生积极情绪体验的心理倾向,也是人才成长的起点。如果说学生的学习成效在很大程度上取决于学习动机的话,那么学习动机又在很大程度上取决于学习兴趣,把握中学生对于物理学习的兴趣特点,对于激发学生学习物理的兴趣具有重要的意义。

初中生的智力水平正处于形象思维阶段,希望看到鲜明、生动的物理现象和物理实验，大多数学生渴望自己动手，进行物理实验或者参与课外物理实验小组。根据不同班级的学生特征，我设计了一系列创新实验，让学生在课上、课下都能够动起手来。

学生学习密度概念后渴望将其与实际生活相联系，在应用课程《密度与社会生活》中，通过学生不断动手体验、激发学习兴趣，激励主动思考。在课程伊始，我设计了密度的系列小实验，学生通过风车、纸龙、孔明灯的转动或升高体验，思考空气密度变化与温度的关系。

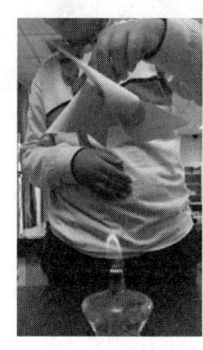

图 5-2-10　学生通过实验体验热空气上升

在此基础上通过探究气体随温度升高的变化实验，学生将气球分别放入冷水和热水中，观察气球体积的变化情况。学生基于冷水中气球体积小、热水中气球体积大的实验现象，分析得出气体温度升高、密度减小的实验结论。学生运用所得到的实验结论，可以解释引课小实验的现象，密度小的气体会向上运动，带动物体转动或升高。

在已有的实验结论的基础上，继续通过实验引发学生思考，不断更新已有的实验结论，做到思维水平的螺旋式上升。气体密度减小向上运动，对于同样具有流动性的液体是否该结论也成立？问题情景结合液体对流实验，学生形成流体对流的正确认识。

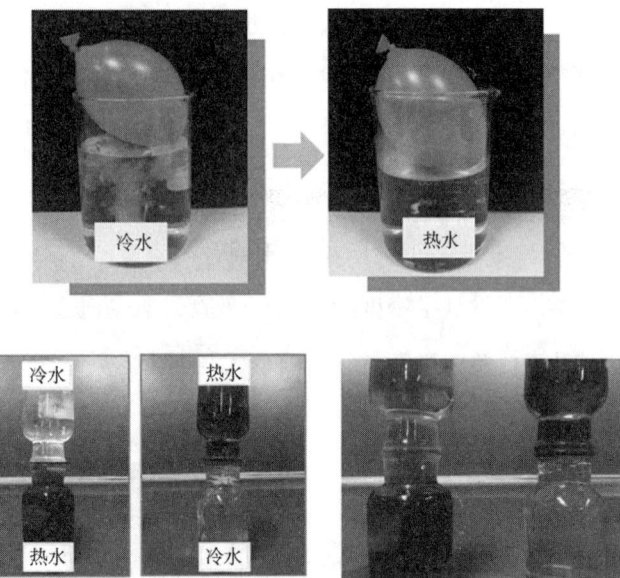

图 5-2-11 学生自主设计体验物体的密度

创新物理实验不只在课堂上引领学生思考,课下学生也乐于通过实验探求现象背后的物理本质,因此我根据不同学生的学习水平、学生之间的亲密程度分成不同的物理小组,学生在课后任务的推动下,自主设计创新实验解释现象、解决问题。比如学生在学习完浮力概念后,自主设计《盆水举缸》《胡萝卜能漂浮在水中吗》创新实验,将浮力知识应用于生活,解释现象、解决问题。

图 5-2-12 学生在家中开展物理小实验

在班级中还有极少数的同学，他们所学的物理知识较为系统性和概括性，同时又具有丰富的想象力和创造精神。我作为他们的学习导师，引领他们对生活中生成的物理真问题开展探究性学习，并将所想、所做、所发现凝练为实验报告或论文。我的一位学生在阅读废水处理的文章过程中，产生了"能否用物理方法分离废水中的燃料颗粒"的疑问，针对问题我们共同查阅文献资料、找寻理论依据，提出猜想"利用高速离心机制造的超重力环境，分离染料废水中的染料颗粒物，以降低染料废水的色度"。该学生利用离心机对染料悬浮液样品施加超重力作用，激光照射染料悬浮液样品，通过丁达尔效应的不同观察染料颗粒运动的变化情况。在对实验数据的充分分析后，学生得出：染料悬浮液中的染料颗粒在超重力环境的作用下产生了明显的富集现象，显示可以利用超重力环境对染料悬浮液中的染料颗粒进行分离。

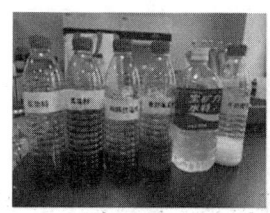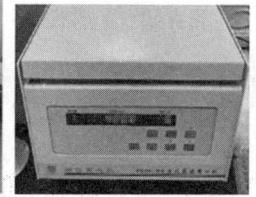

图 5-2-13　学生体验课外物理实验

爱因斯坦曾说过"兴趣是最好的老师"，因此在初中物理教学过程中，我们也要重视物理兴趣的培养，通过课上、课下丰富的创新物理实验，为不同学习特点、学习层次的学生建立物理图景、展现物理实验现象和过程，以期引发更多学生的学习兴趣不断深化。

四、激活历史　传承悟理（康静）

《义务教育物理课程标准》（2022年版）在继承三维目标的基础上，进一步提炼物理课程要培育的学生核心素养内涵及课程目标，凸显物理课程的育人功能。以促进学生发展、提升全体学生核心素养为宗旨，为学生学习和发展提供机会，使其具有适应个人终身发展和社会发展所需要的正确价值观、必备品格和关键能力。

学科育人是教师在进行学科教学的同时，将学科中所蕴含的德育资源，通过最有效的手段和方法挖掘出来，自然地体现在教学各个环节中，并促使学生感悟，从而实现育人功能。在具体的教学过程中，可以将学科分为直接的德育课程和间接的德育课程。直接的德育课程是指专门的德育学科课程，通过介绍道德价值规划的原理和知识体系，提高学生的道德认识与判断能力。间接的德育课程是指以学科课程方式存在的其他课程中包含的道德内容及其对道德教育的影响。很显然，物理学科属于间接德育课程。如何在物理教学中渗透学科育人的思想，是物理教师在进行课堂设计时非常重要的环节。

本人在研究生期间学的是物理学史，毕业工作后也一直致力于中学物理中物理学史的研究。经过多年的课程研究和教学实践，发现物理学史在初中物理教学中具有广泛的应用前景，其中的育人价值尤为突出。

几年前，学校开设了物理开放性课程，该课程给孩子们提供了一个良好的动手探究平台，学生可以在课上带着乐趣进行物理学习。在进行课程设计时，本人致力于将中国古代优秀的科学技术融入课堂中。至今，已开发并设计完成了《欹器》《铜壶滴漏》等课程。

欹器是一个历史悠久、具有丰富教育价值的器皿。当欹器作为人们借以遵循的一种道德规范或行为标准时，人们又称它为"宥坐之器"，或

"右坐"器，或劝诫之器。在现代，欹器满则覆的原理应用到生活的各个角落，从水上乐园的大水桶到雨量计量器，再到油井计量器等。本节活动课不仅使学生体验到物理知识的神奇，同时在做人做事方面也得到了启示。

铜壶滴漏是中国古代最重要的计时仪器之一，起源甚早，历史悠久。它的发展反映了中国古人对于高精度计时的执着追求和科学精神，这种不懈追求的科学精神值得当代中学生学习。

《欹器》这节课获得了北京市初中开放性科学实践一等奖，以"欹器"为主题的论文发表在《物理通报》上，该论文还获得北京市京研杯论文三等奖。《铜壶滴漏》这节课成功地将博物馆里的文物"搬进"了课堂，让物理课程与博物馆课程实现了梦幻联动，开辟出一条新的育人路线。图 5-2-14 左为学生在物理课程研究铜壶滴漏的原理，图 5-2-14 右为学生在进行国家博物馆参观时亲观铜壶滴漏的实物。

物理课上的铜壶滴漏

博物馆的铜壶滴漏

图 5-2-14

除了致力于将中国古代优秀科学技术融入物理课堂，本人还驻足于常规物理课程的开发。在物理教学过程中开展物理学史教育，可以有效地激发学生学习物理的兴趣，帮助他们理解相关的物理概念和物理规律，提升学生的科学素养。至今，已设计完成《温度》《牛顿第一定律》《密度》《杠杆》等课程的开发，论文《浅谈物理学史在初中物理教学中的应用——以"温度计的发展"为例》已经发表在《物理通报》上。

以历史脉络为主线，以物理思维为指导，以科学探究为主体的物理课程感染每一位学生，这正是激活历史、传承悟理的过程。

五、创新物理实验，落实核心素养（路海波）

大量的实践经验证明，创新物理实验对学生核心素养的培养是行之有效的途径，那么教师面对的首要问题便是如何选取创新的方向。物理学科核心素养对学生主动探索的能力及严谨认真的科学态度提出了要求，物理课程教学需尊重学生体验，注重问题解决的探究过程。初中生感性认识丰富，乐于接受新事物，实验兴趣浓厚，对新奇有趣的事物抱有强烈的求知欲，乐于动手操作。因此只要以学生的兴趣为切入点进行实验的创新，必然能够极大地调动学生参与课堂的主动性。

接下来，我将就《被中香炉》一课的设计过程与如何体现学生的主体性进行简单介绍。

新课标要求引导学生认识科学、技术、社会、环境之间的关系，形成良好的科学态度和正确的价值观，增强社会责任感和民族自豪感，成长为有理想、有本领、有担当的时代新人。在此背景下，我决定以优秀传统文化的研究为切入点。优秀传统文化一直是我国民族精神的精粹，是中华民族自立自强和不断奋进的原动力，也是我们在世界文化中屹立不倒的基石，更是创设先进文化的重要基础。因此传承与弘扬优秀传统文化，赋予其崭新的价值具有重要的现实和长远意义。

学生在初中阶段会统一参观博物馆，在参观前布置任务：寻找一件自己感兴趣的展品并了解。博物馆是传统文化的集中展现，学生在共同触摸历史的过程中剖璞取玉，确定自己最感兴趣的展品。学生首先通过文献资料的查阅知史明智，溯源自己感兴趣展品的历史和特点。经过全部同学的交流讨论后，最终确定自己想要探究的方向。课堂实施阶段，学生通过对模型的观察与分析，思考并分析炉体常平的原理。教师通过不倒翁、高空自行车和滚筒实验启发学生进行有效的归纳，得出正确结论。接下来是重要的实验操作阶段，学生经过小组交流后设计实验方案并在全班进行分享。在分享环节，同学们勇于发言、大胆质疑，经历层层的筛选后学生确定实验方案并选择合适的材料进行实验，并最终完成被中香炉模型的制作。在课程总结阶段的展示交流上，学生们踊跃发言，积极与他人交流分享。例如刘同学谈到了自己在实验操作水平上的提升，掌握了多种工具的用法，动手实践的能力飞速上升。张同学对资料中"中间任灰烬，终与蕙兰俱"这句印象深刻，认为很好地概括了被中香炉的特点，炉体内就算都是灰烬，也不会掉落下来，留给人们的终是温暖与香气。感悟出遇到再多的挫折、困难和失败，只要坚持下去，终会成功的人生哲理。秦同学则从原理的应用方面进行反思，认为在今后的学习和生活中除了简单进行经验的陈述外，更应重视对因果关系的探求，才会取得更好的成果。高同学则提出了实验的连续性，认为接下来可以继续改进创新被中香炉的模型，让其在实际生活中发挥作用。可见，本次的实验创新不但使学生初步形成探究意识，增强动手操作能力，更激发了学生自发地运用已有知识解决问题，主动运用多种方法解决问题的能力。

在创新实验的课堂中，"收"与"放"的尺度把握十分重要，不能生硬"教"，但又离不开适当的点拨和训练，想"放"就必须先"扶"，所以节奏适当放慢，用更多的时间去倾听学生的想法，去关注学生的体验。只有让每一个学生都积极主动地参与到课堂中去，才能真正实现学生核心素养的提升。

六、传承古人智慧，感悟物理之美（代晓梅）

本人一直对中华优秀传统文化情有独钟，在借鉴前人探索和多年教学经验基础上，我希望探索构建一种新的物理教学模式——在物理教学中融入传统文化，在传统文化中渗透美育。

为了让传统文化落到实处，结合物理学科特点，最终确定借助体验式学习将传统文化融入物理课堂教学，让学生感受到物理价值美、应用美、科学精神美。

教师在课堂上引领学生完成古代器具（文物）的模仿性再制作，最终形成以教师为主导、以学生为主体、以体验式学习为手段、以传统文化为核心、以制作古代器具为依托、以渗透美育为目标的特色教学模式。实现让学生在传统文化中接受物理知识，在学习物理知识的过程中感受物理的美，在感受美的同时，经受传统文化洗礼，达到对已知世界的把握和对未知世界客观规律的主动探索，促进学生的终身发展。

下面以初中物理《简单机械》中《杠杆应用》课堂教学实践为例，讲讲我在探索物理教学中融入传统文化，在传统文化中渗透美育的一些感悟和体会。

1. 通过查阅资料，我深刻感受到美育教育不但是课程改革的要求，也符合初中生心理特点，同时更是个体自我实现的要求。

2. 认真翻阅教材会发现：物理课程蕴含着丰富的物理美，新教材的编排更注重了教材内容的人文关怀。开发和利用中华优秀传统文化中的美育资源，让美育更具中国特色美，这也是对中华优秀传统文化的继承、升华和再次创新。

3. 具体课程开发实践和感悟：说着容易做着难，受学生知识结构和课上时间长度等诸多因素的限制，仿古器具的选择、开发、制作都需要老师精心判断，仔细琢磨和取舍。这个过程是漫长的、枯燥的，是对教师耐心和毅力的考验。

①翻阅古书籍受启示：图5-2-15出自《走进博物馆》，从书中简介可知：这是清末的灭火工具"水龙"，雕工精美，功能齐全，可喷水灭火，据测算喷射距离可达15—30米。

图5-2-15 中国消防博物馆镇馆之宝——清代消防水龙

②查阅资料判断："清代水龙"主要应用大气压和杠杆原理实现消防灭火，与初中物理杠杆知识联系密切。确定知识点适合，再翻阅古书《奇器图说》，思考、分析、认识"清代水龙"的内部结构和制作原理。

③研究"清代水龙"的使用和完善轨迹，在发展和创新过程中展示古人智慧和执着精神，学生在课堂制作中实现深层次的理解和感悟，从而达到精神层次的文化认同的目的。

④课程的实施巧设计。根据教学要求并考虑学生年龄特点，适当简化→课堂教学中的问题设计突出展现实际应用与理论的矛盾，通过模型推演，让学生认识到省力杠杆的设计要考虑生活实际需求，打破学生固有的思维模式，学会变通，学会用所学知识解决问题，充分向学生展示物理知识应用的矛盾与统一的和谐之美→小组展示古代杠杆的图片，介绍杠杆在

古代生活中的年代发展和使用轨迹，让学生认识到杠杆在古代生产、生活、军事等方方面面的广泛应用，感受古人的智慧，感受物理知识转化为生产力的价值美→展示故宫水缸的图片，介绍故宫水缸的水永不结冰的奥秘。让学生感受红墙铜缸的形式美，更感叹于古人智慧无处不在。

学生课堂小组展示

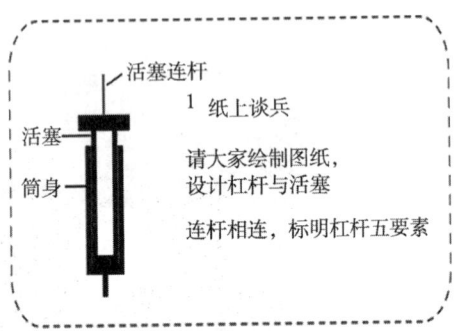

课堂教学 PPT 之纸上谈兵

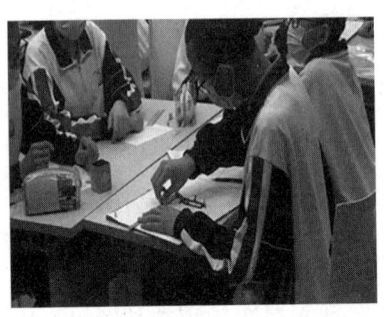

学生利用学具设计组装水龙

学生利用杠杆原理分析讨论

图 5-2-16

4. 一线课堂教学的感悟和反思：物理教学中知识是文化传承的载体，传承古人智慧是目的，渗透美育是追求。本节课最终聚焦到古代器具制作，符合物理学习动手动脑的学科特点。在制作古代器具过程中激发学生的学习兴趣，提高他们的审美情趣。

在今后的教学中，结合初中物理知识特点，可以开发更多的课例，让学生在物理课堂中传承古人智慧，感悟物理之美。

七、关注整体教学设计，把学生放在"正中央"（张立峰）

2016年发布的《中国学生发展核心素养》总框架，对我国教育"培养什么人"提出了明确规定，这一规定须依托学校课程和课堂教学来实现，即"如何培养人"最根本的是把握课堂主阵地。变革的动力中教学设计是关键，常规教学设计以课时为单位，这种教学设计有助于学生对具体知识点的学习，但不利于学生对知识结构的掌握和迁移。以"单元"为单位，以使教学设计的整体性和目的性更强，结合初中物理教学内容，探索单元或主题教学设计的实施策略，有助于打破单一课时为单位的教学设计的局限性，在课堂教学中落实物理核心素养的目标。

这一阶段学生如果能形成完善的初中物理知识结构，会运用基本的物理知识来观察、解释生活中的物理现象，用物理思维和方法探究并解决问题，将对学生的后续学习影响深远。在参加北京市第二届"京教杯"青年教师基本功展示活动中，我主讲的《电压及其串并联规律》就是以单元主题整体进行的教学设计，利用3课时让学生对电压从概念、规律到应用有一个全方面的认识。

主题确定后，全组老师一起来帮我分析，大家首先讨论的就是学生对这部分内容的前概念，哪部分是正确的，课上要加以利用，例如，电压的作用很抽象，但是孩子们对水压、气压、血压都有一定的认识，就可以通过类比来帮助他们认识电压。如图5-2-17所示，通过自制教具演示实验，让学生认识到，水泵的作用是给水轮左右两点持续提供水位差，使其在恒定水压的作用下持续转动。再类比到电池在两点间提供的恒定电压也是如此，使得电路中用电器能够正常工作。

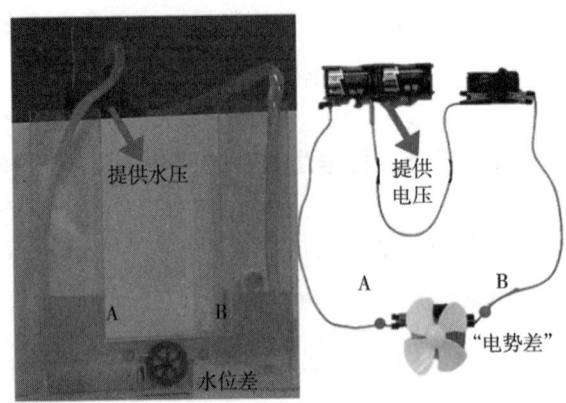

图 5 - 2 - 17　水压类比电压——借助学生已有知识突破教学难点

此外，老师们还根据工作经验帮我梳理学生前概念中可能存在的错误认识，比如学生总会认为水流、气流的传递需要时间，就会自然而然迁移成电流形成也有先后顺序，当然我们知道这是不对的。为了解决这个问题，我们发挥自制教具的优势，设计模拟实验，如图 5 - 2 - 18 所示，帮学生突破认知障碍。这样我们就把物理概念的建立过程与学生的认知结合起来了。

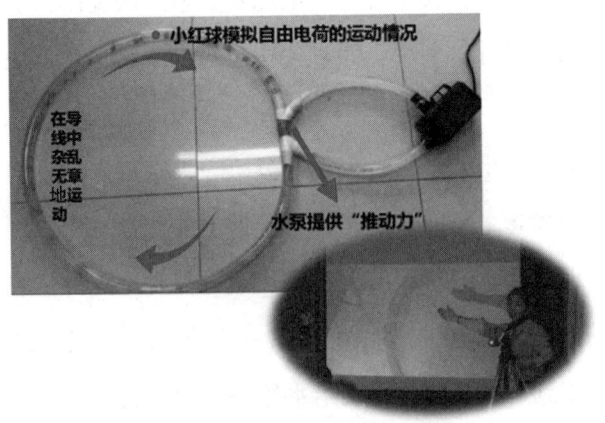

图 5 - 2 - 18　模拟电荷运动——突破学生认知错误

对电压规律的探究，传统的设计思路是利用学生已有的电流规律来类比学习，虽然这样能够降低探究难度，但是对孩子们而言又学习了一个生涩的规律。如何解决这个问题？就得让学生在生活中自己发现问题，并想办法解决它，找出其中的规律。于是我大胆推翻了之前的设计，选择了生活中很多孩子家常用的可调光台灯，用它的原理制作了简易学具，孩子们测量发现随着灯光或强或暗的变化，灯泡两端的电压总是小于电源电压，丢了的那部分电压去哪儿了？孩子们就一段段地测，一段段地找，最终发现电源电压并没有消失，只是分布到了各元件两端，这其实就是我们要学习的串联电路中电压规律，如图5-2-19所示。

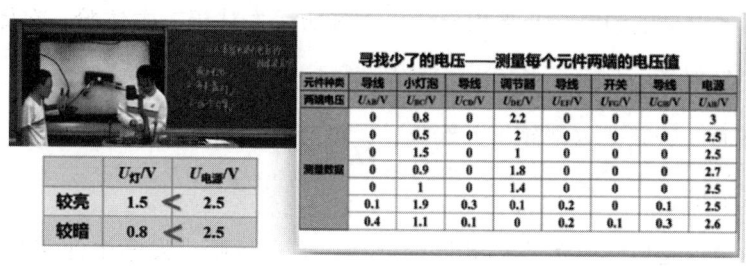

图5-2-19　以探寻台灯工作原理为任务驱动，学生主动探究

在得出串联电路电压规律后，为了培养学生利用所学解决问题的能力，设置国庆节装饰小彩灯的任务，充分把物理规律与生活实际相结合。在成功串联一串小彩灯的基础上，引出新的问题：如何装饰更多的彩灯呢？如图5-2-20所示，引导学生充分猜想，亲历整个探究过程，得出并联电路电压的规律，最终完成装饰彩灯的任务，在实际应用中消化串、并联电路中电压的规律。

站在学生的角度思考分析，让他们动手解决问题，在体验探究的过程中开展学习，这才是真的把学生放在了正中央。

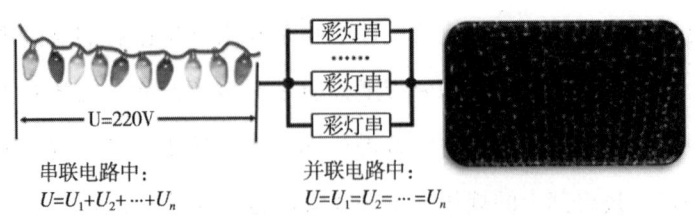

串联电路中：
$U=U_1+U_2+\cdots+U_n$

并联电路中：
$U=U_1=U_2=\cdots=U_n$

图 5-2-20　利用所学知识，解决生活中实际问题

八、关注实验过程中学生的思维发展，提升物理学习兴趣（崔凤艳）

探究是学生学习的核心，让学生的探究活动在手脑并用的过程中深入，在深入探究活动中掌握探究方法、形成科学素养十分重要。探究既要重视活动，精心设计，也要引导学生去亲历、去认识、去体验，在体验的过程中发现新的问题，然后继续探究。

下面以研究课《滑轮组》为例，说说我是如何在实践过程中引导学生思维发展的。

这节课是以学生为主体开展的课程，通过教师启发学生的实验冲突，提供实验器材，让学生在体验中验证已学知识，了解未知世界，并在获得的实验成果中发现、提出新的可探究的科学问题，然后在动手探索的过程中提升自身的科学探究素养。

本节课用一个自制的魔术器材引入，这个魔术器材的内部是一个复杂的滑轮组，先把一个质量大的沙袋挂在右边绳子自由端，让学生们自然地说出右边会下沉。然后请学生参与，和学生互换沙袋，让其他同学猜结果，在这个过程中，假装向右边这个小沙袋施加魔法，松手后发现还是右边的小沙袋下沉。这个小魔术让孩子们很疑惑，特别想知道这个魔箱的内部结构，于是带着这个问题开始滑轮组这节课的学习，这个效果特别好，在课程的最后，给孩子们揭晓魔箱的内部结构，让他们来分析这个魔术的谜底，增强了孩子们对学习的兴趣。

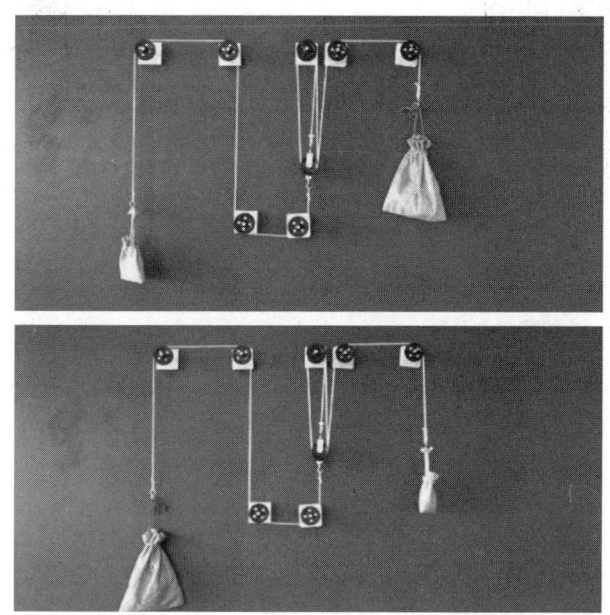

图 5-2-21 探究滑轮组省力特点创新教具

教师的启发在授课的过程中也特别重要。如何引导学生把一个生活中的现象抽象出一个物理模型，在物理的教学过程中也是非常重要的。

在让学生操作过程中，发现新的问题并提出改进的方法在本节课中有多次体现。比如图 5-2-22 中，当我们用手拉动绳子时，会发现只有右侧的沙袋运动，而左侧的沙袋几乎不动，这个现象和学生的判断出现了特别大的反差，这个现象出现后大家都踊跃地想各种办法来解决，其实这个现象在设计实验时并没有想到，而是在实践过程中新出现的需要解决的问题。另外，在学生设计好图 5-2-23 实验的过程中非常兴奋，但是在真的实验的过程中，发现根本没法提升重物，绳子都叠加在一起，完全不是想象中的样子，于是小组讨论得出右边的实验方案，解决了绳子叠加的问题，整个过程中，学生们积极思考，同时也增加了对物理的学习兴趣。

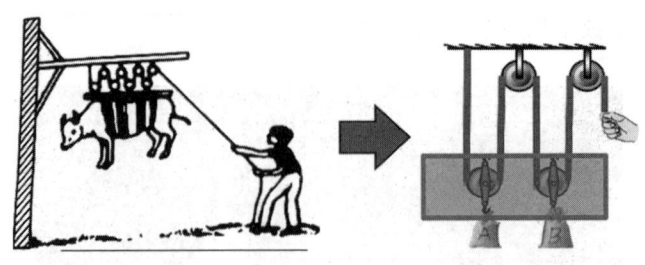

图 5-2-22

图 5-2-23 教师讲解滑轮组的演变

在这个实验中,我还尝试让学生在铁板上操作所有的实验,相比较以前在铁架台上完成实验,更稳定,学生更容易操作。学生做实验时上手较快。整节课从学生实验所得出发,让孩子们自己发现并提出可探究的科学问题。

本节课能够从学生的学情出发,关注学生的思维进程,准确分析学生学习漏洞，制定详尽而又有针对性的教学策略，切实地做到有的放矢。重视科学素养的培养。课程经历"启发""放手""发现""引导""自主"等过程。切实做到将课堂交还给学生，让其自由探索、发现，鼓励、引导学生提出有价值的新的科学问题，并付诸自己的实践。在物理的实践过程中关注学生思维的发展，对提升学生学习物理的兴趣非常重要。

九、创设物理情境，培养科学思维（孙婧涵）

物理学科核心素养的要点之一是科学思维。科学思维是从物理学视角对客观事物的本质属性、内在规律及相互关系的认识方式；是基于经验事实建构理想模型的抽象概括过程；是分析综合、推理论证等方法的内化；是基于事实证据和科学推理对不同观点和结论提出质疑、批判，进而提出创造性见解的能力与品质。其中"基于经验事实建构理想模型的抽象概括过程"非常适用于学习"压强"这一概念。如果能基于学生的生活经验创设情境，学生在实际问题中构建模型，就可以较好地理解抽象的概念。《压强》来自人教版八年级下册第九章第一节。它是对第七章《力》中学习的力的作用效果之一——力可以使物体发生形变的深入研究，同时它也充分运用了在第八章《运动和力》中学习的受力分析。这是初中生首次接触较为抽象的物理概念，学生能否较好地理解和掌握，在很大程度上决定着后续学习液体压强和大气压强的效果。压强的知识又常与第十章《浮力》相结合，形成让大多数初中生头疼的综合问题。所以压强在初中物理课程中占有重要地位。

接下来，我将创设的情境以及通过问题引领学生建构模型的过程进行介绍，浅析通过创设情境培养学生科学思维的过程，以及我在准备课程中的心路历程。

（一）创设情境、构建模型

在创设情境前，学生已经通过实验探究出压力和受力面积会影响压力的作用效果。我创设的情境源于一段新闻视频：一名老人贸然走上冰面，然而冰面出现断裂，随时有掉入江中的危险。接着展开讨论：

问题1：在救援过程中，皮筏圈起到了什么神奇的作用？

学生1：使用皮筏圈增加了受力面积。

学生2：但是使用皮筏圈还会增加对冰面的压力。

老师：冰面形变程度不明显，无法判断压力作用效果是增大了还是减弱了。

至此，通过学生熟悉的情景，展开了讨论，在讨论的过程中遇到了新的问题：如果受力面积和压力大小同时改变，受力物体的形变程度又不明显，如何确定压力的作用效果是变大了还是变小了。当问题难度升级，就需要建构模型辅助理解。下面是我选用的器材。用电子秤代替冰面，通过逐渐增加电子秤个数，观察电子秤的示数变化，将学生关注点由分析整个冰面的压力作用效果转为关注一块冰面上的压力，即单位面积上的压力。在此基础上给出压强的定义。

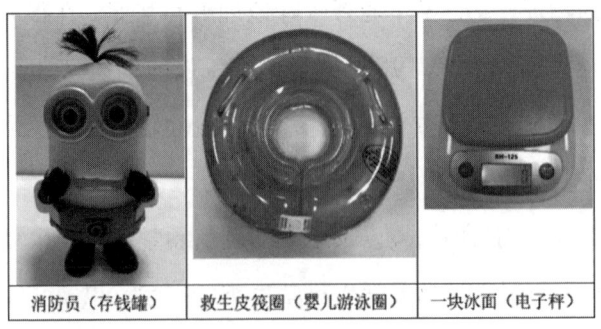

图5-2-24　教师演示压力作用效果小实验器材

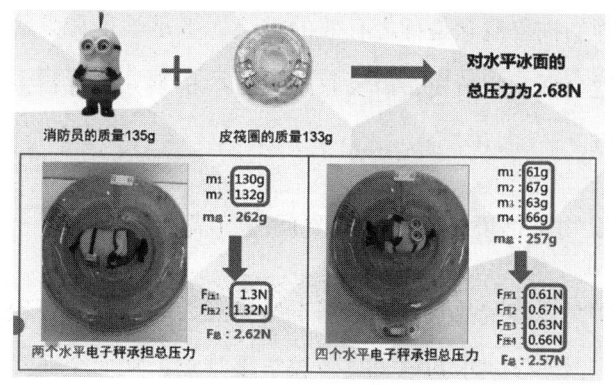

图 5-2-25 探究压力作用效果实验设计

(二) 创设情境，锻炼思维

在传统的教学过程当中，教师会直接将压力与受力面积之比与速度类比，通过比值定义法得到压强的概念，但这样的做法无异于教师直接将标准答案告知学生，并没有培养学生的科学思维。因此，我改为先创设情境，引导学生自主发现问题；再构建模型，在探究和实验中解决问题。

首先学生在讨论冰面救援时皮筏圈的作用中发现问题：当压力大小和受力面积均改变，且受力面不能发生明显形变时，无从知晓压力的作用效果如何。然后教师模拟救援场景，用同样不能发生明显形变的一个电子秤秤面代替一块冰面，从而将学生的关注点由分析整个冰面的压力作用效果变为分析一块冰面上的压力作用效果。从发现一块冰面不够用，到用两块、四块冰面承担压力的过程中，学生自主发现分摊总压力的电子秤越多，分摊到一个电子秤上的压力就越小，压力作用效果就越弱。进而找到解决问题的方法。这一个个小电子秤蕴含着单位面积的思想。学生在充分理解单位面积的含义和作用的基础上，再理解压强的概念就容易多了。

在实际授课的过程中，看到学生积极地互动和思考，看到课堂反馈的结果，可以确定通过"基于经验事实建构理想模型"来培养学生的科学思维、理解物理的抽象概念是行之有效的方法，也是学生喜爱的方式。但是要想创设出适合课堂的情境，需要教师平时的积累，多观察生活，多留意学生的关注点。

十、创设物理情境，解决学生真问题（高梦笛）

情境教学是以体现教学内容为基本出发点，通过创设合理的物理情境来导入新课、激发学生求知欲、突破教学重难点，从而全面提高课堂教学效果的一种有效教学手段。这种教学手段，不仅有利于直接提高学生学习的积极性，变"要我学"为"我要学"，而且有利于改变学生的学习方式，锻炼学生的创造思维，培养其核心素养。为此我不断从创设情境的角度思考如何开展常态化的实验教学。针对初中学生的心理特点，结合生活实际和以往的教学经验，为了切实解决学生的真问题，而不是简单丰富课堂形式，我精心设计了多元化的物理情境来辅助课堂教学。

（一）创设有任务性的情境，巩固学生基础知识

我发现越来越多的学生在物理考试简单基础的选择题部分失分，如果用刷题的方式加强学生记忆，这样大多学生只能短时记住正确答案，但是并未深刻认识到其中原理，也抑制了学生高阶思维的发展。慢慢我发现学生基础知识薄弱，很大一部分是缺乏生活经验，没有过类似的亲身经历，于是我试着在课堂上创设一些有任务性的生活化情境，使学生有身临其境的感受，来帮助学生巩固基础知识。例如，可以在学习完力学后在课堂上布置开罐头的任务，让学生小组合作自选工具方法，打开罐头并尝试解释其中的原理。有的同学会选择用勺子柄撬动放气使内外气压平衡，有的选择泡在热水里让瓶内气压变大，还有的同学垫上毛巾来增大与瓶盖的摩擦，生活经验丰富的同学还带来了开罐头神器，同学们共同分析发现其利用了省力杠杆轻松增大了压力，同时还使用橡胶材质增加了粗糙程度从而

增大了摩擦力。在完成这个生活小任务的同时，学生深刻地巩固了增大减小摩擦力的方法、杠杆的分类等常考基础知识，同时在交流讨论分析的过程中培养了高阶思维能力。针对学生曾经接触过的事物，我用视频的方式创设生活情境，唤醒学生的回忆。在中考总复习时，我还曾有意识地挑选包含中考高频考点的生活现象，整合成视频，以此创设情境，将物理情境直接地展示在学生面前，让学生获得视觉体验，头脑中形成一个情境感，给枯燥的复习课增加了很多趣味，贴近于学生的现实生活能与他们的现实经验产生一定的共鸣，从而充分调动学生结合已有的知识和经验，去发现问题、分析问题、解决问题。有利于深度学习的发生，学生的基础知识问题也能在轻松的氛围下得到解决了。

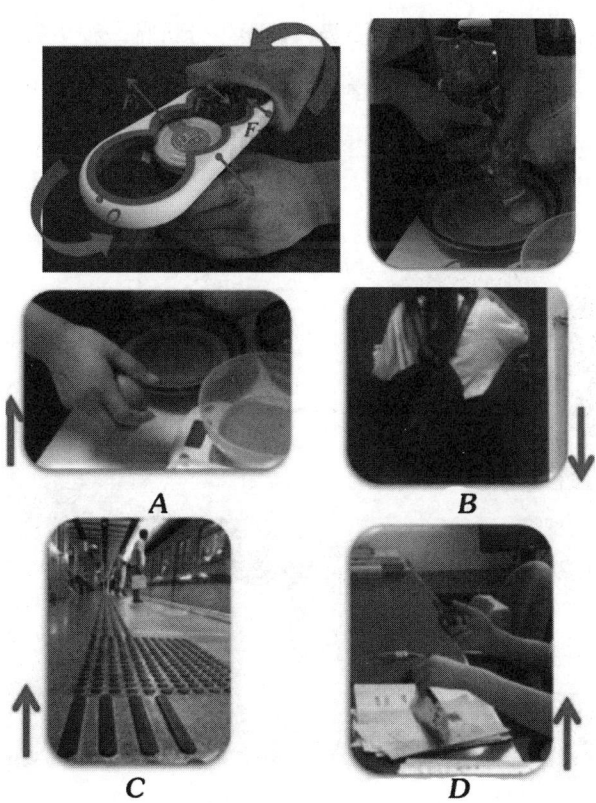

图 5-2-26 压力作用效果的生活应用

（二）创设有图解性的情境，落实学生科学方法

之后我又发现学生普遍现象都是"上课听得懂，但课后不会做"，总是在面对陌生的物理情境时无从下手，问题的症结就在于学生不能从实际的问题中抽象出具体的物理情境和物理模型。主要是受表象因素干扰，不善于抽象出问题的本质特征，导致建立模型困难。为此在课堂教学中，我建立正确的图解性物理情境，帮助学生在错综复杂的实际问题中抽象出物理模型，逐步让学生学会对所给的信息进行提炼和加工，突出主要因素，忽略次要因素，找到新问题与熟悉的物理模型之间的联系，使新信息与原有知识之间的迁移保持畅通无阻，就可以使新问题顺利地实现模型化，构建起符合新情境的物理模型，学生的高阶思维在不断提升。例如：创设生活中拿起重物的情境，展示不同姿势，让学生分析哪一种更省力，利用建立模型的方法解决问题，能够培养学生的科学思维，还可以采用直观的自制教具让学生有更强烈的主体意识、更浓烈的学习兴趣，产生更好的教学效果。

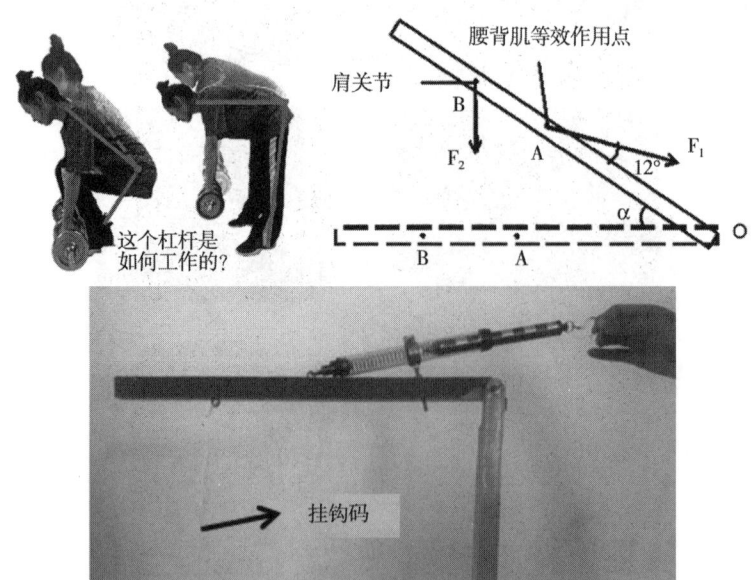

图 5-2-27 模拟人手臂杠杆规律的创新教具

此外，我还设计了有趣味性的情境激发学生探究原动力、有探究性的情境突破学生学习重点、有实验性的情境突破学生学习难点、有历史性的情境培养学生科学态度等。情境具有多样化的特征，如何给出情境也值得去思考。我在今后的工作中会继续探索和总结，积累情境教学经验，创设更多适合学生学习物理、运用物理知识的情境，为学生的有效学习和核心素养的提升助力。

十一、设计创新实验层层展开，引导学生思维步步发展（齐济行）

课程需要依据时代发展和学生需要不断发展，而实验作为物理课中的重要平台，也应不断创新。新《课标》提出，要培养学生的核心素养，主要包括物理观念、科学思维、科学探究和科学态度与责任。因此，在创新实验的设计过程中，也应强调层层展开，引导学生分析推理，而不是直接将成品教具呈现在学生面前。

在准备《杠杆应用》一课的过程中，我发现水龙既运用了杠杆原理，又经过多次改进，能够引导学生思维层层深入，而且还能体现我国古代劳动人民的智慧。因此，我准备以水龙的制作为线索引导分析推理，重现古人改进水龙的过程，增强学生对杠杆平衡条件的理解，培养学生的科学思维。

接下来，我将展示水龙模型的制作以及通过问题引领学生改进水龙的过程，浅析通过创新实验引导学生思维发展的方法，以及我在准备课程中的心路历程。

（一）收集资料、设计图纸、制作模型

制作模型遇到的第一个问题就是缺乏图纸，现有很多资料只是阐述了水龙的外貌和使用方法，而没有对关键结构的叙述。组里老师帮我查找了很多资料，最后在《奇器图说》一书中找到了水龙详细的结构。之后，我又在实验室老师的帮助下重新设计图纸，简化水龙的结构。在确定设计之后，我通过各种渠道寻找很多厂家订购零件，部分零件加工有问题，又在实验室进行二次加工，最终通过反复修改图纸、加工零件之后成功制成了水龙模型。

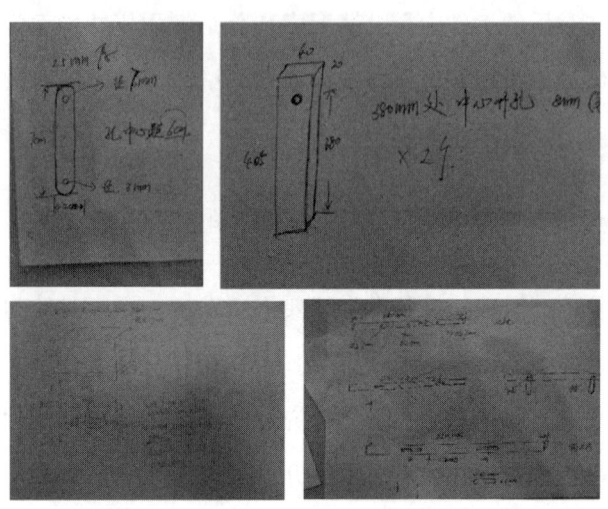

图 5-2-28　水龙设计图

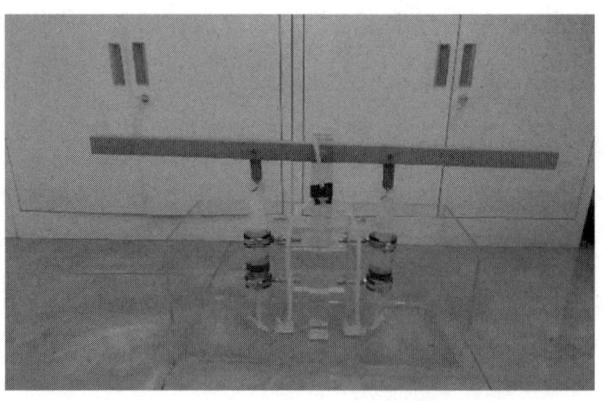

图 5-2-29　水龙模型成品

（二）设置问题、引导学生思维

一节课的准备不能止步于教具，在完成教具后之后制定合适的策略才能使其发挥最大的功效，更好地引导学生思维发展。因此，在组内老师们的帮助下，我按照制作顺序和学生逻辑梳理了一个个问题，将这些问题组成富有逻辑、层层深入的问题链，学生通过回答这些问题，其思维也随之不断深入。

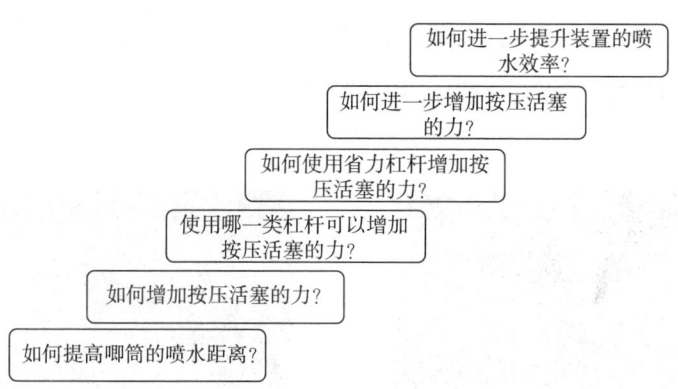

图 5-2-30　问题链

1. 对比古今灭火器具，发现唧筒的不足

首先我对比现代的灭火器，介绍在古代为了能够将水远远喷出灭火需要使用唧筒，并介绍其结构和喷水原理。接下来，我请学生体验使用唧筒喷水灭火的过程，在此过程中发现，唧筒的喷水距离很有限。

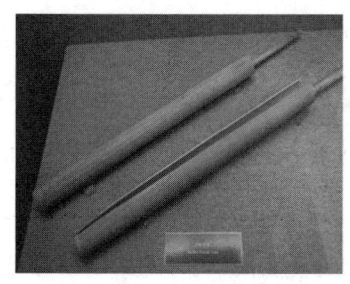 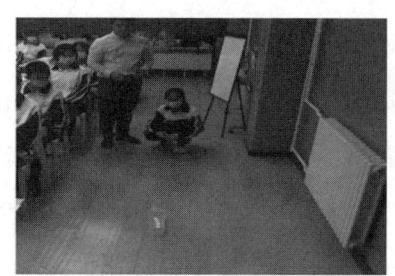

图 5-2-31　唧筒

2. 改进唧筒，思考方案

就学生体验的结果我提出问题：在使用同一唧筒时，如何提升唧筒的喷水距离？学生们纷纷思考并提出各种方案，之后进行实验验证学生的方案。首先为唧筒安装细管，请女生按压活塞，发现喷水距离提升，但由于力量不足，无法让蜡烛完全熄灭；然后，让力气较大的男生按压活塞成功灭火。由此可见，想要提升唧筒的喷水距离，就要增加按压活塞的力，由此再提出问题：如何增加按压活塞的力？

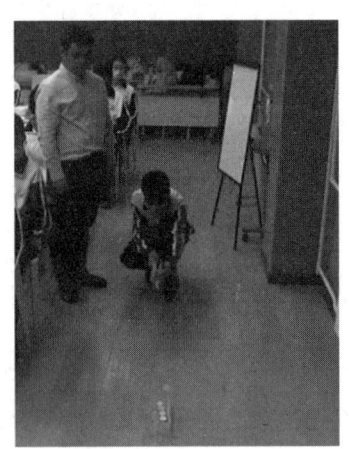

图 5-2-32　男女生使用改进后的唧筒灭火

3. 绘制图纸、制作模型确定方案

由于学生确定要使用杠杆，则提出下一个问题：使用哪一类杠杆可以增加按压活塞的力？学生认为需要使用省力杠杆。在此基础上再提问：如何使用省力杠杆增加按压活塞的力？学生绘制图纸，通过讨论确定了最优方案，然后制作模型验证方案的可行性。最后得出结论：由于唧筒行程的局限性，因此阻力臂几乎无法改变，只能通过增加动力臂来增加按压活塞的力。

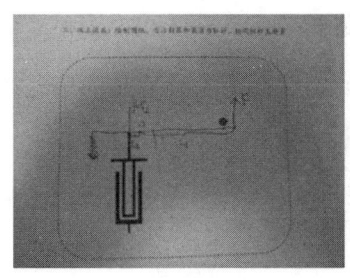
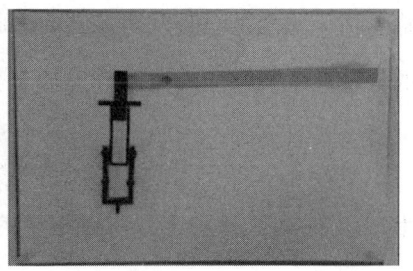

图 5-2-33 学生绘制图纸

4. 展示成品,再次改进提升效率

在学生完成设计后展示成品,再次提问:火情紧急,如何在现有基础上再次进行改进,提升灭火效率呢?学生提出可以将两个装置连接在一起,轮流喷水灭火。最后,我展示了清代水龙图片和操作复原水龙视频,学生惊讶于古人的智慧。

图 5-2-34 学生制作模型验证

在本节课中,我通过一个个的问题引导学生不断地分析思考,将问题组成层层递进的问题链串联引导学生的思维层层递进,在学生分析的过程中,水龙也悄然成型。在准备这节课的过程中,我得到了很多老师的帮助，感受到了团队的温暖和力量，向老师们学习了小到 PPT 制作大到课程设计的各种教学策略。我也深刻地认识到，创新实验并不是简单地制作教具即可，而是需要配合适当的策略才能发挥最大的功效。

十二、创新实验教具制作过程中的几点感悟（郭笑）

物理作为一门以实验为基础的学科，在日常课程中，实验的演示、操作、体验等环节，可以说是始终贯穿整个教学过程的；它对课堂教学的氛围有着较大的提升和推动：主要让学生在学习的过程中，不再只是被动地接受理论知识的灌输，而能有更多的机会真正参与到学习中来，亲自实践体验，发现和解决问题，这对培养学生独立思考的能力，乐于探究的科学素养，起着至关重要的作用。

作为物理实验教师，我将结合近几年实际参与制作的部分物理教具，在设计思路、适用对象和未来发展方向等问题上，简单讲以下几点体会：

1. 针对初中这一年龄段的学生，在还未要求掌握太深知识层面的前提下，首先是提升其对物理学科的学习兴趣，从学习之初就希望学生能意识到：物理是一门"生动有趣"的学科，开展更丰富多彩的实验教具设计，用于完善课堂教学，主要就是为了满足学生的这种需求，希望为学生打下坚定的基础，让他们在互动中学习成长，也更能适应这一阶段的学生定位。这也是我们一直坚持自主教具研发的最根本目的。

其次是实验教具的设计制作，本身就是为一线教学服务的，它作为一种教学依托的载体，应当与课堂紧密结合。所以深入有效地去了解任课教师们的需求，对课程环节的设计，想要达到的教学目标也是十分必要的。这一点就特别体现整个教研组团队的协作和共同促进，我们总说："不怕做不到，就怕想不到"——巧妙的想法往往来源于老师们的教学所需，在传统实验方式无法满足现状之时，大胆地尝试与改进，提出设想，并最终付诸实践，使其变为现实的成品，一件件创新教具便得以诞生；在此过程中，大家总是在广泛的交流沟通中，集思广益，使得"创新思路"这一最宝贵的财富，成为我们实际教具设计制作中，一直能源源不断汲取的养分。融合教学，跟随课程的形式前进，使设计的借鉴、灵感的启发有了来源，这正是自制教具能不断推陈出新的动力。实验教具为课堂增光添彩，而课堂需求又极大推动着实验教具的创新发展，这两者一直相互依赖，相辅相成。所以对于我们教具制作者来说，只有认真去吸取一线的教学经验，从课程的实际需要出发，才能最大限度地制作出优化合理、有意义和实用价值的东西。

2. 随着学科教学的改革和学生实验机会的增多，创新实验教具的研发，在教学中有着其不可取代的作用和优势：第一，针对初中阶段的学生，更容易将抽象晦涩的知识转变为更具象、更直观、便于理解的内容令学生接受。例如：在如何理解"漫反射是无数多个无限小的镜面反射所叠加形成的"这一问题时，我们就特意做了一个可以由整体分割变形为多个小平面的镜子，让多束光线在上面反射来观察效果、总结规律。这就把教材中仅有的几张示意图，变成了具体的教具模型，让学生有了眼见为实的感官体验，也方便理解二者之间的联系转变。又如：在大气压强这节课中，为了呈现"抽水机在古时的应用"，我们参考历史图片资料，还原了古代皇宫灭火用的"水龙"模型等。这些都尽可能地将书中的文字图片，直接以教具实物的形式展示给了学生，便于学生理解原理，认识核心结构。

第二，以往传统教具的演示功能较单一，而我们自制的教具则有所突破，主要向着组合化、模块化的概念去尝试，不再是单纯地演示某个内容，而是使其可替换、拓展的空间更大，体系更完善。例如：家庭电路章节的学习，我们有演示线路连接的示教板，可插拔的各类用电器模块就可以在底板上任意组合，丰富用电器种类，更贴合生活实际。给学生设计的用具也是可拆卸的，学习线路连接后，继续添加一块组件，就融入了保险装置，直接延伸到用电安全章节的学习。再如："传动的几种方式"这节体验课中，我们准备的齿轮组教具就拓展了多个功能，学生在用它探究了基本的传动比后，还可以结合所学来设计拼装出变速箱，实现实用功能等。这体现的都是自制教具未来发展应当具备的条件：可一物多用、能实现章节内容的联通和知识的延续性。在近几年的研发制作中，我们始终渗透这一观念，部分作品也初见雏形。

第三，为了能把自制教具普及给更多学生，在制作上也要注意成本的控制和日后整理存放的问题。简洁实用、便于收纳、易于取材、废物利用等也应当是设计考虑的必要环节。以"铜壶刻漏"和"欹器盛水"这两节科学体验课为例，学生分组用具的制作，使用的是最简单的废弃矿泉水瓶、塑料小桶和泡沫吸管等材料，同样能够达到预想效果。另外，"探究固体压强"这一节，我们在制作分组实验用具时，就集使用收纳于一体，演示时筒体和盖板分别做支撑体和形变面，实验完毕后，砝码、小桌又可收入其中，整套器材完整存放、易于搬取。诸如此类的设计还有很多，不再赘述。总之，教具的设计不一定都要高端复杂，能更好地说明问题，讲清原理即可，所以依具体情况也可以是廉价实用、简洁大方、方便大规模推广适用的。最好能取材于日常生活，再将理论知识回归到生活中去得以升华。

3. 为什么要自制教具，制作什么样的教具，遵循什么样的原则，均是我在近几年实践所得中的一些体会。自制教具作为我们教学研究中的一大传统特色，一直以来都在不断传承发扬。在老一辈教师的引领和指导下，让参与到其中的我们有了很大的个人成长与提升空间，同时也坚定了我们继续做下去的信心。在这个集体团队中，我们感受到的是勇于创新的精神，精益求精的态度和默默无闻的奉献，这就是作为青年教师的我们所收获的最大益处。从开始的零基础接触学习，到逐渐能够独立设计，拥有自身的思考过程，都离不开前辈们的悉心指导与帮助。日后我们也一定会接过这项工作，继续全力以赴保持着这种热情去探索，一切以课堂和学生为出发点，凭借自制教具的发展，力争把课堂形式活跃起来，把物理这一学科变得丰富有趣起来。

第三节　物理组团队建设与人才培养

有这样一句话，人在一起叫群体，心在一起才能称为团队。一个优秀的教师离不开优质的教研组团队，一个优质的教研组团队一定有超强的学习能力和集体合作观念。北京市东直门中学初中物理组的教师就是一支不断要求自己进步的团队。

多年来，通过不断地更新理念学习新知，让老师们的教育理念一直走在教改的前沿，并通过课堂实践让新的理念落地生效。无论是参加教学比赛，还是做研究课，抑或是平时的教学和教研，我们都不喜欢单打独斗。我们组擅长集所有人的智慧于一体，去做好每一件事。较强的学习力和敏锐性让我组在自制创新实验、课程、社团、课题、教学设计、论文等方面不断突破。

初中物理教研组有着自己明确的特色：一方面是代表物理组专业水平的自主创新；另一方面是代表物理组团队精神的团结协作精神。

一、自主创新——高水准专业水平的体现

创新实验是贯穿我们课改的主角。自新课改实施以来，随着教学方式多元化的提倡，以学生为主体的教学理念也逐渐深入。物理是一门以实验为基础的学科，新的理念促使教师在实验上寻求突破和创新。实验是一节高质量物理课的灵魂，这也是多年来我们专注于创新实验开发的原因。我们的研究课、课题以及实践活动课程都是围绕创新实验而展开的。初中物理组经常以教研组或备课组的形式聚在一起进行头脑风暴。在头脑风暴的过程中，我们经常会讨论"学生的困惑是什么""本节课的重难点是什么，有没有好的办法来解决"等。物理组的老师特别喜欢这种形式，因为经常在讨论中创出一些新的火花，也就是将"问题"转化为创新思路。例如：在一次学校组织的青年教师基本功大赛的准备过程中，张洛宁的课题《油量表改装》就是备课组在讨论学生的困惑点时想出来的课题。

一直以来，在物理实验的创新与研发方面，初中物理组已经形成了自己独有的特色。谈到创新物理实验，就离不开自制教具的支撑。北京市东直门中学初中物理组的自制教具是我们的一个特色，且已在北京市小有名气。我组多个教具参加了各种比赛，收获了几十个奖项。

初中物理教研组在 2005 年、2014 年、2019 年分别举办了市、区级的校本教研现场大会，展示了我校的自主课程以及诸多创新自制教具。另外，物理组的低成本教具论文有多篇发表在国家期刊《教学仪器》杂志上。自制教具在质和量上都处于同类学校优先的水平。创新实验保障了我们的研究课和各

图 5-3-1　自制教具

种实验技能比赛始终处于比较领先的水平。

二、团结协作——凝聚智慧的团队精神

团结协作一直是我们物理组的精神，也是我们的一个优秀传统。在多年前，辛艳老师在一次区级公开课准备时，她的创新实验就是当时物理组老师们头脑风暴后的产物，退休的张学义老师给她画了教具设计图纸，实验室张国瑞老师加班做了 25 个学生用教具，退休的刘国芝老师一句一句地帮助辛老师修改教学设计，整个过程，辛老师受益良多、感慨颇深。

多年过去了，这种组内协作的优秀传统我们没有丢，像接力棒一样一直在传递着。例如在 2021 年上学期高梦迪老师参加的市级比赛，从最初的选题、讨论如何创新实验突破难点、试讲、录课、剪辑、教学设计改稿、说课比赛演练等，每一个环节都不是孤军奋战，尤其最后说课稿的改稿，几乎每个人都提出了自己的建议。一个人的智慧是有限的，当一个团队的智慧融合在一起，呈现出来的一定是高水平的作品。优秀传统潜移默化地影响着我们每一个人，团结协作成为我们的一种团队精神。

三、优势互补——个体与团队结合并重

如果一部戏只有一个是实力演员，大家一定不会期待去看这部戏。如果一部戏个个都演技特别好，大家一定觉得这个戏值得看。一个人的优秀创建不了一个实力强大的团队，优质的团队需要每个个体都有高水平的专业素养。所以物理组特别注重每一个青年教师的发展。

我组给每个人学习、展示创建平台。比如学校有一些大型活动，有一些公开课或研究课的机会时，我们都会按照具体能力、精力分配任务，珍惜学校搭建的展示平台，让青年教师都有机会锻炼自己，提升自己的能力。如果区里给了参赛名额，教研组经过商定也会尽量均等地分配到每一

个人，让他们都有机会去学习和展示。因为在这个和谐的集体团队中，我们需要协助每个人都成长为优秀的个体。另外，教研组内组长辛老师还会经常督促年轻教师积极进取、不松懈。她平时会关注每个人，督促并不让他们任何一个掉队，监督年轻教师们积极做公开课或参加教学研讨活动，告诫老师们要保持自己的敏锐力，不要放松专业水平的要求。有文章修改、课题报告修改等任务，辛老师都会让大多数青年教师参与进来，鼓励他们趁年轻要多学习，要努力提高自己的专业水平，让自己成为优秀的个体。

初中物理组的每个成员都曾获得大奖，我组教师的研究课以及教学设计多次获奖，这个和谐互融的团队使每个成员的能力都得到了快速提升。每个个体都优秀了，就形成了实力强大的团队。

四、物理组工作成果与获奖

一个优秀的教师只做到认真负责还是不够的，因为做事情光有好的态度还不够，还得有过硬的专业水平。一个教师的课如果得到同行和学生的认可，那是非常自豪光荣的事情。初中物理组教师非常注重自己教课的专业水平，每年都会利用研究课展示的机会，通过打磨课的过程互相学习，互相促进，因为磨课才是学习的最佳途径，从选题到课的设计，再到实验的创新，每一个环节都要经过几轮的"否定"，在"否定"中融合了大家智慧。经历过一节高水平的课例产生的过程，也就学会了一节高水平的课应该怎么设计，才能明确努力的方向。

我组教师有改革意识和创新精神，善于总结、反思。有多篇教学案例、教学设计、微课等获得奖项。研究课一年就有7人次（共12人），多次组织承办区级教材分析等。当团队中每个成员都拥有了较强的专业水平，教学效果就不会差，我组的教学成绩一直在区里名列前茅。

新时代的教师不能只做一个勤勤恳恳的教书匠，我们要做有思想、有智慧的教师。教学改革从20世纪90年代到现在，关于教育改革的政策层出不穷，从过去的"双基""三维目标"到"核心素养""立德树人"等。我们要根据政策及时调整自己的教学理念，改进教学方式。其实每个时期的政策都是围绕"育人"来推进教育改革。我校教师秉承"育人为本"的指导思想，积极更新教学理念，在教学改革中始终坚持"问题"导向，老师们针对教学实践中的困惑和问题进行反思，将"问题"转化为创新思路，进行校本研究。

东直门中学初中物理组有着大量的优质课程资源以及实验创新案例，老师们将这些案例进行了优化、整合。优化后的课程，既有趣又不乏深刻的物理知识，学生在享受物理为他们带来的乐趣的同时，头脑中不免会冒出一个一个的问号、发出一个一个的疑问，而这些问号、疑问所埋下的伏笔，就是日后物理课堂上将要解决的一个个任务。

我组这些年积累了大量的优秀基础课程教学案例，无论是基本功大赛，还是实验比赛，抑或是获奖的优秀教学设计。将这些优秀的课程资源，按照主题式单元教学模式进行分类，重整，使它们不再孤立、散乱，而是形成一个个有意义的教学主题，形成一个有机的课程群。该课程群的建立有利于学生全方位、立体地学习物理。

我们还有一系列的拓展性课程，这得益于我校这些年一直坚持的社团活动平台，这个平台为物理教学的拓展提供了舞台，为学有余力的学生提供了施展拳脚的空间。这些年我组积累了不少结合课内相关知识，但又高于、宽于课内知识的课程资源。

除了以上这些课程资源，我组还有大量的设计案例、趣味实验设计、演示用自制教具以及学生用的探究学具等。这些丰富的课程资源，为我组课程建设工作提供了坚实的支撑，也是我组在这个时期教研组建设的特色所在。

下面对以上成果做简要的汇总：

1. 课题成果

教研组有三个市级课题已经顺利立项、开题。有一个区级课题已经结题，并获得东城区优秀成果二等奖。

2. 课程成果

本组课程体系包括三个部分。初一的实践活动衔接性课程，初二、初三的基础型课程与社团拓展性课程，构成了一个完整的培养学生学科核心素养的课程群。

初一"践行智学"实践活动课程全部主题内容都是老师们自己开发创设的，多年积累形成了一门独具特色的课程。本课程获东城区课程建设优秀成果一等奖，北京市二等奖。

3. 社团成果

2021年在高梦迪、齐济行两位老师的带领下，物理社团也取得了一定的成果。初一社团张都、张丁一、夏梓轩、谷卓伦四名同学获第三十八届北京学生科技节科技创客活动一等奖。两位老师也获得优秀辅导员的称号。前几年我校社团有多名同学参加科技比赛获奖，我们负责社团的物理老师也有多人获得优秀辅导教师称号。

4. 论文、文章发表

《中学数理化》杂志社陆续约稿10多篇，从2021年9月开始陆续发表。另外，学校老师近几年发表过多篇文章或论文。

5. 校本教研成果（本书的出版发行）

2023年在袁校的带领、专家韩老师的协助下，我组顺利将本书完稿、出版发行。

撰稿：赵维